UX FOR LEAN STARTUPS

O'REILLY® 한빛미디어

린 스타트업 실전 UX : 더 빠르고 스마트하게 일하는 린 UX 실행 전략

초판 1쇄 발행 2014년 10월 01일
초판 2쇄 발행 2020년 05월 01일

지은이 로라 클라인 / **옮긴이** 김수영, 박기석 / **펴낸이** 김태헌
펴낸곳 한빛미디어(주) / **주소** 서울시 서대문구 연희로2길 62 한빛미디어(주) IT출판부
전화 02-325-5544 / **팩스** 02-336-7124
등록 1999년 6월 24일 제25100-2017-000058호 / **ISBN** 978-89-6848-108-6 13000

총괄 전정아 / **책임편집** 이상복 / **기획** 조희진 / **편집** 조경숙
디자인 표지 손경선, 내지 강은영, 조판 이경숙
영업 김형진, 김진불, 조유미 / **마케팅** 박상용, 송경석, 조수현, 이행은, 홍혜은 / **제작** 박성우, 김정우

이 책에 대한 의견이나 오탈자 및 잘못된 내용에 대한 수정 정보는 한빛미디어(주)의 홈페이지나 아래 이메일로
알려주십시오. 잘못된 책은 구입하신 서점에서 교환해드립니다. 책값은 뒤표지에 표시되어 있습니다.

한빛미디어 홈페이지 www.hanbit.co.kr / **이메일** ask@hanbit.co.kr

Published by HANBIT Media, Inc. Printed in Korea
Copyright © 2014 Hanbit Media Inc. Authorized Korean translation of the English edition of
UX for Lean Startups, ISBN 9781449334918 © 2013 Laura Klein. This translation is published
and sold by permission of O'Reilly Media, Inc., which owns or controls all rights to publish and sell
the same.
이 책의 저작권은 오라일리 사와 한빛미디어(주)에 있습니다.
신저작권법에 의해 한국 내에서 보호를 받는 저작물이므로 무단전재와 복제를 금합니다.

지금 하지 않으면 할 수 없는 일이 있습니다.
책으로 펴내고 싶은 아이디어나 원고를 이메일(writer@hanbit.co.kr)로 보내주세요.
한빛미디어(주)는 여러분의 소중한 경험과 지식을 기다리고 있습니다.

추천사

설레하다. '린 스타트업'과 '사용자 경험'이 공존하는 세목이라니. 책을 접하며 처음 든 생각은 한편으론 이제 유행어처럼 익숙하지만, 또 한편으론 전혀 그렇지 않은 이 까다로운 둘을 저자는 어떻게 풀어나갈지에 대한 궁금함이었다. 책을 읽고 이 글을 쓰며 지금 확실히 말할 수 있는 한 가지는 물론 스타트업에 계신 분들에게 가장 유용하겠지만, 그렇지 않더라도 고객에 대한 이해를 기반으로 하는 검증과 개발이 필요한 모든 사람이 한 번쯤 꼭 읽어볼 만한 책이라는 점이다.

이 책은 고객에 대한 이해를 기반으로 하는 검증, 제품을 만드는 디자인 과정, 그리고 제품 출시 후 연결된 측정 등 현장에서 접하게 될 다양한 과정을 폭넓고 다양한 팁을 포함해 차근차근 설명하면서도 유쾌하게 짚어주고 있다. 물론 내용 대부분은 '린'이라는 측면, 빠르게 만들어 출시하고 확인하고 반복하고 개선하는 기본적인 흐름 안에서 설명된다. 그래서 최소 존속 제품을 통해 빠르고 반복적으로 실행하고 개선해야 하는, 특히 개발, 디자인, 마케팅 등 모든 사업 자원이 넉넉하지 않은 린 스타트업이라면 분명 이 책은 읽어볼 가치가 있을 것이다.

많은 분이 UX, 린 스타트업, 린 UX 방법론에 대해 관심이 있어 이 책을 지금 펼쳤으리라 생각한다. 분명히 이 책은 사무실 밖의 세상에 나와 방향을 잡기 위해 고군분투해야 하는 순간 필요할 때마다 그때그때 꺼내볼 수 있는 좋은 실무 참고 서적이 되어 줄 거로 생각한다. 그럼 꼭 읽기를, 될 수 있으면 소장하기를 추천한다.

『스토리텔링으로 풀어보는 UX 디자인』 저자, UXCampSeoul 오거나이저 — 배성환

이 책에 쏟아진 찬사

"시장에 딱 맞는 제품을 발굴하기 위한 필독서"

웰스프론트 대표 겸 CEO, 벤치마크캐피탈 공동 창업자 – 앤디 라클레프

"로라를 만나면 그 어떤 기업가라도 사용자를 이해하고 혁신적인 제품을 만드는 방법을 깨닫게 된다. 스타트업에 몸담고 있다면 반드시 읽어야 할 책이다."

IMVU CEO – 브렛 듀레트

"훌륭한 제품은 고객을 깊이 이해하는 데서 시작된다. 물론 생각보다 훨씬 어렵다. 이 책에서 로라는 고객으로부터 학습하는 방법을 단계별로 차근차근 소개하고, 이를 토대로 놀라운 제품을 탄생시키는 법을 알려준다."

『린 스타트업』(한빛미디어, 2012) 저자, 유저싸이클 창업자 – 애시 모리아

"로라 클라인이 알려주는 훌륭하고 실용적인 린 UX 도구와 요령만 있다면, 사람들이 돈을 지불하고 사용하고 사랑하는 제품을 훨씬 더 쉽게 만들 수 있다. 로라는 다년간 린 스타트업 기업에서 린 UX를 직접 실행하면서 풍부한 지식을 축적한 실무 전문가다. 이 책과 로라가 우리 업계에 기여한 바는 돈으로 환산할 수 없을 정도다."

인더스트리얼로직 CEO – 조슈아 케리에프스키

"난 이 책의 독자들이 중간중간 책을 자주 덮어버릴 거라 생각한다. 지루해서가 아니다. 오히려 그 반대로 재미있고, 잘 읽히면서 아주 매력적인 책이다. 단지 책 표지를 펼치고 5분만 지나도 깨달음을 얻고 좋은 아이디어가 떠오르곤 해서 읽는 내내 계속 이메일을 발송하고 펜을 들어 뭔가를 시도하느라 오래 읽지 못할 거란 얘기다."

『린 분석』(한빛미디어, 2014) 저자, 솔브포인터레스팅 창업자 – 앨리스테어 크롤

"기술 분야에 종사하고 있는 창업가라면 사용자 경험의 중요성을 안다. 하지만 UX 실무자들과 긴밀하게 작업해본 경험이 있지 않는 이상, 일을 제대로 진행하는 방법을 알기는 어렵다. 로라 클라인의 『린 스타트업 실전 UX』는 그런 사람을 위한 책이다. 저자의 깊이 있는 지혜와 통찰력, 전문성으로 채워진 이 책은 똑 부러지는 데다 실용적이다. UX 개념을 알기 쉽게 설명해주기 때문에 실무에서 바로 활용할 수 있고, 심지어 재미있기까지 하다. 당장 구입하라!"

『린 UX』(한빛미디어, 2013) 저자, NEO 매니징 디렉터 - 조시 세이던

옮긴이들의 수다

Q. 가장 인상 깊었던 바는?

김수영: 이전에 번역한 『린 UX』가 린 UX 개요와 협업방법에 중점을 두고 있었다면, 상대적으로 『린 스타트업 실전 UX』는 제목처럼 한층 더 실무에 가까워졌다. 계속해서 린 방식을 시도하고 있던 입장에서 책을 접한 후 첫 반응이 "이거 재미있어요!"였다. 현장에서 바로 참고할 만한 내용으로 채워져 있다. 게다가 저자가 실무에서 경험한 내용을 토대로 하기에 아주 생생하다. 그리고 솔직하다. 번역하는 내내 독자가 되어 흥미롭게 읽은 장이 꽤 있다.

박기석: UX 실무자가 현장에서 사용할 수 있는 도구들을 꽤 효율적으로, 알아듣기 쉽게 설명하고 있다. 예를 들어 빠르게 리서치하는 방법들이나 스케치, 다이어그램, 와이어프레임, 프로토타입 등을 언제 써야 하고 언제 쓰지 말아야 하는지를 명쾌하게 제시해주는 점이 실무자 입장에서 훌륭한 가이드라인이 된다.

Q. 어떻게 활용하는 게 좋을까?

김수영: 이 책은 1부 검증, 2부 디자인, 3부 제품으로 이루어져 있다. 처음부터 책을 정독하는 독자도 있겠지만, 숨 가쁘게 돌아가는 실무현장에서 그럴 여유는 없을 듯하다. 필요한 부분, 필요한 내용부터 읽어봐도 도움이 된다. 전체 내용은 스타트업에서 일어나는 제품 구현 업무 전반을 관통하고 있지만, 각 장은 독자적인 도구에 대한 설명으로 실무에 적용해볼 수 있게 설명되어 있다. 이건 UX와 디자인 실무자들에게 권하는 방법이다. 제품 관리자나 프로젝트 관리자라면 책 전체를 읽어볼 것을 권한다. 앞서 언급했듯, 린 방식에 기반을 둔 제품 구현 과정을 실무관점에서 파악할 수 있는 장점이 있다.

어떻게 접근하든 린 UX에 대한 전반적인 이해를 위해 가장 먼저 '서문'을 읽어보고 시작하는 게 좋다.

박기석: 항상 곁에 두고 필요할 때마다 꺼내보는 것이 좋다. 습관처럼 표지부터 정독하려 들겠지만, 눈에 띄는 내용만 골라서 보더라도 충분히 이 책을 활용할 수 있다. 내용을 읽다 보면 어차피 전체 내용을 보고 싶어질 테니 한 번에 이 책의 내용을 읽겠다고 책꽂이

에 꽂아두기보다 당장 필요한 부분만 골라보자. 오늘 화면을 그려야 한다거나, 회의가 있다거나, 리서치를 해야 한다면 일을 시작하기 전에 책을 꺼내 10분만 읽어보자.

Q. 지금 당장 사용하려면?

김수영: 기본적으로 UX에 대한 실무경험이 있는 사람이라면, 마치 툴박스를 열어서 당장 필요한 도구를 꺼내 쓰듯 활용할 수 있을 거다. UX나 디자인 경험이 없는 사람이라 해도 실무에 참여하고 있다면 지금 하고 있는 업무와 관련 있는 장을 찾아보라. 당장 어떤 걸 해야 할지 구체적인 팁이 보일 것이다.

박기석: 이 책의 키워드를 뽑으라면, 속도, 검증, 적당한 디자인, 지표 등을 들 수 있다. 이 모두는 최소 존속 제품^{MVP}을 토대로 한다. 지금 당장 업무 프로세스를 바꾸는 창업을 하지 않는 한 당연히 어렵다. 그렇다면 우선 2장에서 빠르게 리서치하는 방법을 확인하고 실천해보길 추천한다. 그리고 5장에서 가설 검증을 위해 필요한 도구를 익히고 8장에서 디자인에 필요한 산출물의 종류와 장단점, 그리고 사용해야 하는 시기를 판단하는 방법을 익혀 활용한다면 린 UX의 장점의 많은 부분을 체감할 수 있을 것이다. 마지막으로 배포한 뒤에는 사용자의 활동을 추적할 수 있는 환경을 마련하여 AARRR(Acquisition, Activation, Retention, Revenue, Referral)을 보고 내가 잘했는지 확인하는 것도 잊지 않아야 한다.

Q. 전통적인 UX 방법론과 린 UX의 가장 큰 차이는? 그리고 린 UX에서 얻을 수 있는 장점은?

김수영: 린 UX는 완전히 새로운 방법론이 아니라, UX 방법론이 환경의 변화에 따라 진화하고 있는 모습이다. 린 환경하에서 가장 중요한 것은 속도다. 그렇기에 거의 모든 도구는 시간과 리소스 낭비를 막는 방법이다. 속도가 우선이다. 품질은 지속적으로 다듬어가는 것이다. 한 번에 욕심부리기보다는 빨리 보여주고 빨리 고치는 게 가장 빠른 길이 될 것이다.

박기석: 기존의 UX 방법론이 리서치가 선행되는 방식이라면, 린 UX 방법론은 구현을 우선시하는 방식이다. 즉, 전자는 선행된 리서치를 토대로 제품을 만들고, 후자는 아이디어를 먼저 구현한 후 빠르게 검증하고 고쳐나간다. 린 UX의 장점은 속도와 효율성이다. 핵심 아이디어를 빨리 검증하면 불필요한 디자인과 자원 낭비를 막을 수 있다. 즉, 시간에 비례해 늘어나는 리스크(특히 모바일 시대는 얼마나 빨리 바뀌는가!)를 현저히 낮출 수 있다. 또한 실제 구현물을 통해 피드백을 얻을 수 있기 때문에 실패할 가능성 역시 줄어든다.

Q. 프로젝트에 적용하려면 어떻게 해야 하나?

김수영: 지금 일하는 방식에서 가장 큰 문제를 해결하는 것부터 시도하고 지속해보라. 문제 해결을 위해 솔루션을 실행해서 그 효과를 확인한 다음 개선해가는 것은 제품 구현 과정뿐만 아니라 업무 변화에도 똑같이 적용된다. 사용자 의견을 듣고 싶은데 제대로 된 조사를 할 시간이 없는가? 조사 방법을 바꿔봐라. 2장과 3장에 당장 할 수 있는 방법이 소개되어 있다. UX 품질에 대한 논쟁을 지속하는가? 6장을 확인해보라. 일단 가장 필요한 것 그리고 당장 할 수 있는 것부터 실행에 옮겨보길 권한다. 처음부터 잘될 거란 욕심은 금물이다. 한번하고 그다음에 더 잘하면 된다. 그렇게 지속해본다.

박기석: 우선 PPT 문서 대신 프로토타입을 만들고, 작동하는 결과물을 가지고 커뮤니케이션해보자. 프로젝트를 시작하는 단계부터 계속해서 인터랙션이 가능한 프로토타입을 만들어 그것을 기준으로 이야기를 나누다보면 훨씬 구체적인 아이디어를 도출할 수 있다. 둘째로, 비주얼 디자인 안은 최대한 빨리, 최대한 많이 공유해야 한다. 늦어지면 질수록 고치기 어려워진다. 마지막으로 핵심 기능 한 가지만 잘 만들자. 질보다 양이고, 피자 조각보단 컵케이크가 좋다.

Q. 하고 싶은 말

김수영: 린 UX는 진화하고 있는 과정에 있다. 그래서 이 책에 소개된 방법이 전부는 아니며 각자의 상황에 맞는 각양각색의 방법이 있을 것이다. 부디 그런 경험을 공유하며 함께 발전해갈 수 있기를 바란다. 역자 또한 그런 경험을 나누는 노력을 지속할 것이다.

내 이메일(number00@gmail.com)은 언제나 열려 있다.

박기석: 2년 전 샌프란시스코에서 있었던 콘퍼런스에 참석한 적이 있었는데, 현재 세계에서 가장 큰 소셜미디어 기업의 강연자는 매일매일 코드를 갱신한다는 말을 했다. 조금 충격으로 받아들여졌던 이 말이 지금은 참 부럽게 느껴진다. 우리는 늘 배포는 곧 업무의 끝이라고 보지만, 사실 배포가 바로 '시작'이다. 배포하고 난 뒤에 비로소 잘못된 점을 찾을 수 있기 때문이다. 그러기 위해선 빨리 배포하고, 빨리 확인하고, 빨리 수정하는 작업을 반복해야 한다. "Ship Early! Learn! Change it and Iterate!"이라는 장표가 여전히 내겐 큰 미션처럼 느껴진다.

김수영&박기석: 처음부터 끝까지 역자보다 더한 열정을 보이시는 조희진 편집자님께 감사의 말을 전한다.

끝으로 아이디어를 실행으로 보여주는 엑스랩^{exeLab}의 멋진 구성원들, 고맙다. 가끔은 어디에라도 이들에게 감사하다고 말하고 싶었다. 정말 고맙다.

머리말

이 책은 더 좋은 디자이너가 되는 데 필요한 책이다. 여러분이 디자이너라면 이 책은 정말 후회 없는 선택이 될 거다. 더불어 이 책은 개발자부터 경영자까지 누구에게나 필요한 책이기도 하다.

다시 생각해도 내가 로라 클라인과 함께 오래 일할 수 있었던 건 순전히 운이 좋아서였다. 최고의 디자이너인 그녀와 함께 여러 훌륭한 제품을 만든 경험은 내게 참 소중한 시간이었다. (사실 로라는 좋은 프로그래머이기도 하다.) 게다가 팀 전체에 그녀가 끼치는 영향으로 본다면 로라는 한 개인의 역할을 뛰어넘는 재능을 갖고 있다. 이렇듯 정말 귀하고 귀한 그녀의 경험을 책으로 볼 수 있다니! 그걸 전하는 나도 무척 기쁘다.

이런 특별한 재능을 지닌 로라는 인터랙션 디자인이나 사용성 테스트, 사용자 경험[UX] 디자인, 혹은 내가 좋아하는 말로 하자면 일을 굴러가게 하는 신비한 도구를 누구라도 다룰 수 있게 만든다. 도구 이름이야 뭐든, 좋은 디자인이 기업의 성장과 고객 만족 그리고 지속적인 혁신을 이끈다는 걸 이 시대의 모든 기업은 알고 있어야 한다. 이 책은 여러분의 직무나 직책과 상관없이 좋은 디자인을 위한 도구를 즉시 손에 넣을 수 있게 할 것이다.

스타트업 또한 다른 기업처럼 좋은 디자이너가 필요하지만, 정규직 디자이너를 고용하는 건 조금 버거운 일이다. 실제로 대다수의 유명 스타트업에는 전통적인 디자인 방식에 익숙한 사람이 없다. 다분야 간 협업이 빠르게 일어나는 스타트업에서 필요로 하는 방식은 일반 디자이너가 그동안 경험해온 전통적인 접근방식과 맞지 않는 일이 자주 있다. 그리고 디자인 분야의 강점을 살리려면 속도와 협업, 실험을 지원하는 새로운 접근법이 필요하다.

이 책을 읽고 있는 여러분은 스타트업에서 일하고 있거나 창업가를 꿈꾸는 사람일 거다. 하지만 린 스타트업의 시대에서 가장 중요한 핵심 중 하나는 높은 불확실성이라는 조건하에서 새로운 것을 만들려는 사람이라면 누구라도 창업가라는 점이다. 직업이 무엇이든 상관없다. 혹시나 당신이 갑작스럽게 높은 불확실성과 마주하고 있는 회사를 맡게 된 '등 떠밀린 창업가'가 된 거라면 책에서 소개하는 도구가 특히나 유용하단 사실을 알게 될 거다.

혹여 찾고 있는 책이 추상적인 이론이나 미학용어, 판에 박힌 표현에 대한 거라면 다른 책을 알아보는 게 좋다. 이 책은 한 마디로 가장 실용적인 책이다. 쓸데없는 소리도, 구질

구질한 변명도 없다. 최소 존속 제품Minimum Viable Product처럼 복잡한 개념이 손에 잡히게 만들어 준다. "MVP는 컵케이크지 굽다만 재료가 담긴 그릇이 아니다(196페이지 참조)"처럼 말이다. 그리고 모든 장마다 이론을 현실로 이어주는 단계별 실전 방법이 나온다.

그중에서도 이 책에서 가장 마음에 드는 부분은 모든 팁과 개념, 도구와 접근방법 등이 맥락에 맞게 적절히 구성되어 있는 것이다. 디자이너로만 한정해서 봤을 때 '모범 사례best practices'를 언제 사용해서는 안 되는지 명확하게 이야기해주는 전문가를 만나기는 정말 힘들다. 실제로 현실에선 모범 사례 같은 건 존재하지 않는다. 모든 실무에는 전후 맥락이 있다. 부적절한 상황에서 사용되는 모든 도구는 독이 된다. 이 책에 나오는 모든 도구나 추천 방법에는(한 가지가 더 있는데 독자를 위해 남겨두련다) 언제 건너 뛰어도 될지 함께 설명되어 있다. '생략해도 되는 경우'라는 친절한 제목까지 붙어 있다.

나는 『린 스타트업』(인사이트, 2012)을 쓰기 오래 전부터 로라와 함께 일했다. 로라가 전하는 실패한 제품과 나쁜 의사결정에 대한 흥미진진한 이야기를 읽을 때마다 그중 많은 경우가 나로 인해 생긴 실수여서 아직도 좀 민망하다. 내 바보 같은 실수를 반면교사로 삼길 바란다. 로라 클라인의 이야기를 듣고 그녀가 말하는 대로 따라해보라. 더 나은 디자이너가 될 수 있고 더 훌륭한 제품을 만들 수 있다. 고객의 삶을 더 나아지게도 할 수 있다.

행운을 빈다.

에릭 리스
2013년 4월 15일 샌프란시스코에서

들어가며

누가 읽어보면 좋은가?

이 책은 창업가를 위한 책이다. 또한 사람들이 구입해서 사용하고 사랑할 만한 제품을 만들고 싶은 디자이너와 프로덕트 오너, 관리자를 위한 책이기도 하다. 특히 스타트업이나 스타트업과 같은 혁신을 시도하는 기업에서 제품을 제작하는 이들을 위한 책이다.

디자이너가 아니어도 상관없다. 와이어프레임을 만들어 본 적도, 사용자를 만나본 적도 없는 사람이라도 별 상관없다. 이 책을 읽고 나면 자신만의 제품을 디자인할 수 있을 정도로 사용자 경험(UX)에 대해 충분히 배우게 된다. 사용자 경험에 대한 배경지식이 없거나 다른 어떤 디자인 경험 없이도 이 책의 개념을 무리 없이 이해할 수 있다.

이 책은 의사결정을 위한 책이다. 관리자가 내 아이디어를 채택하게 만드는 방법이나 사용자 리서치의 유용성 또는 좋은 사용자 경험의 필요성을 설득하는 방법을 알려주진 않는다. 대신 뭔가 멋진 걸 디자인하고 출시하고 학습할 수 있는 구체적인 도구와 팁을 알려준다.

보면 알겠지만, 이 책은 뭔가 만들고 싶은 사람을 위한 책이다. 지금 당장 말이다. 그리고 많은 시간과 돈을 들이지 않고도 사랑받는 제품을 만드는 방법을 알고 싶은 이들을 위한 책이기도 하다.

이미 말했듯, 창업가를 위한 책이다.

어떤 내용을 담고 있는가?

최근엔 멋진 사용자 경험이 새로운 제품의 필수 요소로 자리잡고 있다. 이미 뭔가 만들어 봤으면 알겠지만, 안타깝게도 멋진 사용자 경험을 전달하기란 매우 어렵다. 게다가 새롭고 혁신적인 제품을 구현하는 건 말할 것도 없이 더 힘든 일이다.

사실 직관적이고 혁신적이며 사용하기 쉬우면서 즐거움까지 제공하는 제품을 만드는 것보다 그런 일을 담당할 디자이너를 구하는 게 더 어렵다. 그렇기 때문에 이 책은 멋진 사용자 경험을 만드는 데 도움이 되도록 책으로 사용자를 이해하는 방법을 알려준다. 사용자가 좋아하고 유료 제품이라면 심지어 돈을 낼 정도의 제품을 구현하는 방법을 알려준다.

이 책은 UX 디자인 기법과 프로세스에 집중하는 한편, 에릭 리스가 창안해 인기를 얻은 린 스타트업 방법론에 대해서도 다룬다. 아마 『린 스타트업』은 이미 읽어보았을 거다. 정말 좋은 책이다. 하지만 이 책을 읽는 데 반드시 필요한 건 아니니 읽지 않았더라도 괜찮다.

많은 웹 기반 제품과 소프트웨어가 참고 자료로 언급되지만, 책에서 소개하는 UX 디자인 기법은 사용자 인터페이스가 있는 거의 모든 제품에 똑같이 적용할 수 있다. 하드웨어나 소프트웨어 혹은 문 손잡이 등 사람들과 상호작용이 있는 제품을 만드는 경우, 린 UX를 이용해 고객을 이해하고 더 좋은 제품을 낭비 없이 빠르게 만들 수 있다.

어떻게 활용해야 하나?

편집자로부터 이 책을 읽는 방법에 대해 써달라는 요청을 받았다. 처음에는 "읽어봐라"라고 썼는데 쓰고 보니 상세한 설명이 좀 필요한 것 같아 이 책에서 최대한 많은 걸 얻어낼 수 있는 팁을 몇 가지를 적었다.

반드시 순서대로 읽을 필요는 없다. 각자 현재 제품 개발 과정에 필요한 부분을 찾아서 읽고 필요하지 않은 부분은 건너 뛰면서 제품을 개선하거나 더 빨리 만드는 중요한 팁을 익힐 수 있게 구성했다. 여러분이 창업을 앞두고 책상에 앉아 표지 첫 장부터 마지막 장까지 한자한자 읽을 거라 기대하지 않는다. 누가 그런 여유가 있을까 싶다.

처음부터 끝까지 다 읽지 않지만, 두세 번 읽고 싶은 부분도 생길 거다. 보기엔 쉽게 느껴져도 실제로는 많은 경험이 필요한 내용이다. 예를 들어, 모든 사용자 조사는 생각보다 어렵기 때문에 필요할 때마다 참고할 수 있도록 가까이 두고 활용하는 게 좋다. 표지 위에 내 이름도 떡 하니 있으니, 실제보다 너무 가볍게 적었다며 나를 욕하기도 편리할 거다.

처음부터 마지막까지 읽을 때도 모든 내용을 순서대로 읽을 필요는 없다. 멋진 제품을 만드는 데 반드시 지켜야 하는 순서가 정해져 있는 건 아니다. 때론 디자인도 했다가 사용자를 관찰하기도 하고 가끔은 테스트도 해봐야 한다. 이걸 다 하면서 다른 수십 가지 일을 동시에 해야 할 때도 있다. 이 모든 걸 더 가볍고, 더 빠르고, 더 좋으면서, 더 저렴하게 해내는 실용적이고 손에 잡히는 전략을 이 책에서 얻을 수 있다.

이 책을 어떻게 활용할지 여전히 애매하다면 문서 위에 올려두면 문진처럼 쓸 수도 있고, 도어스톱이나 크리스마스 선물로도 활용할 수도 있으니 어떻게든 유용하게 쓰였으면 한다.

이해가 되지 않는 내용이나 책에 대해 궁금한 점이 있으면 언제든 연락(laura@usersknow.com)해주길 바란다.

감사의 말

(안타깝게도) 책은 저절로 완성되는 게 아니다. 그리고 책 내용은 온전히 저자 혼자만의 능력으로 만들어진다는 생각 역시 착각이다. 이 기회를 빌어 갖가지 생각을 사람들이 읽고 싶은 내용으로 만드는 데 많은 도움 준 모든 사람에게 감사의 말을 전한다.

계약에 의한 거지만, 정말 열정 넘치는 린 방식으로 일하게 해준 에릭 리스에게 감사의 말을 전하고 싶다.

그리고 많은 배려를 해준 오라일리에 있는 모든 사람에게 감사한다. 특히, 나의 바보 같은 질문에 열심히 대답해주고 말도 안 되는 별난 요청도 다 받아준 메리, 나단, 카라, 키엘에게 감사한다. 성인군자가 따로 없다.

애정과 용기를 준 에릭 프레스터몬에게도 감사의 말을 전한다. 당신이 "그 얘긴 이제 그만 하고 그냥 다 글로 옮겨보면 어때?"라고 말해주지 않았다면 블로그에 글을 쓰기 시작하지 못했을 거다. 항상 입에 달고 사는 UX에 대한 내 불평을 기꺼이 들어주진 않지만, 그래도 사랑한다.

미리 이 책을 읽고 훌륭한 피드백을 주고 공개적으로 좋은 이야기까지 한, 이 책에 기여한 모든 이들에게도 감사한다. 멋진 사람들이다. 특히, 정말 힘든 시간을 보내고 있을 때 이 책을 마무리할 수 있게 격려해준 사라 밀스타인에게 감사한다.

슬라이스드 브레드 디자인의 엘린과 줄리, 이 둘이 없었다면 이 일은 시작조차 못했을 것이다. 이들은 내가 처음 UX 디자이너가 될 수 있게 도와준 은인이다. 내게 기회를 줘서 고맙다. 그리고 당연히 마리엔과 토니 클라인에게 가장 크게 감사하고 있다. 정말 모든 것에 대해서 말이다. 모두 사랑한다.

CONTENTS

추천사 ·· 3
이 책에 쏟아진 찬사 ·· 4
옮긴이들의 수다 ··· 6
머리말 ··· 10
들어가며 ·· 12

CHAPTER 0   개요 ··· 21
　　　　　　 그래서, 린 UX가 뭐라고? ······························· 23

PART I 검증

CHAPTER 1   초기 검증 ·· 39
　　　　　　 시장, 문제, 제품 들고 나가기 ··························· 40
　　　　　　 초기 검증을 위한 도구 ···································· 44
　　　　　　 초기 검증은 시작일 뿐이다 ······························ 54
　　　　　　 알아두면 좋은 것: 고충 기반 디자인 ··················· 55
　　　　　　 당장 시작하기! ··· 60

CHAPTER 2   시기별 적합한 리서치 ····································· 61
　　　　　　 경쟁제품 테스트 ··· 64
　　　　　　 5초 테스트 ··· 65
　　　　　　 게릴라식 사용자 테스트 ································· 73
　　　　　　 알아두면 좋은 것: 입다물기와 피드백 수집을 위한 팁 ······ 75
　　　　　　 당장 시작하기! ··· 79

CHAPTER 3   신속한 사용자 조사 ·· 81
　　　　　　 반복! 반복! 반복! ··· 81
　　　　　　 사무실 안에 있기 ·· 84
　　　　　　 자율진행 테스트 ··· 85

　　　　　　　설문은 언제하는가 · 88
　　　　　　　알아두면 좋은 것: 리서치를 하지 않기 위한 어리석은 이유 · · · · · · · · · · · 91
　　　　　　　당장 시작하기! · 96

CHAPTER 4　**정성조사가 언제나 답은 아니다** · **97**
　　　　　　　단변수 변경 · 98
　　　　　　　다변수 또는 플로우 변경 · 99
　　　　　　　다음 구현 범위 결정하기 · 101
　　　　　　　알아두면 좋은 것: 만들면 살까? · 103
　　　　　　　당장 시작하기! · 106

PART II 디자인

CHAPTER 5　**검증을 위한 디자인** · **109**
　　　　　　　도구 1: 제대로 문제 파악하기 · 112
　　　　　　　도구 2: 테스트 우선 디자인하기 · 114
　　　　　　　도구 3: 스토리 작성하기 · 116
　　　　　　　도구 4: 팀이 함께 실현 가능한 해결책 찾기 · · · · · · · · · · · · · · · · · 117
　　　　　　　도구 5: 의사결정하기 · 119
　　　　　　　도구 6: 타당한 접근방법 고르기 · 121
　　　　　　　도구 7: 스케치하기 · 122
　　　　　　　도구 8: 인터랙티브 프로토타입 제작하기 · 126
　　　　　　　도구 9: 테스트하고 반복개선하기 · 129
　　　　　　　알아두면 좋은 것: 사용자가 정말 원하는 걸 제공하라 · · · · · · · 130
　　　　　　　당장 시작하기! · 133

CHAPTER 6　**적당한 수준의 디자인** · **135**
　　　　　　　멋진 디자인보다 필요한 디자인 · 136
　　　　　　　사례 소개 · 138

	기능 토막 제작	139
	오즈의 마법사 기능 만들기	141
	중요한 문제만 해결하라	142
	알아두면 좋은 것: 컵받침 고민은 이제 그만	145
	당장 시작하기!	149
CHAPTER 7	**손쉬운 디자인**	**151**
	디자인 패턴	153
	경쟁사 리서치	154
	경쟁제품 사용성 평가	156
	일관성	157
	프레임워크	158
	플러그인 활용	160
	아무것도 디자인하지 마라	161
	전문가의 도움	161
	알아두면 좋은 것: UX를 훔쳐쓰는 기술	164
	제대로 훔쳐쓰는 법	167
	당장 시작하기!	168
CHAPTER 8	**다이어그램, 스케치, 와이어프레임, 프로토타입**	**169**
	왜 다이어그램인가?	170
	스케치는 언제 할까?	174
	와이어프레임은 무엇이고 왜 중요한가?	178
	인터랙티브 프로토타입이 필요할까?	182
	알아두면 좋은 것: 페이퍼 프로토타입이 싫은 이유	188
	당장 시작하기!	193
CHAPTER 9	**MVP는 M&V이다**	**195**
	랜딩페이지	197
	첫 번째 이터레이션	199

알아두면 좋은 것: 제한된 제품 vs. 형편없는 제품 ·················· 203
당장 시작하기! ·· 206

CHAPTER 10 **적당한 비주얼 디자인** ··· **207**
UX에서 비주얼 디자인이 중요한 이유는 무엇인가? ·················· 208
알아두면 좋은 것: 세상에서 가장 멋진 비주얼 디자인 ·············· 217
당장 시작하기! ·· 218

PART III 제품

CHAPTER 11 **측정하라!** ··· **221**
디자인 측정에 따른 효과는 무엇인가? ···································· 221
A/B 테스트를 거부하는 궁색한 변명 ······································ 224
A/B 테스트 시점과 리서치 시점 ·· 230
제대로 된 A/B 테스트란 어떤 것인가 ····································· 230
제대로 된 정성평가란 어떤 것인가 ··· 233
어떻게 함께 활용되는가? ·· 234
사용자가 만족하고 있는지 어떤 지표로 알 수 있나? ·················· 235
알아두면 좋은 것: 데이터 분석에서 발생하는 실수 ··················· 241
당장 시작하기! ·· 246

CHAPTER 12 **더 빨라져라!** ··· **247**
다분야 융합팀으로 일하기 ·· 248
제품과 UX 역할 결합하기 ··· 253
가능하면 개발 안 하기 ··· 254
알아두면 좋은 것: 한 번에 다 하려고 들지 말고 빨리 출시하라! ··· 255
당장 시작하기! ·· 259

CHAPTER 13 대단원 ·· 261

INDEX ·· 263

CHAPTER 0

개요

"사무실 밖으로 나가기"[1]란 말이 이젠 좀 피곤할 때도 됐다.

틀린 얘기라는 건 아니니 오해는 말자. GOOB는 여전히 정말 중요한 핵심이다. 스티브 블랭크와 에릭 리스를 비롯해서, 모든 린 스타트업 방법론에도 익숙하지 않다면 반드시 먼저 해봐야 하는 좋은 방법이다.

스티브와 에릭이 밖으로 나가 검증하라고 계속 얘기하는 데는 타당한 이유가 있다. 실제 사용자 환경으로 나가 그들의 반응을 직접 확인해보는 게 사람들이 갖고 싶어 하는 제품을 만드는 아주 좋은 방법이기 때문이다. 다만 안타까운 건, 그 중요성이 머리로 이해되는 만큼 실무에 적용하기가 쉽지 않다는 점이다.

사무실 밖으로 나가 확인하는 이유는 사용자를 더 가까이서 보고 이해하기 위해서다. 제품이 어떻게 작동해야 하는지 또는 다음에 어떤 기능을 구현해야 할지 궁금한가? 그 답을 답답한 회의실에서 구하는 건 어리석은 일이다. 논쟁이 오가는 화이트보드나 끝없는 브레인스토밍 세션의 결과로 얻어지는 것도 아니다. 그렇다면 우리 CEO는 그 답을 알까? 그러면 좋겠지만, 물론 아니다.

우리가 찾는 답은 사무실 밖 세상 어딘가에 있고 우리 고객에게 그 열쇠가 있다. 그저 우리는 사용자로부터 학습하는 방법을 알면 된다. 이것이 바로 린 스타트업의 핵심 컨셉이다. 계속해서 학습하기 위해선 고객들과 함께 제품출시 시점이나 서비스 초기부터 작업물을 자주 검증해야 한다. 이것이 에릭과 스티브가 강조하는 부

---

[1] 역자주_ GOOB: Get out of the building. 『린 UX』(한빛미디어, 2013)에서 린 UX의 기본 원칙 중 제8원칙으로 GOOB를 설명했다. 제품의 성공은 사용자에게 달려 있으며 사용자 니즈가 뭔지 탁상공론을 벌이기보다 사무실 밖으로 나가 확인하고 답을 구하라는 의미다.

분이고, 이걸 놓치고 있다면 반드시 다시 살펴봐야 한다. 정말 중요한 핵심이다.

그 밖에 린 스타트업에서 언급하는 내용을 눈여겨본 사람이라면 사용자 경험이 얼마나 중요한지 익히 알고 있을 것이다. 간단한 결과물을 위해 어떻게 디자인하고, 어떻게 A/B 테스트하며, 또 어떻게 반복적으로 수정해가는지 알아야만 한다.

또한, 지속적인 배포와 애자일 방법론, 최소 존속 제품[2] 역시 잊지 말아야 한다.

방금 언급한 것 중 하나라도 실행하다 지친 경험이 있다면 이런 방법을 실제로 적용하는 게 얼마나 힘이 드는지 익히 알고 있을 거다.

일례로 "사무실 밖으로 나가기"를 살펴보자. 혹시 모든 산업분야가 이 과정을 거쳤다는 것을 알고 있는가? 엄청나게 많은 사람이 학교에서 이 방법을 배웠고 전문적으로 이런 일을 수행하고 있다. 이들을 보통 '사용자 리서처'라 부르는데 이들은 언제, 어떻게 사람들로부터 올바른 정보를 수집할 수 있는지에 대한 모든 종류의 리서치 방법을 알고 있다. 그들은 제품에서 잘못된 것이 무엇인지 추출하고 무엇을 고쳐야 하는지 설명한다. 그리고 그 대가로 꽤 많은 돈을 받는다.

사용자 경험 디자인에도 동일한 과정이 적용된다. 사용자 리서처는 수년 동안 제품을 만드는 데 참여한 사람들이다. 훌륭한 디자인과 끔찍한 디자인에 대해 연구했고, 사람들이 이해할 만큼 간단하면서도 사용하고 싶은 제품을 디자인하는 데 역량과 시간을 할애했다.

아쉽게도 아직까지 이런 부류의 사람들은 그 수가 턱없이 부족해서 대체로 사용자 리서처 없이 제품을 만들려고 한다. 간혹 운이 좋으면 디자이너와 함께 일할 기회를 얻지만, 그렇다 한들 대부분 비주얼 디자인에 익숙하거나 폭포수식 개발환경 외에 다른 업무 방법을 경험한 적이 전혀 없다. 이 책을 읽고 있는 여러분 역시 디자이너나 사용자 리서처일 수 있을 텐데, 새로 시작하는 스타트업처럼 엄청 혼란스럽고 정신 차리기 힘든 환경에서 일한 경험은 대부분 없을 것이다.

---

[2] 역자주_ MVP: Minimum Viable Products. 최근에는 최소 실행 제품이라고 더 많이 번역한다. 시리즈 도서의 성격상 이전 시리즈와 동일하게 이 책에서는 최소 존속 제품이라고 번역했다.

실제로 여러분이 어디에 해당하든 당장 사무실 밖으로 나가라는 얘기다. 그리고 사용자 반응에 따라 명쾌하고 간결한 인터페이스로 디자인하고, 이 모든 것을 애자일하게 실행하며, 몇백만 달러를 마련해 잘나가는 엔지니어 몇 명을 채용하고... 이쯤 되면 꼬박꼬박 월급을 받으며 주말에 쉬는 게 당연하던 전 직장이 꽤 좋았구나 싶어질 거다. 그렇지 않은가?

왜 이런 얘기를 하고 있을까? 굳이 반복하지 않아도 스스로 얼마나 힘든 상황인지 잘 알고 있을 텐데 말이다.

그 이유는 이 모든 게 얼마나 힘든지 이미 깨달았다 가정하고, 상황을 더 수월하게 만들 대안을 찾기 위해서다.

디자인이 얼마나 중요한지라던가 다른 회사들이 어떻게 하고 있는지와 같은 몇 가지 한정된 사례를 들먹이며 다 아는 것처럼 말하는 대신, 사무실 밖으로 나가보고 간결한 제품을 디자인하고 모든 가정을 검증하는 데 필요한 몇 가지 툴을 알려줄 것이다. 여러분을 전문가로 만들지는 못하겠지만, 더 나은 제품을 만들 수 있는 유용한 방법을 가르쳐줄 수는 있다. 이 책을 읽고 조금씩 노력하다 보면 실제로 사람들이 써보고 싶은 걸 뭔가 만들 수 있게 될 것이다.

성공과 실패 여부를 측정할 수 있는 약간의 팁도 알려줄 텐데 그걸 알고 나면 어리석은 결과를 계속해서 반복하는 일이 확연히 줄어들 것이다. 얼마나 많은 시간이 절약될지 한번 생각해보라!

사무실 밖의 세상으로 첫발을 내딛는 걸 환영하며 이제 어디로 가야 할지 알려주겠다.

그래서, 린 UX가 뭐라고?

린 UX는 단순한 유행어가 아니다. 어떤 면에서는 제품 디자인 방법에 대한 근본적인 변화이고 또 한편으로는 오랫동안 우리가 해왔던 일이기도 하다.

사실 사용자 중심 디자인이나 애자일 디자인을 실행해온 많은 사람이 린 UX에 왜 그리 야단들인지 의아해한다. 그럴만도 한 것이 애자일 디자인과 사용자 중심 디자인에 익숙한 사람들에게 린 UX는 매우 친숙한 개념이기 때문이다.

또 한편으로는 이전의 디자인 실무에서 볼 수 없던 몇 가지 새로운 방식을 린 UX에서 제시하기도 한다. 전부터 해오던 디자인 실무의 뛰어난 부분을 대다수 채택하는 동시에 린에 맞게 살짝 변형해서 덧붙인 것이다. 자, 그럼 이제 린 사용자 경험 디자인을 정의해보자.

린 UX는 가설 검증이다

린 스타트업의 많은 부분처럼 린 UX는 가설 검증에 중점을 둔다. 이는 디자이너나 프로덕트 오너의 '비전' 충족이 목표였던 전통적인 디자인에서 상당히 벗어나는 것이다.

린 UX는 제품을 기능 조합으로 보지 않고 검증해야 할 가설 조합으로 바라본다. 달리 말해 사용자들이 원하는 것을 알고 있다고 가정하지 않는다. '고객이 원할 수도 있는 것'에 대한 가설을 개발하기 위해 그들을 조사하고 인터뷰한다. 그리고는 우리 생각이 맞는지 확인하기 위해 다양한 방법으로 가설을 실험하며 제품을 발전시키는 내내 이 과정을 계속 반복한다.

린 UX를 실무에 적용한 전후 사례를 한번 보자.

회사 X는 린 UX 적용 전에 이렇게 얘기한다. "상품마다 사용자 후기를 남길 수 있고 그 내용이 상품 화면에 보여져야 한다." 그러면 제품 관리자는 상품에 사용 후기를 남기는 기능을 정의하는 데 시간을 보내고, 디자이너는 후기 작성 경험을 매력적으로 디자인하는 데 투입된다. 엔지니어는 앞서 정의된 기능과 디자인에 부합하는 코드를 작성한다. 이 모든 과정에 아마 두 세달은 족히 소요될 것이다.

그림 0-1 린 순환

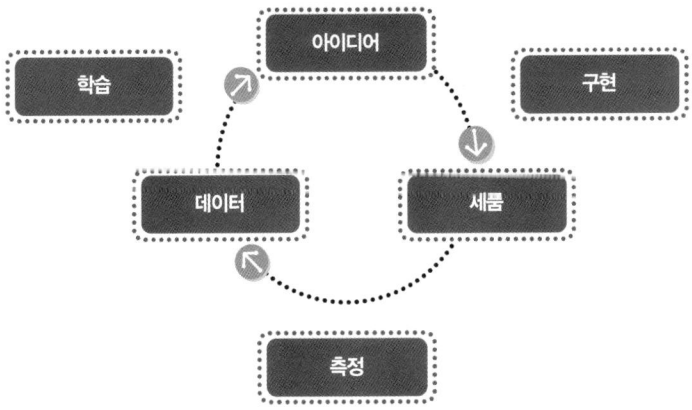

프로세스의 막바지에 이르면 사용자는 상품 상세화면에 사용 후기를 남길 수 있다. 하지만 여기서 무엇을 얻어낼 수 있는가? 이 기능이 있다고 고객들이 더 많은 비용을 지불하는가? 아니면 사이트 이용 시간이 더 늘어났는가? 혹시 후기를 남기는 걸 귀찮아 하지는 않는가? 만약 그렇다면 다른 기능 대신 3개월 동안 후기 작성 시스템을 구축해서 회사가 얻는 실질적인 이득은 무엇인가?

이 접근방식의 문제는 가설이 아니라 기능에서 시작한다는 점이다. 상품 화면에서 사용자가 겪는 문제를 식별하고 그 문제를 해결할 아이디어를 찾고, 그 아이디어가 제대로 먹히는지 직접 실험을 통해 확인하기보다 사용 후기 작성이 필요하다고 가정해 버린 것이다.

그렇다면 같은 문제에 대한 린적인 접근방법을 소개하겠다.

사용 후기 작성이 필요하다고 확신하는 대신, 회사 X가 이렇게 말한다고 가정해보자. "수익을 증대시킬 방법을 찾아야 한다. 사전 조사를 근거로 사용자들이 상품 상세화면에 후기를 남김으로써 상품에 더 관심을 갖고 상품을 더 많이 구매하게 될 거라 예상된다. 실제로 그럴지 어떻게 확인해볼 수 있는가?"

이렇게 관점을 달리함으로써 회사 X는 가설을 검증하고 수익 증대라는 지표 개선에 적합하지 않은 기능으로 판명될 경우 쉽게 변경도 가능하다.

사용 후기 작성 기능이 수익을 증가시킨다는 가설을 세우고 나면 린 UX 디자이너는 가설의 유효성을 검증할 최선의 방법을 찾아낸다. 이는 사용자로부터 상품에 대한 후기를 수집하는 간단한 형태가 될 것이고, 상품 상세화면에서 사용 후기를 받는 것이 상품 구매량 증가에 영향을 미치는지 확인하기 위해 후기 작성 기능을 수동으로 붙여볼 수 있다.

확인해보니 상품 화면에 사용 후기 작성 기능 추가 후 나타난 결과가 예상했던 대로인가? 괜한 일했단 생각이 들 수 있지만, 그렇지 않다! 많은 비용과 시간을 들이기 전에 구현할 가치가 있는 기능인지 확인했다는 데 큰 차이가 있다. 게다가 기능이 어떻게 동작하는 게 적절한지 사용자 피드백도 받을 수 있어 나중에 다시 재수정하는 일도 방지할 수 있다.

린 UX는 제품에 기능을 추가하는 것이 아니다. 어떤 지표가 비즈니스를 이끄는지 알아내고, 이러한 지표를 개선하기 위해 해결해야 할 고객의 문제가 무엇인지 이해하고, 고객의 어려움을 개선하는 데 필요한 아이디어를 도출한 다음, 그게 적합한 아이디어인지 검증하는 것이다.

이 모든 과정이 다소 어렵게 느껴지겠지만, 이 책에서 구체적인 해결방법 몇 가지를 알려줄 테니 안심해도 된다.

단지 가설 검증만은 아니다.

새로 만든 특정 기능을 작게 테스트하고 전환율을 측정해본 경험담을 어떤 스타트업으로부터 들은 적이 있다. 약 3%의 사람들이 새로운 기능을 사용했는데 안타깝게도 그 스타트업은 3% 전환이 대단한 성과라 거나 명백한 실패라는 걸 알 길이 없었다. 왜냐하면, 그 기능은 전에 없던 새로운 것으로 비교 대상이 없었기 때문이다.

이것이 내가 봐온 수많은 린 스타트업이 빠지는 함정이다. 가설이 검증된건지 아닌지 해석할 능력이 없는 것이다.

물론, 린 사용자 경험 디자인에서는 변경사항에 대해 가능한 한 A/B 테스트를 해볼 것을 권장한다. A/B 테스트는 변경사항이 통계적으로 유의미한 차이를 보이는지 해석하기가 꽤 쉬운 편이다. 나중에 다루겠지만 그 밖에도 다양한 테스트 유형이 있으며 그중 A/B 테스트는 직접적인 해석이 쉬운 편에 속한다.

새로운 사업 분야에 대한 가설 검증을 해야 할 때면 어떤 형태의 결과가 성공을 의미하는지 아는 것도 꽤 힘든 일이다. 린 UX[3]를 하려면 가설 검증을 위한 적합한 테스트 유형 설계 방법을 익혀야 한다. 가끔은 익히 알던 평범한 정성조사 방법과 현명한 판단에 의지해야 할 때도 있다. 이 책 후반부에 나온다.

린 UX는 사용자 중심적이다

사용자 중심 디자인[UCD]을 배우고 익힌 실무자들과 얘기를 나누는 경우가 정말 많은데, 종종 이런 말을 듣곤 한다. "프로토타이핑을 통해 사용자와 소통하고 있으세요? 저희도 그래요! 제가 린 UX를 하고 있는 거군요!"

그림 0-2 이 과정은 UCD와 린 UX 모두 동일하다

일부 맞는 말이다. 린 UX는 UCD로부터 상당히 많은 것을 차용했고 이는 UCD가 훌륭한 방법이기 때문이다. 예를 들어, 사용자로부터 학습하라는 아이디어가 린 스타트업에서 나온 게 아니다. 실은 우리 중 일부는 수십 년간 UCD 방법론을 실천하고 있고, 그보다 더 오래 전부터 경험을 쌓은 사람들에게서 그 방법을 배웠다.

제품에 대한 피드백 수집이 새로운 학문이 아니라는 점에서 이건 다행스런 일이다. 린 팀이 사용자로부터 어떻게 학습해야 할지 독자적으로 이해해야 할 필요가 없기 때문이다. UCD를 실무에서 경험하고 사용자 조사를 수행한 사람들이 이미 많이

---

3 역자주_ 책 전체에서 저자는 린 UX와 린 사용자 경험을 분리해서 사용했다. 방법론적 측면을 강조할 때 린 UX를 사용했다고 생각하여 이 책에서도 두 단어를 분리해 사용한다.

있고 그들이 린 팀에 도움을 줄 수 있다. 뛰어난 린 사용자 경험 디자이너가 되기 위해 배우고 싶다면, 사실상 사용자 중심 디자인에 대한 양질의 기초지식 습득부터 시작하는 게 가장 좋다.

> **단지 사용자 중심 디자인만은 아니다.**
>
> 내가 아는 UCD 지인들이 인터랙티브한 프로토타입을 제작하거나 사용자 조사를 하고 있기 때문에 린 UX를 실천하고 있다고 할 때마다 나는 그 말을 정정해준다.
>
> 린 UX는 상당히 많은 것을 UCD로부터 차용했지만, 동시에 많은 것을 스스로 발전시키고 덧붙였다. 예를 들면, UCD는 잦은 이터레이션, 가설 검증, 또는 애자일 팀에 대한 확고한 의견을 사실상 갖고 있지 않다. 하지만 린은 그렇다. 또한 UCD는 디자인 성과물을 측정하는 과학적 방법에 대한 어떠한 개념도 보유하고 있지 않은 반면, 린 방법론은 그것이 핵심이다.
>
> 이 말을 린 UX가 UCD를 대체할 수 있다거나 UCD보다 더 낫거나 못하다는 식으로 받아들여서는 안 된다. 린 UX는 기본적으로 사용자 중심 디자인의 (끊임없이 사용자에 초점을 맞추기 위한) 많은 뛰어난 방법을 담은 도구 모음이다.
>
> 이 책에 뛰어난 사용자 중심 디자이너가 되는 방법이 들어 있지는 않다. 그렇지만 제품이 시장에서 자리잡는 데 필요한 다양한 접근법과 사용자 중심 디자인을 기존 프로세스에 융합시키는 방법은 알려준다.

린 UX는 애자일이다

애자일은 사용자 중심 디자인이 있었기에 가능했다. 마찬가지로 린 UX는 애자일의 많은 훌륭한 점을 차용하고 있다.

예를 들어, 애자일 디자인은 프로젝트를 진행할 때 디자인 부서를 외부 조직으로 대하기보다 디자이너와 개발자가 긴밀하게 함께 일하는 다분야 융합팀을 표방한다. 다분야 융합팀은 린 UX의 핵심이다. 주요 의사결정 과정에 개발자, 디자이너, 제품 관리자가 함께 참여하게 되면 결정된 내용이 예상대로 잘 돌아가지 않을 때 쉽게 조정이 가능하고 전체 디자인 프로세스 역시 더 빨라진다.

더 기민(애자일)해지기 위해 애자일 방법론에서는 방대한 문서작업과 기능정의를 제거한다. 린 역시 많은 전통적인 문서작업을 지양한다. 항상 제품 요구사항 정의서(PRD)를 제작하고 모든 화면을 픽셀 단위까지 완벽하게 구현한 목업으로 만드는 데 집중한다. 플로우 다이어그램이나 스케치로 할 수 있는 것을 굳이 300 페이지 상낭의 워드 문서로 작성할 필요는 없기 때문이다.

틀릴 가능성이 높은 '최종 스펙'이란 걸 개발에 선달하기에 앞서, 낯 덜 혹은 심지어 몇 년씩 리서치와 디자인에 시간을 들이는 폭포수 방식을 탈피하는 걸 애자일 팀과 린 UX팀 모두 가장 중요하게 여긴다.

애자일처럼 린 역시 짧은 주기로 신속하게 일하는 것을 중시한다. 이를 통해 팀은 제품에 대한 피드백을 얻는 데 드는 시간을 단축할 수 있다.

> **단지 애자일하려는 것만은 아니다.**
>
> 린 UX는 굉장히 많은 성공사례를 애자일 디자인에서 참조하지만 그게 린 UX의 전부는 아니다.
>
> 린 방식에서는 제품 관리자가 '완료'라 공표하는 데 활용되는 전통적인 사용자 스토리를 유효성 검증이 가능한 사용자 가설로 대체한다. 달리 말해, 출시되었다고 기능 구현이 끝나는 게 아니라 신규 고객의 사용행태가 사업성과 측면에서 좋은지 나쁜지 검증하기 위한 간단한 방법으로 기능을 구현한다.
>
> 애자일 디자인 환경에서 일하는 동안, 기능의 완성도와 사용자의 수용도를 알기 위해 실제 사용자 환경에서 기능을 확인해 달라는 요청을 자주 받곤 했다. 린 UX에서는 어떤 기능을 사용자가 직접 써보기 전까지 그 질문에 답할 수 없으며 결과는 핵심 지표를 기반으로 측정한다. 심지어 그때조차 기능이 진짜 '완료'되었다기보다 다음 이터레이션을 위한 준비가 완료된 것일 뿐이다.
>
> 이런 것쯤 사소한 차이 같아 보이겠지만, 디자인 결과물 측정이라는 개념이 제품 디자인 분야를 더 나은 방향으로 급격히 변화시킬 가능성까지 내포하고 있다는 점에서 중요한 차이라 할 수 있다. 당연히 측정 기반의 디자인 방법 또한 상세히 다룰 것이다.

린 UX는 데이터에 기반한다

데이터에 대해 얘기하자면 린 UX는 분명히 데이터를 기반으로 한다.

린 UX 배후에 있는 가장 중요한 아이디어는 새로운 디자인이나 기능이 이전에 비해 당연히 좋다고 가정하지 않는 것이다. 우리는 모든 것을 테스트해본다. 새로운 기능을 선보일 때 그 기능이 중요한 사용자 행태에 의미 있는 영향을 미치는지 확인하기 위해 테스트한다. 문구를 변경하거나 이메일 발송시간을 변경할 때 어떤 버전이 더 잘 동작하는지 확인하기 위해 테스트한다. 사용자 플로우나 내비게이션 구조를 변경할 때 역시, 자칫 이전보다 더 나빠진 건 아닌지 사용자들에게 확인한다.

그보다 더 중요한 것은 디자이너들을 위한 피드백 순환고리로 배포 및 테스트 프로세스를 활용하는 것이다. 변경하면 뭐든 개선되리라 기대하는 게 당연하지만, 검증의 기준이 되는 핵심 지표에 실은 해를 끼치기도 한다. 어떤 가정이 잘못된 것이었나? 어떤 가설이 유효하지 않았는가?

그림 0-3 측정 없이는 학습도 없다

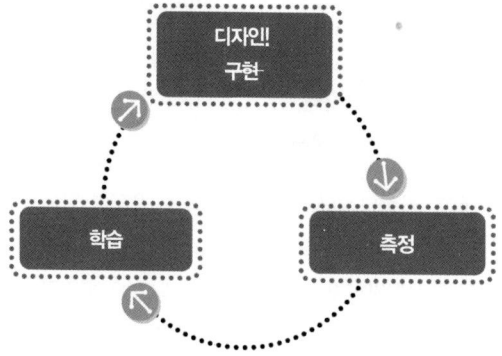

디자인한 기능을 매 이터레이션마다 테스트해서 실무자들이 진짜 사용자 행태에 대해 더 많이 학습할 수 있도록 한다. 또 구체적인 지표를 활용하여 디자인 프로젝트의 ROI를 보여주는 데 활용할 수도 있다.

내 경험상 이게 바로 린 UX의 고유한 특징이다. 물론 디자이너와 사용자 조사

전문가들은 오랜 기간에 걸쳐 제품에 대한 정성적인 사용성 평가를 진행해 왔겠지만, 여기서 말하는 건 출시는 되었으나 아직 널리 확산되지 않은 제품을 대상으로, 특정한 디자인 변경에 대해 실질적 효과를 측정하는 일종의 정량적인 방식이고 스타트업계에서는 잘하지 않는 것이다.

디자인 분야에 있는 일부 디자이너들은 "디자인은 측정될 수 있는 것이 아니다"라거나 디자인 효과를 정량화하려는 시도 자체가 디자인 과정의 순수함을 일부 손상시킨다는 느낌 때문인지 꽤 격렬한 거부반응을 보이기도 한다. 내 생각이지만 한마디로 헛소리다.

뭔가 새로 디자인한다는 건 제품의 사용성과 만족도를 개선하거나 망치거나 둘 중 하나다. 디자이너와 제품 관리자로서의 최대 관심사는 우리 작업이 제품과 회사의 실적에 실질적인 영향을 끼쳤는지 측정하는 것이다. 너무 겁먹을 필요는 없다. 이 역시 책에서 다룰 내용이다.

> **단지 데이터에 대한 것만은 아니다.**
>
> 린 UX에 대항하는 꽤 보편적인 논쟁거리 중 하나는 (이유는 모르겠지만) 모든 데이터가 예술적 관점을 훼손한다는 것이다. 이는 많은 디자이너가 왜 그렇게 데이터 기반 디자인에 거부반응을 보이는지에 대한 근본적인 이유일 것이다. 디자이너들은 구글에서 했던 41가지 파란색 계열에 대한 테스트 일화[4]를 익히 알고 있고, 모든 디자인이 '뭐든 일단 테스트'하는 방식으로 축소될 것을 우려한다.
>
> 그건 전혀 사실이 아니다. 최적의 링크 색상 선정 같은 걸 다변수 테스트로 쉽게 확인할 수 있는 게 사실이지만, 소소한 최적화가 아닌 제대로 된 디자인 변경은 제품에 대한 비전과 열정이 있는 디자이너와 구성원들이 함께 만든다는 것도 사실이다.
>
> 변경사항이 제품 실적에 어떻게 영향을 미치는지 테스트한다고 해서 중요한 디자인 결정을 내리지 않는 건 아니다. 린 디자인을 데이터에 의해 좌우되는

---

4 역자주_ http://www.nytimes.com/2009/03/01/business/01marissa.html?pagewanted=all&_r=0,
단축URL http://goo.gl/ybMjKA

> 것으로 간주하는 대신 데이터에 입각한 것이라 생각할 수 있다. 데이터는 사람들이 무엇을 하고 어느 단계에서 이탈하는지와 같은 정보를 알려준다. 하지만 제대로 된 조사와 디자인이 있어야 그런 반응이 나타난 이유와 어떻게 고쳐야 할지 알 수 있다.
>
> 데이터 기반 디자인DDD: Data-Driven Design이 모든 걸 가볍게 테스트한 다음 전환율이 최고인 걸 고르는 게 아니다. 성공적인 제품을 만들어 내기 위해서 좋은 테스트 사례와 좋은 디자인 사례를 조합하려는 것이다. 아직 확신이 들지 않을 수 있다. 디자인을 테스트하는 올바른 방법과 잘못된 방법을 본문에서 소개하겠다.

린 UX는 빠르고 저렴하다 (때에 따라서)

린이라 하면 '가능한 저렴하게'와 비슷한 말로 자주 오해하곤 한다. 분명 사실과 다르다. 린 UX처럼 린 스타트업 역시 포춘 500대 기업이든 자수성가한 기업이든 전혀 상관없다. 린 스타트업이 돈 없는 스타트업을 의미하지도 않는다. 그런 적도 없다.

그럼에도 나는 린 UX가 전통적인 UX에 비해 대체로 더 빠르고 더 낮은 비용이 든다는 걸 깨달았는데, 그 이유는 린 UX는 전적으로 낭비를 없애려 노력하기 때문이다.

개발에 들어가기 전에 디자인과 사용성 평가에 한두 달씩 소요되는 전통적인 사용자 리서치 비용이 얼마나 될지 상상해보라. 나는 에이전시에서 이미 해봤던 일이기에 수만 달러가 드는 일이라고 주저 없이 말할 수 있다. 간혹가다 그보다 훨씬 많은 비용을 들 때도 있다. 심지어 초기 제품 아이디어를 검증하기도 전에 들어가는 비용이다!

이제 일이 어떻게 진행될지 상상해보자. 제품을 출시했지만 구매하는 사람이 아무도 없다. 누구도 우리 아이디어를 딱히 좋아하지 않기 때문이다.

엄청난 문제를 해결해서 단번에 시장을 찾아내려는 시도를 경계하라.

구체적인 문제를 겪는 특정 유형의 사람이 있고 솔루션 구매까지 고려할 정도로 그게 상당히 심각하냐는 걸 치밀하게 예측할 수 있을 때 시장을 성공적으로 검증할 수 있다는 걸 깨닫게 될 것이다.

제품 검증하기

실제 문제를 찾아내고 대상 집단이 자신들의 문제를 해결하기 위해 비용을 지불할 의사가 있다고 해서 반드시 제대로 된 솔루션이라 할 수는 없다. 예를 들어, 수백만 명의 사람이 감량을 원해도 모든 운동 및 다이어트 제품이 잘 팔린다는 보장이 없는 것처럼 말이다.

제품에 대한 검증은 문제나 시장을 검증하는 것보다 더 많은 시간이 소요된다. 이는 엄청난 반복 과정이며 더 상세한 내용은 이 책 전반에 걸쳐 다루어진다.

핵심은 "우리 제품이 특정 시장에서 우리가 정의한 문제를 진짜 해결하고 있는가?"를 계속해서 되묻는 것이다.

타깃 시장의 상당수가 문제 해결을 위해 비용을 지불하게 될 때까지 제품을 검증해야 한다.

초기 검증을 위한 도구

이제 우리는 무엇을 검증해야 할지 알고 있다. 그럼 문제와 시장, 제품에 대한 피드백에 유용한 도구를 몇 가지 살펴보자. 앞으로 소개할 방법은 초기 검증에 특히 유용한 사용자 리서치이다. 이 방법들은 코드 작성을 시작하기 훨씬 전에 해볼 수 있는 것들이다.

에스노그래픽 조사 (혹은 사용자 목소리 듣기)

잠재 사용자의 문제를 제대로 이해하기 위한 가장 효과적인 방법은 일단 밖으로 물론 이것이 이메일이 생겨난 정확한 이야기는 아닐 것이다. 내가 말하려는 건 관심 있는 시장에 대해 몇 가지 기법을 써서 잠재 사용자를 관찰하고, 우리가 더 좋게 만들 수 있는 사람들의 문제를 빨리 정의해내는 것이다. 일단 문제를 파악하고 나면 사람들이 쓰고 싶어 할 제품 아이디어를 떠올리는 일도 훨씬 쉬워진다.

'스타트업은 극도의 불확실성하에서 새로운 제품이나 서비스를 전달하기 위해 만들어진 인간적인 제도'라는 에릭 리스의 생각에 동의한다면 불확실성을 감소시키는 행위로써 조기 문제 검증을 바라보는 것이 좋겠다.

우리는 성공을 장담할 수 없지만, 조기 문제 검증을 통해, 투자금이 모두 소진된 다음이 아니라, 구현 과정 초기에 미리 예견하고 실패를 피해갈 수 있다.

특정집단의 사람들이 구체적인 불만을 이야기하기 시작할 때 검증하고 있는 제품의 문제도 알게 될 것이다.

시장 검증하기

단지 문제가 있다고 상당수의 사람이 그 솔루션에 기꺼이 돈을 지불하는 것은 아니다. 이게 바로 시장 검증이 필요한 이유이다.

시장 검증은 제품을 사서 쓸 만큼 정말 해결이 필요한 귀찮은 문제를 가진 집단으로 대상을 좁혀 시작하는 걸 목표로 한다. 또 다른 목표는 그들이 관심을 갖는 이유를 정확히 이해하고 이를 통해 유사한 반응을 보일 시장을 발굴하는 것이다.

스타트업에게 시장을 선정하는 일은 난이도가 높은 작업이다. 창업가들은 제품 구매 가능성이 있는 집단을 최대한 넓게 보려는 경향이 있다. 하지만 '여성'이나 '의사'를 타깃으로 제품을 선보이기보다 '육아 도우미 없이 아이를 키우는 대도시에 거주하는 직장인 엄마'나 '비용 관리 경험이 없는 관록 있는 암 연구원'처럼 반드시 시장을 좁게 선정할 필요가 있다.

규모가 작은 시장에서 시작할수록 단순한 초기 제품으로 쉽게 해결할 수 있는 유사한 문제를 가진 집단을 발견할 가능성도 높아진다. 초기 제품이 너무 소박한 건 아닌지 염려할 필요는 없다. 나중에라도 시장은 언제든 확장될 수 있다. 오히려 아마존이 등장하기 전까지 온라인에서 책을 살 거라고 생각한 사람이 몇 명이나 있었겠나?

말도 안 되는 얘기라 여겨지던 시절이 있었다. '관심을 끌지 못한다'거나 '입소문'이 나지 못해 매시간마다 문을 닫는 스타트업이 있는데 제품에 대한 수요가 충분치 않았다는 데는 놀라운 기회가 숨어 있다. 내놓은 제품이 시장에서 파급력이 큰 문제를 해결한 게 아니거나 사용자들의 당면 문제를 해결하지 못한 것이라는 의미다.

이 때문에 가능한 한 일찌감치 문제와 시장과 제품을 검증할 필요가 있다.

문제 검증하기

아무도 생각하지 못했던 뛰어난 제품 아이디어를 찾겠다고 브레인스토밍하는 데 시간을 보내는 대신, 완전히 다른 접근법으로 제품 아이디어를 찾아보자. 우리가 해결할 수 있는 타깃 시장의 문제를 찾아내는 것이다.

시장에 문제가 없다면 사람들이 우리 제품을 구매할 강력한 이유도 없다. 아이디어가 아무리 뛰어나고 혁신적이며 파괴적일지라도 초기 검증은 아이디어를 정교하게 만들고 사용자를 제대로 이해하는 데 도움이 된다.

초기 검증을 실천하는 게 쉬운 일은 아니다. 애매할 수도 있지만, 해결하기 가장 좋은 문제 유형은 해결되기 전까지 실제 사용자들이 눈치채지 못하는 문제다. 쉬운 예시를 하나 들어보겠다.

이메일이 등장하기 전까지 많은 사람이 전화나 팩스만으로도 충분히 소통할 수 있다고 생각했다. 완벽하지 않아도 전화나 팩스로 일을 처리하는 것은 해낼만 했다. 물론 외국에 있는 사람과 연락하거나 많은 사람과 한꺼번에 연락할 때는 전화나 팩스가 가진 한계가 분명히 있지만, 전화나 팩스로도 잘 살아왔다.

그런데 어떤 천재가 홀연히 나타나 이렇게 말했다. "내가 보내고 싶은 메시지를 타이핑해서 아주 멀리 떨어져 있는 사람에게 보내거나 한 번에 수십 명에게 보낼 수 있다면 어떨까?" 그리고는 대다수가 문제라 여기지 않던 중요한 문제를 특정한 제품(이메일)으로 해결해냈다.

시장은 우리 제품을 구매할 것으로 예상되는 사람들의 집단이다. 예를 들면, 세금 전문가나 부동산 중개사 혹은 학교 선생님들을 위한 툴을 만들면 그 대상자 집단이 우리 시장이 된다.

그림 1-2 시장

문제는 앞서 말한 대상자들이 제품을 사용하려는 이유이다. 사람들이 문제라 여기는 걸 제품이 해결해주지 못하면 회사가 돈을 벌 가능성 역시 아주 희박해진다.

그림 1-3 문제

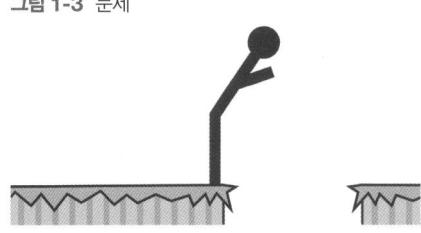

제품은 사용자의 문제를 해결하는 방법이다. 궁극적으로 우리가 제작하려는 것이며, 예상하고 있는 타깃 시장의 사람들이 대가를 지불하고 구매하려는 것이다.

그림 1-4 제품

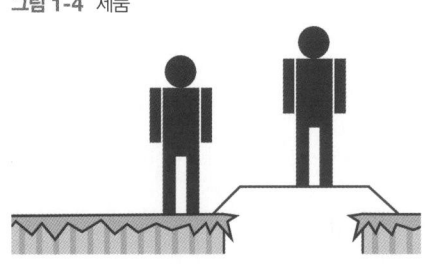

이 모든 게 단순한 얘기로 들리겠지만, 중요한 개념이다. 많은 스타트업은 곧 시장을 찾고 있는 제품이라 할 수 있고 간혹 괜찮은 반응이 있기도 하다. 사실,

몇 가지 예를 들자면, 워드프로세서는 글자를 일단 치면 수정하기 힘들다는 문제를 해결했다. GPS 내비게이션은 멀리 낯선 곳에서 길을 잃어버릴 수 있는 문제를 해결했다. 심지어 앵그리버드조차 기차를 기다리는 무료한 시간을 어떻게 하면 덜 심심하게 보낼까 하는 문제를 해결했다.

문제를 해결하는 제품 아이디어를 생각할 때 흔히 범하는 실수의 대부분은 단순히 아직 출시되지 않았거나 지금보다 나쁘지 않은 정도의 제품 아이디어로 해결책을 마련하는 것이다.

회사가 '피벗팅'을 한다는 말은, 린에서 말하는 '뭔가 전혀 다른 방향으로 제품을 변경하는 것'으로, 최초 아이디어가 계속 끌고 갈 만하지 않다는 걸 깨닫고 성공 가능성이 높은 안으로 바꾼다는 뜻이다.

피벗pivot, 즉 방향전환이 필요할 때도 있지만, 가능한 최소화하고 싶은 게 당연하다. 냉정히 말해 미래를 볼 방법이 있는 게 아니라면 완전히 피할 수는 없다. 그렇다고 꺼리고 터부시할 일도 아닌 것이 방향전환은 스타트업의 본질이고, 때로는 상당히 과감하고 근본적인 전환도 일어난다. 하지만 그것도 자금이 바닥나기 전에나 잦은 방향전환을 감당할 수 있기에 상대적으로 변경이 쉬운 초기부터 아이디어를 검증하는 것이 최선이다. 실제로 아이디어를 일찍 검증할수록 나중에 피벗이 발생하는 빈도가 줄어든다.

그림 1-1 초기부터 수시로 검증

그럼, 어떻게 해야 하는지 살펴보자.

시장, 문제, 제품 들고 나가기

초기 검증 방법에 대한 몇 가지 실질적인 팁을 말하기 전에 시장과 제품, 문제 간의 차이를 먼저 살펴보자.

CHAPTER 1

초기 검증

> **1장에서 다룰 내용**
>
> - 구현 전 구매 가능성을 확인하는 방법
> - 초기 검증에 적합한 리서치 방법
> - 꼭 필요한 제품 구현을 위해 사용자의 어려움 이해하기

대부분 스타트업은 멋진 신제품 아이디어로 시작한다. 그리고 대부분 실패한다. 이 두 가지는 생각보다 밀접하게 연관되어 있다. 이런 일이 자주 일어나는 건 스타트업의 아이디어가 사람들의 진짜 문제를 해결하기 위한 것이라기보다 엄청 멋지고 흥미로운 누군가의 생각에서 시작하기 때문이다. 시간이 들더라도 가능한 일찍부터 핵심가설을 검증해야 하는 이유이기도 하다.

가설은 무엇이고 그 타당성 여부를 반드시 검증해야 하는 이유는 무엇일까? 가설은 우리가 만드는 것에 대한 가정이다. 단언컨대, 회사를 시작하면서 우리는 수많은 가정을 하게 된다. 예를 들어, 회사에서 만든 제품을 구매할 사람이 존재한다는 거의 확신에 가까운 가정으로 사업을 시작한다.

안타깝게도 이런 가정 중 일부는 잘못된 것이다. 게다가 정말 심각한 건 잘못된 가정으로 아예 사업을 접어야 할 수도 있다는 점이다. 그럼 이제 그토록 많은 잘못된 가정을 피하는 방법을 살펴보자.

먼저, 훌륭한 제품 아이디어를 떠올리려 하기 전에 생각을 조금 바꿔 보았으면 한다. 모든 제품을 누군가의 문제를 해결하는 솔루션으로 생각하자.

예를 들어보겠다. 아마 웹밴[5]이라는 회사를 들어본 적이 있을 것이다. 웹밴은 온라인에서 식료품을 구매하기에는 아직 시기가 이르다 생각하고 곳곳에 창고 자동화 시스템을 구축하는 데 대략 4억 달러를 썼다.

아이디어의 유효성 여부를 검증하기 전 구현에 돈을 쓰는 대신 제품 가설을 테스트하는 몇 가지 가벼운 실험을 시작한다고 해보자. 그 결과 누구도 돈을 지불할 생각이 없는 전적으로 잘못된 아이디어란 걸 깨닫고, 사람들이 구매하고 싶을 정도로 관심을 가질 무언가를 발견할 때까지 계속해서 반복하고 조정해 간다고 해보자.

수백 만 명에게 식료품 배송이 가능한 기반 시설 전체를 구축하는 대신 웹 밴은 정적인 웹사이트, 제한된 품목, 컨시어지 서비스를 실험해볼 수 있었다. 혹은 이미 식료품을 판매하고 있는 상점과 파트너 형태로 시작할 수도 있었다. 그런 방식으로 시작했더라면 상당한 금액을 아낄 수 있었을 테고 온라인에서 식료품을 구매하는 행동이 자리 잡을 때까지 살아남을 수도 있었다.

어쨌든 사람들이 돈을 내고 쓸 만한 것을 찾는 데 돈과 시간을 적게 쓰는 게 좋다는 관점에서, 아무도 원치 않는 것을 만드는 데 많은 시간과 비용을 들이는 걸 피할 수 있었을 거다.

비록 경제 전문가는 아니지만 첫 번째보다 두 번째가 훨씬 더 저렴한 비용이 든다고 말할 수 있다. 이것이 바로 이야기의 핵심이다. 린 UX는 시간과 비용을 절약해준다. 비단 높은 퀄리티의 디자인에 투자하지 않기 때문만은 아니다. 린 UX는 많은 시간을 들여 아무도 원치 않는 제품을 만드느라 노력하는 데 쏟는 비용을 절감시킨다.

린 UX 역시 좋은 디자인에 필요한 인재와 툴에 대한 확실한 투자가 요구된다. 단지 필요 없는 디자인을 막아 비용을 절감해준다.

---

5 역자주_ Webvan. 1996년에 시작한 미국 최대의 인터넷 슈퍼마켓이며 2001년 파산신청을 했다.

> **단지 저렴한 비용과 빠른 속도만은 아니다.**
>
> 린 UX가 허접한 UX를 의미하지는 않는다. 적은 비용으로 좋은 사용자 경험을 만드는 것도 어렵다. 리서치와 디자인에 투자하지도 않으면서 린을 하고 있다고 얘기하곤 한다. 그건 린이 아니다. 어리석은 일을 하고 있을 뿐이다.
>
> 이 책에서 더 빨리 움직이면서 낭비를 줄이고 더 나은 결과를 얻는 데 도움이 되는 상당한 팁을 소개하려 한다. 그렇다고 돈 한 푼 들이지 않고 기막힌 제품을 만드는 방법을 기대하지는 말라. 있을 수 없는 일이다.
>
> 디자인과 리서치를 제대로 하려면 적잖은 시간과 비용이 든다. 하지만 시간과 돈을 현명하게 사용해서 사람들이 원하는 좋은 제품을 얻어낼 수도 있다. 낭비를 줄이는 리서치 방법과 디자인 방법, 적시에 적합한 내용을 학습하는 방법을 소개하겠다.

린 UX는 반복적이다 (언제나)

린 UX에서 상당 부분을 차지하는 최소 존속 제품^{MVP}을 상세히 다루어 보려 한다. 한 장에 걸쳐 온전히 이 얘기만 할 예정이다. MVP를 간단히 정의하고 넘어가자면 MVP는 가설의 타당성 여부를 확실히 검증하기 위해 할 수 있는 최소한의 실행 단위를 만드는 것이다.

아무리 강조해도 지나치지 않은 중요한 개념임에도, 많은 사람들이 이를 놓치곤 한다. 일단 MVP를 만들고 나면 계속해서 이를 다듬는 노력이 필요하다. 모든 것이 타당성을 증명해야 할 가설이라면 일단 한번 가설을 검증하고, 그에 따라 움직여야 한다.

린 UX는 실행 가능한 지표를 모으는 것이 전부이다. 물론, 실행 가능한 지표로 성공을 달성하기 위해 지표를 활용해 뭔가 해야 하는 게 핵심이다. 지표는 기분 좋아지라고 있는 것이 아니라 다음 단계에 무엇을 할지 결정하는 데 필요한 중요한 도구이다.

이는 놀라울 정도로 반복적인 프로세스를 통해 만들어진다. 작은 것들을 지속적으로 만들어가면서 구현 과정에서 학습이 일어나고 계속해서 다듬다가 버려지기를 반복하는, 이 모든 과정은 매번 무엇을 학습했는가를 주축으로 돌아간다.

이러한 주기를 계속하려면 반복적으로 개선하고 구축하기를 지속해야 한다. 나는 방치되거나 반쪽짜리 기능으로 이도저도 아닌 제품을 만든 실패한 린 스타트업들의 사례를 정말 많이 봐왔다. 의도는 물론 좋았다. 새로운 시도를 많이 했지만 결국 쓰지 못할 수준으로 그냥 버려졌다.

새로운 걸 지속적으로 시도하고 나서 더 이상의 연구나 작업을 해보지 않고 버리는 건 반복적인 개선이 아니다. 수확을 마친 것이다. 더욱 심각한 건 반복적인 개선이 없다 보면 일부 사용자만 쓰는 방치에 가까운 기능이 기이하게 조합되면서 몹시 복잡한 제품으로 전락한다는 점이다.

전에 함께 일했던 어떤 스타트업은 사이트 내 검색 방법을 한 번에 3가지나 적용했다. 첫 번째 버전을 적용하고 반복해서 개선하는 대신, 약간 다른 새로운 버전의 검색기능을 만들었다. 단지 제품을 검색하려던 사용자는 여지껏 본 것 중 가장 혼란스러운 경험을 했을 것이다. 이 책의 전반에 걸쳐 이런 유형의 문제를 피하는 방법에 대해 얘기하겠다.

린 UX를 활용해서 단지 새로운 기능을 덧붙이는 게 아니라, 이미 만들진 기능에 대한 경험을 개선하고 성과 없는 기능을 없애면서 지속적으로 제품을 다듬어가야 한다.

무엇도 완전히 끝났다고 할 수 없다. 다음 이터레이션을 위한 준비 정도 마친 것이다.

> **단지 반복적인 개선만은 아니다.**
>
> 농담이다. 반복적인 개선에 대한 것이 맞다.

Part I

검증

제품이 머릿속에서 완전히 만들어져 나오는 게 아니다. 제품 이전에 아이디어가 있다. 가끔가다 대단한 아이디어가 나올 수도 있지만 대부분 형편없을 때가 많다. 그러므로 제품을 만들겠다고 무작정 뛰어들기 전에 갖고 있는 모든 아이디어를 검증하는 것이 중요하다.

그래서 1부에서는 어떻게 검증해야 할지 얘기하려고 한다.

기업가에게 필요한 가장 중요한 일을 알아보고, 고객을 이해하는 방법도 알려주겠다.

검증에 대한 내용으로는 쓸만한 아이디어인지 확인하는 방법, 사용자와 대면하는 방법, 어떤 사용자를 만날지, 얘기 듣는 건 그만하고 제품 구현을 시작할 때는 언제인지 등이다.

이 정도면 아이디어를 제품으로 구현하기 전에 해야 할 모든 것에 대한 학습이다. 일단 검증하기 시작하면 지금껏 왜 다른 방법으로 제품을 만들었는지 의아해질 것이다.

Part I

검증

나가서 몇 명이라도 관찰해보는 것이다. 모두가 몇 년씩 침팬지 무리와 함께 지내며 관찰했던 제인 구달이 될 필요는 없지만, 제품을 사용할 사람들을 더 잘 알기 위해 시간을 투자할 필요가 있다.

사용자들이 겪는 문제외 삶의 방시에 대해 열린 질문으로 물어볼 수 있고, 그들의 행동을 관찰하면서 현재 사용자들이 문제를 해결하려고 활용하는 솔루션을 알아내는 계기도 된다.

오래전 소규모 사업체의 급여 담당자용 제품을 사용자 리서치했던 얘기를 해보겠다. 지루한 얘기로 들릴 수 있지만 그렇지 않으니 관심 있게 듣길 바란다.

회사에서 급여 명세를 처리하는 직원 6명을 살펴보는 동안 몇 가지 패턴이 나타났다. 그중 제품 설계에 필요한 가장 중요한 한 가지는 *패턴을 보이지 않았다는 점이다.*

각 사용자 급여 명세 작업을 전혀 다른 순서로 처리했다. 가끔은 같은 사람이 여러 개의 급여 명세를 각각 다른 순서로 작업하기도 했다. 모든 것은 매주 처리해야 할 업무에 영향을 받았다. 신규 입사자나 퇴사자가 발생할 때마다 처리할 일이 생겼다. 필요한 업무처리 정보가 모두 있을 때도 있지만 그렇지 않은 경우도 있었다. 이 일을 하다가 다른 일을 처리해야 하는 경우도 빈번했으며 한 사람이 열 가지도 넘는 업무를 맡고 있었다. 말도 안 될 만큼 순서도 없고 방해물이 넘쳐나는 프로세스였다.

급여 명세 작업 과정에 어떤 일이 포함되는지는 사람들에게 물어서 알아낼 만한 유형이라기보다 업무 처리 과정을 관찰해서 알아낼 수 있는 정보에 가까웠다.

우리가 수집한 결과는 제품의 개별 부분마다 사용자가 접근한 방식과 사용자 데이터를 포함하고 있었기 때문에 제품 설계에 매우 유용한 정보가 되었다.

사용자 문제에 대한 학습은 이런 종류의 에스노그래픽^{ethnographic} 방식으로만 얻을 수 있다. 시장을 구성하는 사용자를 깊이 이해할 수 있고 다른 형태의 리서치로는 쉽게 얻을 수 없는 정보이다.

에스노그래픽을 이용하면 사람들이 어떻게 일을 처리하는지 관찰할 수 있을 뿐 아니라 왜 그런 방식으로 일하는지도 배울 수 있다. 마트의 할인 행사를 제때 이용하기 힘든 바쁜 엄마들을 타깃으로 잡았던 한 회사는 개발에 들어가기 전에 여성들과 함께 쇼핑하는 데 꽤 많은 시간을 들였다. 그렇게 해서 단순한 쿠폰 활용 이상의 것을 알아낼 수 있었다. 쇼핑 패턴을 알아냈을 뿐 아니라 여성들이 언제 쇼핑을 하는지, 얼마나 많은 상점을 들르는지, 그 빈도는 어느 정도인지 그리고 어떻게 예산을 짜는지도 알 수 있었다.

이는 사용자 문제를 해결할 뿐만 아니라 그들의 일상에 자연스럽게 녹아드는 제품 제작을 위해 활용할 수 있는 정보이다. 이런 정보로 우리는 뭔가를 만들 수 있고, 우리가 만든 새 제품을 사용하기 위해 새로운 방식을 사용자에게 강요하지도 않는다. 사용자들의 행동 반경 속에 우리 제품이 매끄럽게 들어맞기 때문이다.

게다가 부적절한 아이디어인지 여부를 상당히 빨리 확인할 수 있다. 예를 들어, 우리가 급여 명세 관리 담당자를 관찰하기 전에 프로덕트 오너는 협업 기반으로 급여 명세를 만드는 아이디어를 몇 가지 제시했다. 그러나 담당자들이 업무 처리하는 모습을 지켜보니 우리가 타깃팅한 비즈니스에서는 여러 명이 급여 명세 작업을 담당하는 경우가 절대 없다는 걸 확인했다. 프로덕트 오너가 제시한 협업 기능은 회사가 완전히 다른 시장으로 진입하는 게 아닌 이상 불필요한 기능이었다.

당장 할 수 있는 방법

먼저, 우리의 타깃 시장이 누구인지 알아야 한다. 그리고 될 수 있는 한 구체적이어야 한다. '여성'은 좋은 타깃 시장이 아니다. 모든 여성을 타깃 시장으로 정의하기엔 너무 광범위하다. 공통분모를 찾기엔 꽤 다르고 너무 많기도 하다.

반면 '중소기업을 위한 급여 명세 담당자'는 시장으로 정의하기에 꽤 괜찮다. 왜냐하면 명확한 직무를 담고 있기 때문이다. 타깃 시장에 해당하는 사람들은 업무와 관련하여 상당히 유사한 니즈를 가지고 있을 것이다. '매일 페이스북에 4시간 이상 접속하고 적어도 3가지 종류의 소셜 게임을 하는 사람'도 또 다른 좋은 예이다.

예시로 든 정도로도 시장이 될 수 있는 충분한 크기의 집단일 뿐 아니라 일정

부분 매우 유사한 행동 패턴을 보이는 충분히 구체적인 정의라는 걸 알 것이다. 이건 중요하다. 이 시장이 우리가 제품을 팔고 싶은 곳이라는 걸 기억하자. 제품을 많이 팔고 싶다면 궁극적으로 우리의 사업 성장에 기여할 사람이 충분한 시장을 선택하는 게 맞다. 대상이 구체적인 게 중요하다. 리서치를 위해선 그런 사람들의 정의가 쉬워야 하기 때문이다.

많은 사람이 잠재 시장 정의를 위해 매우 중요한 이 단계를 생략하고 그냥 밖으로 나가 아무나 만나 얘기한다. 친구, 가족 혹은 거리를 오가는 모르는 사람들이 여기에 들어간다.

이게 왜 형편없는 생각인지 이유를 들어보겠다. 운전자용 제품을 만든다고 생각해보자. 이제 얘기를 들어볼 사람 두 명을 찾으려고 한다. 한 명은 나스카[1] 드라이버이고, 다른 한 명은 우리 엄마다. 과연 이 둘이 찾는 자동차용품에 공통점이 있기는 할까? 거의 없을 거라 장담한다. 아마 하나도 없을 거다.

반면 나스카 드라이버만 다섯 명을 모으거나 대가족과 함께 도심 근교에 사는 다섯 명의 할머니와 이야기를 나눠보면 꽤 많은 공통점을 발견하게 된다. 그러한 공통점이 바로 패턴이고 이를 통해 어떤 기능이 우리 제품에 들어가야하는지, 잠재 사용자를 대상으로 어떻게 시장에 내놓아야 할지 일찍 결정할 수 있다.

이제 구체적인 시장을 선정했다면 그 안에 속하는 다섯 명의 사람을 찾아라. 대상자를 찾는 일이 누가 봐도 쉽지 않다면 너무 작은 시장을 선택했거나, 시장에 접근하기가 매우 어렵다거나, 그것도 아니면 아주 열심히 찾아보지 않은 것이다. 어떤 경우에 해당하든 직업을 다시 찾아볼 생각이 아니라면 선정한 시장을 좀 아는 지원자를 찾아보도록 한다.

주위에 그런 사람이 한두 명 있다면 그들의 집이나 사무실 혹은 어디든 우리 제품을 사용할 거라 예상되는 장소로 직접 만나러 간다. 그런 사람들이 가까운 곳에 살지 않는다면 스카이프Skype, 고투미팅GoToMeeting 아니면 페이스타임FaceTime이든,

---

[1] 역자주_ NASCAR. 미국 개조자동차 경주대회로 세계 3대 자동차경주 대회로 꼽힌다. 전용 경주용차인 F1 대회와 달리, 나스카 차량은 세단 형태이다.

무엇이든 얘기를 나누면서 원격으로 그들의 주변환경을 살펴본다.

먼저 우리가 해결하려는 문제와 관련된 일을 평소 어떻게 처리하는지 보여달라는 질문으로 시작한다. 예를 들어, 급여 명세를 어떻게 처리하는지 그 과정을 평소 그대로 재연해 달라고 청한다. 그러면서 특정한 방식으로 일을 처리하는 이유나 여지껏 시도해본 다른 방법은 어떤 것들인지 물어볼 수 있다.

우리 목표는 사람들의 현재 습관과 문제에 대한 타당한 시각을 찾고 행동패턴을 찾아내는 것이다. 각각의 참가자들이 당면한 구체적인 문제가 있는가? 모두가 소프트웨어의 특정 부분에 대해 불만을 갖고 있는가? 특정 방식으로 처리하고 있는 그들의 모든 업무를 더 쉽게 만들 수는 없을까?

무엇을 관찰하고 어떠한 패턴을 발견하든 해결할 문제가 발생하는 공간에 대한 시각이 바뀌고 진정으로 유용한 제품을 만드는 데 쓰일 수십 가지 아이디어가 떠올리게 되리라 장담한다.

예전에 최초 사용자 경험을 새롭게 담아내려는 회사와 일한 적이 있다. 가입 단계를 거치고 사이트의 정회원이 되는 것만으로는 뭔가 충분하지 않다고 여겼다. 프로젝트 시작 전, 팀원들이 함께 가입과정을 줄일 수십 가지 방법을 생각해냈지만, 어떤 방법으로 가야 할지 확신이 서지 않았다.

이전에도 해보았으나 별 성과가 없기도 했다. 지표 개선을 위해 최초 사용자 경험 단계에 많은 변화를 시도해보았던 것이다. 그래서 나는 전처럼 최선이라 생각되는 안을 그냥 수용하는 대신, 신규 사용자와 기존 사용자 몇 명을 관찰하면서, 사용자 경험을 개선할 것으로 예상하고 있는 새 아이디어를 사용자들이 찾아내는지 확인하자고 제안했다.

대여섯 명의 신규 사용자의 가입과정을 관찰하고 기존 사용자 두세 명과 이야기를 나눠보았다. 이를 통해 신규 사용자에게 제공되는 가입과정의 비주얼 디자인이 실제 제품과는 완전히 다른 느낌을 준다는 걸 알 수 있었는데, 재미있는 만화 같은 그래픽 때문에 신규 사용자는 어린이용 제품이라 생각했다. 하지만 실제 제품의 유료 고객은 약간 나이가 든 쪽이었다.

제품에서 처음에 보여주는 몇 개 화면의 룩앤필을 달리하면서 가입과정을 거치고 정회원 자격을 획득한 사용자 수를 의미 있게 증가시킬 수 있었다. 제품이 소구하는 사용자 유형이 신경 쓸 필요도 없을 만큼 단순할지라도 어느 누구도 사용자 관찰 없이 통찰력을 발휘하기는 어렵다.

이 방법의 가치는 아주 작은 노력으로, 실제 존재하는 진짜 문제를 해결함으로써 엄청난 시간을 절약할 수 있다는 것이다.

> **NOTE**_ 반드시 주의해야 할 한 가지는 무엇을 만들려는지 얼마나 좋아질지 사용자에게 먼저 얘기해선 안 된다는 점이다. 아이디어를 사용자에게 납득시키려는 것보다 더 편향된 조사는 없다. *얘기하려고 조사하는 게 아니다. 들으려고 하는 거다.*

랜딩페이지 테스트[2]

자, 다 좋다. 이제 몇몇 사람을 만나보고 발견한, 우리가 해결할 수 있는 공통의 문제를 보자. 아직 그렇게 결정적인 근거라 할 순 없다. 많은 사람 중 고작 다섯 명의 문제일 수도 있고, 또는 많은 사람이 가진 문제라 해도 그 문제를 해결하는 데 아무도 대가를 지불할 의향이 없을 수도 있다.

이는 일리 있는 고민으로, 실제 개발에 들어가기 훨씬 전부터 생각해볼 수 있는 것이다. 여기에 대한 묘안으로 제품을 만들기 전에 판매해보는 방법이 있다. 엄밀히 말하면 일종의 속임수인데, 제품을 만들기 전에 그냥 광고를 해보는 건 어떤가?

----
2 역자주_ Landing-Page. 사용자가 웹사이트에 접속했을 때 제일 먼저 만나는 페이지

그림 1-5 이런 걸 몇 개나 만들어 볼 수 있을까?

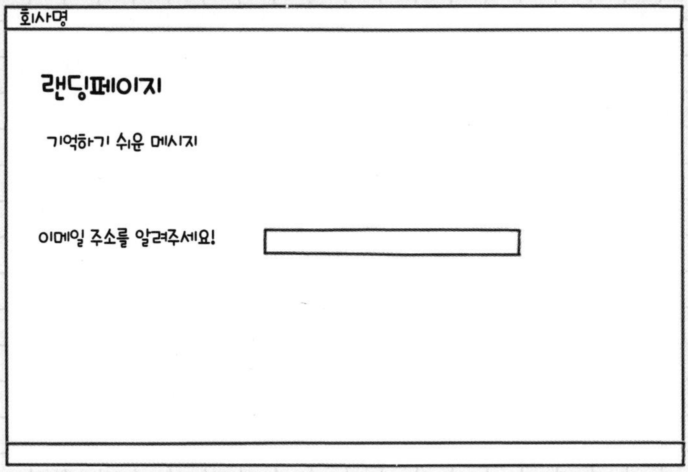

한 장짜리 사이트를 몇 개 만들어서 사람들이 각자 자신의 문제를 해결하기 위해 우리 제품을 구매할 의사가 있는지 그 수를 어림잡아 볼 수 있다. 이 방법이 정말 멋진 건, 아무것도 만들기 전에 시작할 수 있다는 점이다. 만약 우리 제품을 사용하는 데 아무도 관심을 보이지 않는다면 사람들이 관심을 가질 만한 뭔가를 찾아낼 때까지 아주 저렴한 방식으로 새로운 제품을 계속 찾아볼 수 있다.

확실히 해두자면 여기서 말하는 것이 온라인에서 거래되는 제품을 소비자에게 직접 광고하라는 게 아니다. 아이디어 홍보를 위해 인터넷을 활용하는 것이지, 쇼핑몰을 만들자는 게 아니다.

애완동물을 위한 고급 일일 스파와 같은 컨셉이 있는가? 우선 웹사이트를 만들고 얼마나 많은 사람이 푸들 발톱 관리 예약을 잡는지 확인해보는 건 어떨까? 샵에 비치할 다양한 품종의 강아지에게 맞게 디자인된 의자를 구매하는 일보다는 랜딩페이지 제작이 비교할 수 없이 저렴하니 말이다.

랜딩페이지 테스트를 통해 우리 시장과 제품 모두를 검증해볼 수 있다. 하나의 실물(혹은 몇 가지)을 홍보해보고 그것이 팔릴 수 있는지, 우리가 제작하려는 제품을 기꺼이 구매할 의향이 있는지 가장 유용한 피드백을 얻을 수 있다. 또 어떤 제품 버전을 먼저 만드는 게 큰 이득이 될지 거대한 잠재 시장에 대한 감을 잡을 수도 있다.

당장 할 수 있는 방법

먼저, 멋진 (가상의) 제품을 제공하는 랜딩페이지를 만들어 공개한다. '구매하기' 혹은 '선주문하기'라고 적힌 큼직한 버튼을 랜딩페이지에 배치한다. 뭔가 적절한 느낌을 만들어 내려고 괜찮은 그래픽 디자이너나 아티스트 한 명을 채용하고 싶을 수도 있다.

굳이 그러지 않고도 99Designs[3]나 공개된 무료 블로그 템플릿을 이용해 괜찮은 디자인을 찾아낼 수 있다. 애드워즈AdWords나 페이스북 광고 또는 우리 제안에 관심을 보일 사람을 끌어들일 수 있는 어떤 방법이든 사용해서 랜딩페이지에 약간의 트래픽이 발생하도록 하라.

그런 다음 얼마나 많은 사람이 우리 광고를 클릭하는지 확인하고 그중 가짜 구매 버튼을 누른 비율이 얼마나 되는지 확인한다. 구글 웹로그 분석Google Analytics과 같은 툴을 활용하면 유용한 데다 무료이다.

만약 기술적인 경험이 전무한 사람이라면 페이스북 페이지나 런치락[4]처럼 모든 지표를 다루는 서비스를 활용할 수도 있다.

프로토타입 테스트

잘하고 있다. 지금까지 우리는 구체적인 문제를 가진 특정 그룹의 사람들을 검증해보았다. 또한 그들이 문제를 해결하는 데 기꺼이 비용을 지불할 의향이 있는지 또는 최소한 이메일 주소를 제공할 정도의 관심이 있는지를 검증했다. 이제 우리는 아무도 원치 않는 걸 만드느라 정신없는 대다수의 스타트업보다 앞서긴 하지만, 우리가 만드는 것이 사람들의 문제를 해결하는지에 대해서는 여전히 검증이 필요하다.

---

3 역자주_ 온라인 디자인 경매 사이트. 유명한 호주의 스타트업이다. http://99designs.com

4 역자주_ LaunchRock. 랜딩페이지를 만들어주는 사이트다. http://launchrock.co

사람들의 얘기를 듣고 관심도를 측정한 다음, 이제 문제 해결을 위해 실질적인 설계 안을 만들고 있는데 그걸 또 확인하라니 이게 뭔가 싶은 의문이 들 수도 있다.

제품을 만든다는 게 해결할 문제가 무엇인지 알고 있다해도 여전히 어렵기 때문에 그렇다. 사실 우리가 고심하는 어떤 문제를 해결할 방법은 수백 가지가 될 수 있고, 우리의 접근방법과 구현결과가 실제 사용자들에게 통할지 확인이 필요하다.

아이디어가 어떤 사람의 문제를 해결하는지 알아보는 *최악의 방법*이 뭔지 아는가? 사람들에게 물어보는 거다. 대다수 창업가들이 소수의 사람들에게 자신의 컨셉을 상세히 설명한다. 그런 다음 좋은 아이디어인지 물어본다. 이건 아니다. 사람들은 제품 설명을 이해하느라 힘이 들 테고, 지인들은 아이디어에 대한 설명을 듣고 꽤 좋아보인다고 얘기해줄 수 있다. 하지만 이 상황은 잠재 사용자들이 실제 제품을 마주할 때와 전혀 다르다.

그렇다면 아이디어가 누군가의 문제를 해결하는지 알아보는 *최선의 방법*은 무엇일까? 사람들에게 뭔가를 보여주고 그 반응을 관찰하는 것이다. 사용자들로부터 얻을 수 있는 건 제품이 이런 식이고 이런 느낌일 것이라는 정도이지만, 테스트하기 전 코드를 작성하느라 몇 달씩 시간을 보내진 않는다.

좀 더 부연하자면 나는 제품 검증을 고려하는 많은 창업가들을 관찰해봤다. 그중에는 자신의 멋진 제품이 정확히 어떻게 돌아가는지 흥미롭게 설명하는 창업가도 포함된다. 마치 그는 사냥감이 궁지에 몰렸을 때 마냥, 쫓기는 눈빛이 될 때까지 계속해서 얘기하곤 한다. 그리고는 세일즈 피치 막바지에 질문으로 그 아이디어를 '검증'한다. "이것으로 여러분의 문제가 해결되나요?"

심지어 잠재고객 대부분이 사실상 더는 설명을 듣고 싶지 않은 마음에 어떤 질문에든 "예"라고 대답하는데, 이는 흔히 벌어지는 최악의 상황 중 하나다.

사람들이 가진 문제를 해결하는 걸 추상적인 컨셉으로 설명해낼 수 있는 사람은 세상에 없다. 우리가 보여주는 거친 개념을 사람들이 조금이나마 이해하더라도 그 솔루션에 과연 돈을 지불할 의사가 있는지는 솔직히 말하기도 쉽지 않다.

이건 마치 미래가 어찌될지 예측해보라는 것과 같다. 신기가 있는 것도 아니고 어느 누가 그걸 알 수 있겠는가?

믿어지지 않는다고? 그럼 직접 한번 보자. 내가 여러분에게 5kg 감량할 수 있는 놀라울 만큼 쉽고 저렴한, 완벽에 가까운 방법을 만들어낼 것이라 얘기한다고 해보자. 어떤 모습일지 상상이 되는가? 각자의 상상은 이 책을 읽은 모든 사람의 상상과는 전혀 다른 모습일 것이다. 또 내가 생각하는 것과도 완전히 다를 거다.

그림 1-6 상상한 게 설마 이거?

누군가에게 뭔가를 상상하게 하고 그걸 사겠냐고 묻는 건 우리가 얘기하는 이상적인 해결책을 살지 말지 대답하는 거지, 실제 우리 제품이 아니다. 이건 매우 중요한 사실이다. 다시 앞의 예를 생각해보자. 5kg 감량에 도움이 되는 이상적인 제품과 비슷한 뭔가를 살 수도 있다. 하지만, 실제 제품은 구매하지 않으리란 건 거의 확실하다.

그렇다면 대안은 무엇일까? 무엇을 만들지 설명하는 대신 만들려는 것을 보여주는 것이다. 대강의 형태로라도 프로토타입에 반응하는 사람들을 관찰하는 것으로 사용자들이 잠재 제품을 이해하고 문제를 해결할 수 있다 느끼는지에 대한 엄청난 양의 통찰을 얻어낼 수 있다.

프로토타입 테스트는 가능한 초기에 제품을 검증할 수 있는 유일한 최선책이다. 초기 검증을 통해 제품이 매력적이고 사용할만한지 확인할 수 있고, 만약 그렇지 않더라도 이를 개선할 시간적 여유가 있다.

당장 할 수 있는 방법

다양한 프로토타이핑 방법은 다른 장에서 다시 다룰 것이고 이번 장에서 이해하고 갈 중요한 핵심은 사람들에게 실제에 더 가까운 제품을 보여줄수록 제품을 사용할지 여부를 더 정확히 예측할 수 있다는 점이다.

무엇을 보여주든 실제 제품을 사용한다고 느낄 만큼 충분한 인터랙션을 구현하는 게 가장 중요하다. 혼자서 프로토타입을 여기저기 살펴볼 수 있어야 하고 제품으로 무엇을 할 수 있는지 방해 없이 학습할 수 있어야 한다. 어떻게 돌아가는지 옆에서 계속 끼어들어 설명하면 안 되고 사용자가 스스로 기능을 발견하고 제품이 제공하려는 게 무엇인지 알아낼 수 있게 해야 한다. 설명을 해주거나 무슨 일이 일어나는지 알려줄수록 실험의 편향성도 함께 증가한다.

인터랙션을 할 수 있는 상당히 높은 수준의 프로토타입일지라도 실제 제품 제작 시간에 비하면 훨씬 적은 시간이 소요된다. 다른 장에서는 어떤 걸 테스트하든 속도와 유용성 간의 균형을 맞춘 알맞은 프로토타입 개발을 위한 몇 가지 팁을 알아볼 것이다. 흥미롭지 않은가?

초기 검증은 시작일 뿐이다

지금까지 얘기한 건 초기 검증 또는 초기 검증을 어떻게 실행하는지에 대한 몇 가지 최소한의 예일 뿐이다. 에릭과 스티브가 사무실 밖으로 나가라며 거론하는 가볍직한 유용한 장소들과 그곳에서 할 수 있는 상당히 쉬운 방법들이 또 있다.

초기 검증을 사용자들과 함께하는 마지막 상호작용이라 생각한다면 잘못된 생각이다. 개발 과정 전반에 걸쳐 사용자들과 상호작용하는 이 핵심적인 방법은 계속해서 반복된다. 나 또한, 이 주제가 여기서 마지막이라 여겨지지 않도록 이 책 후반부에서 몇 가지 팁을 더 알려주려고 한다.

우리는 진짜 문제를 해결해야 하고, 그 문제를 발견하기 위해선 진짜 사람들의 얘기를 들어봐야 한다는 중요한 사실을 잊지 말아야 한다. 말처럼 쉽지도 않을 뿐더러 가까운 장소도 없겠지만 문제를 개선하는 유일한 방법은 직접 부딪혀 보는 거다. 계속해서 반복하고 반복해야 한다. 왜 당장 시작해보지 않는가? 여기서 기다릴 테니 책을 덮고 지금 당장해봐라.

알아두면 좋은 것: 고충 기반 디자인

나는 사용자 중심 디자인UCD: User-Centered Design과 고객 기반 개발CDD: Customer-Driven Development, 두 가지를 모두 다루고 있다. 사용자와 대면하는 더 나은 방법과 고객 개발에 드는 노력을 개선하기 위한 조언을 계속 함께하고 있으니 책을 읽으며 약간 충격을 받았을 수 있다.

UCD와 CDD에 대해 내가 바라보는 문제는 방법에 대한 것이 아니라 사람들이 얼마나 자주 이 두 가지를 잘못 이해하는가이다. 말도 안 되는 이유로 사람들은 '사용자 중심'이라는 얘기를 듣고 전체 디자인 프로세스에 사용자를 포함시켜야 한다고 생각한다. 또한 "고객의 목소리를 들어라"라는 얘기를 맹신하면서 구매 능력이 있는 어떤 고객의 요청을 듣고 말도 안 되는 기능을 눈 딱 감고 수용해야 한다고 생각한다.

어떻게 생각하는가? 간혹 같은 분야의 사람들에게 얘기하긴 하지만, 사용자 중심 디자인이나 고객 기반 개발 비즈니스에 있는 어느 누구도 이런 식으로 요구하지는 않는다. 만약 그런 사람이 있다한들 바보 같은 소리이니 귀담아 들을 필요도 없다.

우리 중 많은 이들이 고객들이 스스로의 미래 행동을 예측할 수 있다거나 제품에 대한 원대한 디자인 비전을 가지고 있다는 믿음을 갖고 있지 않다.

단지 고객들은 자신의 문제와 어려운 점을 얘기하고 그런 것들이 새로운 기능이나 제품을 만들 때 나와 우리 디자이너가 알아야 하는 좋은 내용이라고 생각한다.

'고충 기반 디자인PDD: Pain-Driven Design'이라는 새로운 이름을 명명해본다. 최소한 이걸 잘못 해석하는 사람은 드물 거다.

고충 기반 디자인이란 무엇인가?

고충 기반 디자인PDD 방법론은 제품이나 기능을 디자인하기 전에 현재 우리 사용자와 잠재 사용자의 고민 유발 원인이 무엇인지 알아내고자 한다. PDD에서 추구하는 성과물은 우리가 고안한 어떤 멋진 방법으로 고민을 사라지게 하는 거다. 그리고는 더 이상 어떤 어려움도 유발하지 않으며 사용자의 고민을 사라지게 했는지 확실히 확인한다.

기발한 비유인가?

스스로 내가 의사라고 생각해보자. 나는 사람들이 호전되는 데 도움을 주려 한다. 첫 번째로 내가 할 일은 날 찾아온 환자와 얘기하는 것이다.

물론 무슨 병에 걸렸는지 내가 어떻게 치료해야 할지를 환자에게 묻지는 않을 것이다. "어디가 아프세요?"라고 물어볼 것이다. 또 평소엔 어떠했는지, 이전 치료 내역은 어떠한지, 가족력이 있는지 등과 같은 다양한 질문을 할 것이다. 아마도 내가 좋은 의사라면 환자를 진찰하고 환자의 증상으로 보고된 내용을 이중으로 확인하고 환자가 미처 알지 못하는 증상이 있는지 확인해볼 것이다.

그리고 나서 나는 환자의 고통을 유발하는 원인이 무엇인지 알아보고 폭넓은 의학실습과 다양한 질병에 대한 지식, 그 분야의 경험, 치료방식에 대한 환자의 반응을 토대로 좋은 치료법을 정할 것이다. 그런 다음 치료 과정을 면밀히 관찰하면서 필요에 따라 접근방법을 조정할 것이다.

고충 기반 디자인도 상당부분 이와 같다. 현재 사용자는 물론 잠재 사용자와도 이야기해볼 것이고 그들이 문제 해결을 위해 겪는 어려움의 원인이 무엇인지 찾아낼 것이다. 사용자들의 습관과 그들이 좋아하는 것, 싫어하는 것에 대해 인터뷰하고 공통적으로 나타나는 징후를 찾아내기 위해 우리 또는 경쟁사 제품을 사용하는 모습을 관찰할 것이다. 그리고는 사용자들의 고통을 어떻게 해결할지 정한다. 물론, 모든 사용자들이 우리가 내린 처방에 어떻게 반응하는지도 면밀히 관찰할 것이다.

다수의 사용자를 확보한 후, 어떤 처방이 가장 효과있는지 확인하기 위한 테스트도 진행할 것이다.

제품을 만들기 전에도 유효한가?

물론이다! 아마도 우리의 최종 제품은 누군가의 문제를 해결해줄 것이다. 그렇지 않은가? 아마 그녀의 문제는 여행 중 멋진 레스토랑을 찾는 것이 너무 어렵다거나 기차를 기다리기 지루하다는 것이다. 물론, 이런 게 큰 문제는 아닌 듯 해도 해결책이 필요한 문제임에는 틀림없다.

아직 제품이 없다면 사람들이 현재 이 문제를 어떻게 해결하고 있는지 파악해야 한다. 유사한 제품을 사용하고 있는가? 완전히 다른 것을 쓰는가? 문제가 사라지면 삶이 궁극적으로 더 나아질 수 있다는 걸 모른 채 침묵 속에서 그저 고통받고 있는가?

질문을 통해 어떻게 사람들이 문제를 처리하는지 그리고 현재 있는 솔루션(혹은 솔루션 부재)으로 어려움을 겪는 지점이 어딘지 찾아낼 수 있다. 사람들이 고통스러워하는 모습을 지켜보면서 그들의 어려움을 더 공감할 수 있다. 걱정할 건 없다. 우리 제품이 그들에게 도움이 되는지 알 수 있기에 괴로워하는 걸 지켜보는 게 그리 나쁘지만은 않다.

이미 제품이 있다면?

적용할 수 있다! 자기 제품에 대한 애정이 얼마가 되든 완벽한 제품이 아닌 이상 누군가에게 고통을 줄 수 있다는 걸 확인하게 된다. 당연히 일부러 그러지 않았을 거다. 그렇지만 혼란스럽게 만들거나 사용하기 어려운 이유로 고객 중 최소 한 명은 분통을 터뜨릴 수도 있다.

다시 한 번, 검사해봐라. 제품을 사용하면서 언제 가장 고통 받는지 찾아내라. 신규 고객들이 우리 제품을 받아들이고 학습하면서 얼마나 힘들어하는지 사용 모습을 지켜보라. 우리가 만들어낸 어려움을 피하려고 고안해냈을 기이한 해결책을 알아보기 위해 기존 사용자들이 제품을 사용하는 모습도 지켜보라.

모든 고충 지점을 찾아내라. 그런 다음 엄청 기발한 방법으로 이를 바로 잡도록 하라.

혁신적인 제품이라면?

종종 적용할 수 없다고들 한다. 왜냐하면 자신들의 제품은 기존 제품들과 확연히 다르고 심지어 사용자들도 미처 깨닫지 못한 문제를 해결하는 제품이기 때문이란다. 아니면 혁신적인 제품이거나 모든 상호작용 방식을 변형시킬 제품이기 때문이라고도 한다.

하지만 역시 문제를 해결하는 게 제품 아닌가? 완벽하게 참신한 방식으로 문제를 해결하거나 새로운 사용자 그룹의 문제를 해결한다 해도, 사람들이 채택하는 제품이라면 그들의 특정한 문제를 해결하는 제품일 거다.

설령 우리 제품과 같은 걸 한 번도 본 적 없다고 해도, 사용자와 얘기하다보면 문제 해결에 필요한 사용자들의 제반환경뿐 아니라 어떻게 문제를 해결하고 있는지에 대한 엄청난 양의 정보를 얻게 된다. 혁신적인 제품을 일단 시장에 선보이면 몇몇 사람들의 고통 속에 기회를 발견할 수 있다. 그러므로 고통을 겪는 지점을 알아내기 위해 사용자들이 상호작용하는 모습을 관찰해야 한다.

문제를 개선할 방법을 고객이 알려준다면?

음, 여러분은 아마 사용자가 제안하는 솔루션에 솔깃하지 않으려고 귀를 막고 듣지 않을 거라 생각한다. 아니면 사용자가 말하는 솔루션을 귀담아 들은 다음 그들이 해결하려는 고통의 내면을 잘 이해하였는지 확인하기 위해 예의 바르게 캐물어볼 것이다.

솔직히 나는 후자를 선호하지만 각자의 선택에 달려있다.

엄청 오랫동안 고객의 얘기를 들으면서 발견한 한 가지 흥미로운 점은 때로는 고객이 말하는 솔루션이 맞더라는 것이다. 이건 정말 난감한 얘기다. 고객이 말하는 솔루션을 듣는 것은 완전히 쓸데없는 일이며 항상 틀린 얘기라고 수백 명의 사람이 장담해온 얘기 아니던가!

그렇지만 틀리지 않다.

사용자의 말을 신앙처럼 받아들이라는 의미는 아니지만, 회사 내 전문가들이라고 언제나 고객 문제에 대한 올바른 해결책을 찾을 수 있다고 할 수 없다. UCD 반대파의 생각과 유사하게 보일지라도 사용자가 낸 솔루션이라는 이유만으로 당연히 쓸데없거나 틀렸다고만은 할 수 없다.

고충 기반 디자인의 곡해 가능성

누군가 고충 기반 디자인이란 제목만 보고 좋은 디자인이 나올 때까지 디자이너들이 고통받는 걸 지지하는 내가 얼마나 몹쓸 사람인지 가차없이 반박해 써주길 바라는 마음도 있다. (주의: 아주 상세한 특정 사례의 경우만 가능하다.)

아니면 나의 의사/환자 비유를 난도질하고 모든 결함을 지적할 것이며 (주의: 혹시 다 찾아낼 수 있다면 한 17개 정도된다!) 내 비유가 그리 완벽하지 않기에 방법론 역시 형편없는 것으로 결론 날 게 틀림없다.

하지만 나는 한두 명이라도 "고충 기반 디자인 방법론은 고객의 문제를 이해하기 위해 기억하기 쉽게 만든 이름입니다. 덕분에 우리는 더 나은 솔루션을 떠올릴 수 있었지요!"라고 말해주길 바란다. 더 바라는 건 "고충 기반 디자인은 정말 괜찮은 아이디어라 생각됩니다. 우리 조직도 시도해볼 필요가 있어요!"라고 많은 사람들의 입에 오르내리는 거다.

당장 시작하기!

- **제작하기 전 사용자로부터 배워라!**: 컨텍스트 조사나 고객 발굴 인터뷰해보기
- **일찍 시장을 확인해보라!**: 랜딩페이지 테스트해보기
- **고객을 괴롭히는 문제를 파악하라!**: 제품이나 프로토타입에 대한 관찰 기반의 사용성 검증해보기

CHAPTER **2**

시기별 적합한 리서치

> **2장에서 다룰 내용**
> - 제품 라이프사이클 단계별 적합한 리서치 방법
> - 시간과 비용을 절감할 수 있는 새로운 리서치 방법을 위한 팁
> - 사용자 조사 중 흔히 저지르는 실수

많은 스타트업과 창업가가 "사용자 리서치를 더 많이 하기"를 원한다. 리서치를 하고 싶어 하는 것은 고무적인 일이지만, 아쉽게도 어떤 리서치가 꼭 필요한지는 전혀 모른다. 앞장에서 아이디어를 초기 검증하기 위한 리서치에 대해 다루었다면 이번 장에서는 다른 리서치 기법을 살펴보려고 한다.

사용자 정보를 수집하는 방법에는 수백 가지가 있다. 어떤 방법은 지금 당장 유용하게 활용될 수 있고, 어떤 방법은 어마어마한 비용이 허비된다. 그 차이는 무엇일까?

그림 2-1 다양한 리서치 유형 중 당장 우리에게 적합한 방법은?

랜딩페이지 테스트	토막 제품Product Stubs (가상 제품)
게릴라식 사용자 테스트	태스크 기반 사용성 검증
오즈의 마법사	뇌 영상법
분석	
신규 사용자 인터뷰	A/B 테스트
고객 발굴 인터뷰	
프로토타입 사용성 검증	관찰기반 사용성 검증
순고객추천지수(NPS) 설문	클릭 테스트
세일즈	
자율진행 테스트Unmoderated testing	설문조사
포커스 그룹	

물론, 이건 실제로 리서치를 하고 싶어 하는 제품 관리자들이나 우선적으로 거론하는 문제이지 실상은 "사용자 리서치 할 시간이 없다"는 얘기가 더 자주 들린다.

사용자 리서치를 할 시간이 없다면 일단 결함이 있더라도 제품을 만들어 놓고 수정하는 데 시간을 들이는 편이 차라리 낫다. 만들고 나면 어떤 문제든 생기는 게 당연하기 때문이다. 실은 리서치할 시간이 *없는 것*이 아니다. 지금까지 귀가 아프도록 반복해서 들었던 얘기를 해보겠다.

앞서 고가의 기업용 제품을 완전히 새로운 사용자 인터페이스로 바꿔 출시한 회사를 언급했다. 값비싼 기업용 제품이었기에 제품 사용자들은 수만 달러를 지불한 아주 진지하고 열정적인 사람들이었다.

회사는 자사 제품이 너무 구식 스타일이라 새로운 비주얼을 선보여야 할 때가 되었다고 생각했다. '새로운 비주얼'이라는 이름으로 사용자가 파일에 접근하는 방식을 포함하여 상당히 중요한 몇 가지 기능도 변경해서 업데이트되었다.

회사 경영진이 새로 적용된 스타일을 내게 보여주었을 때 나는 새 기능을 선보이기 전에 사용성 평가를 몇 번이나 했는지 물어보았다. 돌아온 대답은 "한 번도 없다"였다. "마감기한이 너무 빠듯해서 일정을 맞추느라 그럴 시간이 없었습니다"

그럼 출시 후 사용자 반응은 어떤지 다시 물었다. "별로입니다"

사용자들이 어떻게 파일에 접근하는지 먼저 파악하지도 않고 파일 접근방식을 바꿨으니 이런저런 문제가 생긴 건 당연한 일이었다. 가장 큰 문제는 사용자들이 출시하자마자 바로 불만을 쏟아내며 구버전으로 되돌려 놓으라고 요구하기 시작한 거였다.

막대한 비용을 들여 대규모로 단장한 새 디자인에 이런 반응을 기대하지는 않았을 것이다.

어떻게 수습될지는 다들 아마 익숙할거다. 회사는 불만을 수습하고 사용자들의 요청대로 기능을 원상복구할 수 있게 재설계하는 방법을 파악하는 데 몇 주를 들였다. 또 많은 돈을 내고 있는 고객들을 진정시키고 이런 일이 재발하지 않을 거라 약속하는 데도 시간을 많이 쏟았다.

회사가 계속해서 디자인에 대한 사용성 평가를 하지 않으면 이런 일은 필연적으로 계속해서 발생한다. 처리하고 나면 또 생기고, 다시 또 생기길 반복할 것이다.

이 사례를 비롯해 다른 모든 유사한 경우에도 대부분의 문제가 일주일만 사용자 조사를 했어도 막을 수 있었다는 사실이 참 안타깝다. 제품을 사용하는 고객들을 관찰했다면 모르긴 해도 주요 사용자 기능에 대한 변경은 피했을 것이다. 두세 명의 사용자와 몇 가지 디자인 목업만 간단히 사용해 봤어도 사용자의 중요한 사고 체계에 반한다는 사실을 즉시 알아챌 수 있었을 거다.

달리 말해 처음부터 제대로 하면 시간과 비용을 모두 절약할 수 있다! 이건 지극히 단순한 사실이다. 적절한 시기에 적합한 리서치 방법을 수행한다면 시간과 비용을 모두 아낄 수 있다.

이제 리서치가 엄청나게 중요하고 정확히 어느 시점에 어떤 유형의 리서치가 우리 제품에 필요한지 파악하는 일이 쉽지 않다는 걸 알았다. 이제 제품 피드백을 받는 좋은 방법을 몇 가지 살펴보자.

이미 고객 검증과 프로토타입 테스트라는 꼭 필요한 두 가지 유형의 사용자 리서치를 언급했다. 모두 직접 실행해봐야 하는 방법이다. 지금부터는 여지껏 생각해본 적도 없을 아주 빠른 아이디어 평가 방법을 소개해보겠다.

경쟁제품 테스트

우리의 경쟁자는 누구인가? "우리에겐 경쟁자가 없다! 우리는 혁신 기업이다!" 말도 안 되는 얘기다. 특별하다는 건 알겠으니 이제 그만하고 경쟁자가 누가 있는지 파악해보자.

혹여 주변의 누구도 떠오르지 않는다면 우리 타깃 고객과 같은 성향의 사람들이 사용할 만한 제품을 몇 개 떠올려보자. 그리고 이제 나가서 테스트해보자.

경쟁자도 실수한다

그렇다. 다른 사람들이 만든 제품을 테스트해보라는 말이다. 물론 우리가 그 제품을 개선할 건 아니다. 경쟁사에서 저질렀던 실수를 모두 피해보자는 의도이다.

경쟁사가 얼마나 큰 회사인지 또는 시장을 얼마나 점유했는지 관계없이 무언가 잘못한 걸 찾아낸다. 경쟁사의 약점을 우리의 기회로 이용할 수 있다.

이렇게 하면 똑같은 오류를 범하지 않을 뿐 아니라 핵심 제품으로 좁혀가는 방법을 제공하기도 한다. 이건 기업용 소프트웨어나 복잡한 애플리케이션류에 활용할 수 있는 매우 유용한 기법이다. 사람들이 늘 사용하는 복잡한 제품을 10% 규모로 한정할 수 있다면, 미려한 사용자 인터페이스를 가진 한없이 간결한 제품으로 선보이는 동시에 질릴 정도로 거대하게 덕지덕지 붙은 흉물 덩어리들까지 없앨 수 있다.

이런 류의 테스트는 우리 제품이 없는 상태에서 뭐든 테스트를 해볼 수 있다는 강점이 있다. 심지어는 제품 아이디어가 있기 전에도 해볼 수 있고, 우리 역량으로 충분히 개선할 수 있는 심각한 사용자 문제를 학습해볼 수 있는 멋진 방법이기도 하다.

지금 당장 하려면

이건 좀 쉽다. 구글, 페이스북 혹은 유명 커뮤니티에 접속해서 경쟁사 제품을 쓰는 정식 사용자 4~5명을 찾는다. 그런 사람이 주변에 있다면 나가서 만나본다. 혹시 멀리 있다면 화면 공유 기능을 활용해서 화상채팅을 하는 방법도 있다. 자연스럽게 사용자가 경쟁사 제품을 이용하는 시간대에 맞춰 일정을 잡는다.

그리고 나서 지켜본다. 잠깐 동안 관찰한 다음 몇 가지 궁금한 질문을 한다. 여기 맛보기 질문 몇 개를 소개하겠다. 이 질문을 참고해도 좋지만, 그보다는 여러분이 직접 관찰하는 걸 토대로 생각나는 대로 자유롭게 질문하길 권한다.

- 제품에 대해 어떻게 생각하시나요?
- 이 제품에서 싫어하는 건 무엇인가요?
- 이 제품에서 헷갈리는 건 무엇인가요?
- 이 제품에서 특히 짜증스러운 건 무엇인가요?
- 이 제품에서 뭔가 빠진 게 있나요?
- 제품 사용법은 어떻게 익히셨나요?
- 이 제품은 어떤 경로로 알게 되었나요?
- 이런 종류의 다른 제품을 사용해본 경험이 있나요?
- 다른 제품들을 두고 특히 이 제품을 선택한 이유는 무엇인가요?
- (기업용 제품인 경우) 업무 중 제품 없이 해야 하는 일은 어떤 것이 있나요? 그 점에 대해서는 어떻게 생각하시나요?

5초 테스트

직접 해볼 수 있는 테스트 중 엄청 빠르고 비용도 적게 들고 간편한 테스트가 있다. 바로 우리가 하는 게 뭔지 사용자들에게 테스트해보는 거다. 우리는 제품이 어떤 건지 알고 있지만, 우리가 누구이고, 제품은 뭐고, 왜 그걸 꼭 써야 하는지에 대해 아예 모르는 사용자가 생각보다 많다. 상상하기도 싫지만 우리 제품을 실제로 본 다음에도 종종 그렇게들 생각한다.

스타트업이 하는 가장 중요한 결정 중 하나가 사용자에게 우리 제품을 어떻게 이야기할지이다. 제품을 어떻게 설명할 것인가? 제품이 제공하는 기능과 장점을 어떻게 이해시킬 것인가? 이게 바로 우리 제품의 메시지로 아주 초기부터 테스트해야 하고 랜딩페이지에서 전달하려는 내용이다.

랜딩페이지가 중요한 이유는 방문자를 사용자로 바꿀 수 있는 첫 번째 기회이자 자칫 유일한 기회가 될 수 있기 때문이다. 방문자가 랜딩페이지에 들어왔다가 그냥 나가버린다면? 이는 곧 잠재적인 수익을 놓치는 꼴이다.

웹서비스 가입이나 온라인 제품주문 혹은 데모 체험을 위한 대표전화 등 사람들을 설득하기 위한 어떤 시도든 랜딩페이지에서 잠재 사용자를 놓쳤다면 우리 제품을 사람들이 원치 않았다기보다는 우리 제품이 뭔지 아예 모를 가능성이 높다.

랜딩페이지의 목표는 우리에게 맞는 방문자를 사용자로 전환시키는 것이다. 지표로 그 역할을 제대로 하는지 알 수 있고, A/B 테스트로 여러 개의 랜딩페이지 중에서 무엇이 최선인지 알 수 있다.

그렇지만 *왜* 그런 결과가 나왔는지는 랜딩페이지로 알 수 없다. 사용자들이 왜 그런 반응을 보이는지 알아내는 유일한 방법은 랜딩페이지를 보며 다음 질문에 답해보는 것이다.

- 사용자들이 이 제품을 무엇이라 생각할까?
- 이 제품은 어떤 사용자를 위한 것일까?
- 제품을 어떻게 사용할 수 있는지 알 수 있을까?

다시 말해, 전달하는 메시지와 브랜드, 실행 버튼 CTA: call-to-action 을 테스트해봐야 한다.

메시지나 브랜드 같은 걸 왜 테스트하는지 의아할 수도 있다. 궁극적으로 우리는 멋진 스타일을 끌어내려고 능력 있는 비주얼 디자이너에게 돈을 썼고, 더 그럴듯하게 포장하려고 카피라이터도 고용했다. 그리고는 회의실에 둘러앉아 결과물을 자세히 검토했을 것이다.

하지만 비주얼 디자이너, 카피라이터, 팀원 모두가 우리 제품이 어떤 건지 잘 알고 있는 게 문제다. 랜딩페이지에 처음 방문한 사람이 과연 몇 초나 시간을 내줄 것 같은가? 그리 길지 않다.

고통스러울 정도로 정교하게 다듬은 문구와 끝내주는 비주얼 디자인이 오다가다 들어온 방문자에게 실제로 뭐라도 전달하는지 확인해볼 필요가 있다. 이를 위해 맨 처음 아무런 선입견이 없는 상태에서 그들의 반응을 판단할 수 있게 화면 몇 개를 실제 사용자에게 보여준다.

지금 당장 하려면

정말 간단한 실행 방법이 몇 가지 있다. 첫 번째 방법은 잠복이다.[1]

너무 비호감이거나 위협적이지 않는 모습으로 주변 카페나 식당, 술집으로 가보자. 컴퓨터나 태블릿에 몇 가지 랜딩페이지 버전을 담아 가자. 적절한 복장과 지갑도 챙긴다.

사람들에게 마실 것을 대접할 테니 우리 스타트업 화면 몇 개를 확인해줄 수 있는지 의향을 물어본다. 물건을 팔려는 수작이 아니라는 점을 확실히 한 다음 랜딩페이지를 보여준다.

그리고는 앞서 소개한 질문을 변형해서 물어본다.

- 어디에 쓰는 제품 같나요?
- 누구를 위한 제품 같나요?
- 지인 추천이나 광고로 이 페이지를 방문하게 된다면 여기서 뭘 하실 것 같나요?

왜 그런 생각을 했는지 자유롭게 질문을 이어서 한다. 질문은 되도록 정중하게 하자. 친절하게 대하고 마실 것을 사는 것도 잊지 않는다.

혹, 주변에서 수집하는 것보다 더 많은 의견을 듣고 싶다면 유저빌리티허브

---

1 역자주_ 낯선 사람과 대화하는 게 익숙치 않은 우리 정서상 실행에 옮기기 쉽지 않은 방법이다. 하지만 모두가 스마트폰을 들여다보고 있는 카페를 떠올려보면 분명 시도해볼 만하다고 본다. 이보다 더 자연스럽게 사용자를 만나기도 쉽지 않을 거다.

UsabilityHub 사에서 만든 5초 테스트FiveSecondTest라는 제품을 추천한다. 직접 써봤는데 꽤 효과적이었다.

랜딩페이지 이미지를 올리고 앞서 나열한 세 가지 질문을 입력한 다음 10~15명 정도의 테스트 대상자를 요청하고 잠깐 놔두면 된다.

기다리는 동안 유저빌리티허브 사이트에 방문한 사용자들에게 정확히 5초 동안 우리 랜딩페이지가 보여진다. 그리고 나서 우리가 입력한 질문이 뜨고 사용자가 이에 응답한다. 다 끝나면 사용자들이 각 질문마다 어떤 대답을 했는지와 사용빈도가 높은 단어를 태그 클라우드로 정리해 꽤 쓸만한 요약본을 보내준다.

상당히 간단한 데다 저렴하기까지 한 방법이다. 가장 매력적인 건 제품 사용을 위해 성가신 가입과정을 거칠지 말지 결정하는 처음 몇 초 동안 사용자들이 우리 랜딩페이지에 대해 정확히 어떤 인상을 받는지 알 수 있다는 점이다.

그림 2-2 여기서 어떤 책을 테스트했을까요?

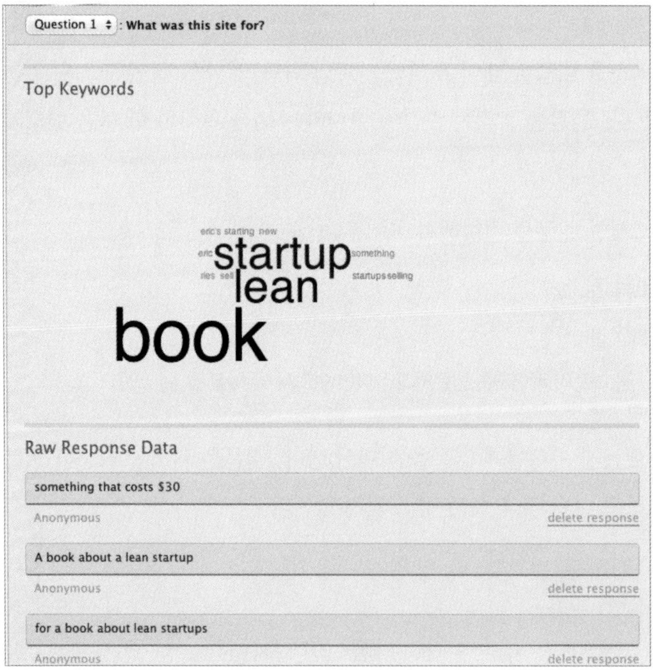

지금 당장 하려면

실제로 작동하는 프로토타입이나 다른 누군가의 제품을 노트북, 아이패드 혹은 스마트폰에 담아 제일 좋아하는 카페로 간다. 더도 말고 10분 정도 우리 제품에 관심을 쏟아줄 수 있는 사람을 찾아 커피를 대접한다.

대상이 포착되면 태스크 하나를 수행해보도록 한다. 대상자가 혼자 힘으로 태스크를 수행할 수 있을 정도의 데이터만 제공한다. 예를 들어, 사진공유 앱을 테스트한다면 그 사람이 페이스북이나 트위터를 이전부터 사용하고 있고 사진을 공유한다는 의미를 이해하는지 확인한다.

그리고 나서 그 사람이 태스크를 수행하는 걸 관찰한다. 도와주면 안 된다. 유도해시도 안 된다. 데모 같은 것도 주지 말고 우리 제품이 무엇인지 짧게 설명하는 것도 안 된다. 그저 태스크를 해내기 위해 노력하도록 놔두고 어디에서 막히는지 관찰한다. 대상자가 질문하는 얘기에 귀 기울이되 답변은 잠시 미룬다. 다 끝났을 때 어떻게 태스크가 진행되리라 예상했는지 물어본다.

그리고 나면 감사인사와 함께 커피를 대접하고 다른 사람을 물색한다.

너댓 명이 태스크 수행을 마쳤을 때쯤 제품에 주요한 사용성 결함이 있는지 그리고 그것이 무엇인지 파악할 수 있는 뛰어난 감각을 가져야 한다. 만약 모두가 태스크를 거침없이 완수한다면 성공이다! 자축의 커피를 한잔 해라. 맛있는 머핀도 하나 선물하자. 그리고는 다른 궁금한 태스크를 고르고 다섯 명 이상의 사람들이 직접 해보게 한다.

한편, 태스크를 수행한 다섯 명의 사용자들에게서 문제가 되는 패턴이 보이기 시작하면 사무실로 돌아가 그 문제를 해결하기 위한 방법을 파악하고 프로토타입 혹은 제품 개선작업을 한다. 그리고 다시 테스트해서 개선 여부를 확인한다.

> **NOTE_** 이런 방식으로 사람들이 우리 제품을 좋아하는지는 사실 알 수 없다. 오로지 사람들이 우리 제품을 이해하는지 여부만 파악할 수 있다. 그렇더라도 사람들이 이해하는지 알아보는 일은 상당히 중요하다.

만약 다른 UX가 적용된 두세 개 버전의 프로토타입이 있다면 테스트 참가자에게 어느 것이 가장 사용하기 좋은지 동일한 태스크를 각각의 프로토타입에서 해달라고 요청한다. 이때 주의할 것은 테스트 대상자마다 다른 순서로 프로토타입을 제시하는 것이다. 세 번째 프로토타입쯤 되면 제품에 대한 학습이 발생해서 모두 처음 사용한 프로토타입보다 태스크를 잘 수행할 수 있기 때문이다.

게릴라식 사용자 테스트

예전에는 사용성 평가를 하려면 비용이 많이 들고 시간도 많이 걸렸다. 한쪽 방향에서만 보이는 대형 거울과 고가의 녹화장비가 설치된 실험실을 빌려야 했고, 사용자 조사에 쓰일 질문과 태스크를 만들려고 나 같은 전문가를 고용해야 했다. 전문가는 30장이 넘는 보고서를 작성하게 되는 데 아마 제품에서 개선해야 하는 수십 가지 수정사항이 포함된 파워포인트 문서일 것이다. 그리고 나서... 음... 대개, 아무것도 없다. 누구도 보고서를 읽지 않은 채 문서 파일은 컴퓨터 어느 구석에 남아 있는 채로 곧 잊혀지고 모든 것은 이전 그대로 돌아간다.

솔직히 이건 엄청 기운 빠지는 일이다.

그래서 나는 게릴라식 사용자 테스트를 가장 선호한다. 게릴라식 사용성 평가는 저렴하고 빠르고 매우 실용적이다. 제품의 중요 부분에 대한 주요한 사용성 결함을 너무나 신속하게 발견할 수 있다는 면에서 가히 환상적이라 할 정도다. 즉, 신규 사용자들이 제품 사용법을 알아내기 위해 고군분투하는 모든 상황을 직접 확인할 수 있다.

게릴라식 사용자 테스트의 특성상 현 사용자에 대한 테스트보다는 가입, 메시징, 또는 초기 유료전환처럼 신규 사용자가 겪는 문제를 테스트할 때 사용됨을 기억하자.

물론, 이건 전문지식이 많이 필요하지 않은 제품에 훨씬 효과적이다. 어쩌다 나사 NASA 바로 옆에 스타벅스가 있던 게 아닌 이상 새로운 미사일 발사 시스템을 굳이 동네 스타벅스에서 테스트하려 들진 않을 것이다.

가장 중요한 핵심은 어떤 태스크를 평가할지 정하고 처음 보는 사람 몇 명에게 태스크를 수행해달라 요청하는 것이다. 혹시 그럴만한 사람이 없다면 우리 제품을 쓰는 기존 사용자를 대상으로 해도 된다. 새로운 모델이 현 사용자들의 행태 behavior에 적합한지 알 수 있다는 점에서 훌륭한 접근이 된다.

어떤 제품이든 테스트하는 몇 가지 것들이 있다.

- 한 단계 이상의 가입과정
- 구매과정
- 검색하고 둘러보는 경험 (예. 특정 제품 찾기)
- 공유 경험 (예. 사진촬영이나 의견 남기기)
- 파일 업로드와 편집
- 전체 제품에 대한 내비게이션
- 스크린에 전혀 나오지 않는 제품의 실제 버튼들
- 어떤 종류든 셋업이 필요한 제품 설치
- 한, 두 단계 이상의 절차가 요구되는 그 밖의 태스크

3단계: 이제 테스트하기로 한 몇 가지 태스크를 수행해볼 사람을 3~5명 정도 선정한다. 테스트는 우리 사무실에서 할 수 있고 사용자의 집이나 사무실에서 할 수도 있다. 또는 GoToMeeting[3]과 같은 화면 공유 소프트웨어를 활용한 원격조사도 가능하다.

결제 과정을 테스트한다고 하면, 각 참가자들에게 프로토타입을 사용해서 물건을 구매해보라고 요청한다. 그다음에는 참가자들이 태스크를 수행하는 모습을 관찰하고 진행 도중 어느 지점에서 혼란스러워하는지 기록하며 전체 프로세스에 대해 어떻게 느꼈는지 물어본다.

태스크를 완료하는 과정에서 사용자들이 겪는 주요한 문제들이 일단 식별되면 프로토타입을 고치고 이 모든 과정을 계속해서 반복한다. 사용자들이 대부분의 태스크를 어려움 없이 완수하기 전까지는 반복적인 개선이 필요하다.

---

3 역자주_ http://www.gotomeeting.co.kr/

- 의료기기나 투표용지 같은 걸 제작할 경우 잘못됐을 때 완성 제품이 누군가의 생명을 위협하거나 끔찍한 결과를 초래할 수도 있다.
- 사용자가 이동해야 하는 단계가 많거나 다양한 정보를 입력해야 하는 경우, 예상되는 사용자 플로우는 클릭 한 번 혹은 실행 버튼 하나보다 훨씬 복잡하고 각 항목은 다음 판단에 영향을 미칠 수 있다.
- 잘못 만들어서 작업한 결과물을 모두 버려야 한다면 개발자들은 기분이 상할 것이다. 내가 만난 엔지니어들은 모두 그랬다.

지금 당장 하려면

1단계: 인터랙티브 프로토타입을 만들어라. 만드는 방법은 다양하다. 이미 많이들 다루었기 때문에 여기서 모든 제작 방법을 다루진 않겠다. 나는 HTML과 자바스크립트로 고수준 프로토타입High-fidelity prototype을 만드는 걸 선호한다. 어떤 사람들은 액슈어[2]를 좋아한다. 모르긴 해도 혹자는 한때 플래시를 좋아했을 수도 있다.

어떤 방법을 택하든 요령은 빨리 만들고 반복적으로 다듬어갈 수 있는 방법을 고르는 것이다. 초기에는 뭔가 잘못된 걸 만들고 변경할 수밖에 없다는 점을 기억하자. 스스로 가장 빠르게 변경할 수 있는 방법을 찾아본다.

어떤 사람은 파워포인트나 키노트로도 프로토타입을 만든다. 이건 잘못된 거다. 용도가 전혀 다른 툴로 만든 프로토타입은 유지보수가 엄청 힘들어서 디자이너가 좋은 경험을 디자인하는 데 집중하지 못하고 오히려 유지보수하는 데 대부분의 시간을 소비한다. 툴 활용은 실질적으로 인터랙티브한 경험을 만들어내기 위해서다. 툴을 배우는 데 시간이 걸릴지라도 결국 툴을 익히고 나면 훨씬 더 속도가 빨라진다.

2단계: 누구를 인터뷰하고 어떤 태스크를 수행하게 할지 결정하라. 이런 방법을 다루는 수천 가지 책이 있으니 여기서 상세히 다루진 않겠다. 마이크 쿠니아브스키Mike Kuniavsky가 쓴 『Observing the User Experience』(Morgan Kaufmann, 2012)에는 참가자 모집과 조사진행, 완벽한 태스크 제작에 대한 내용이 있다.

---

2 역자주_ Axure. 인터랙티브 와이어프레임 소프트웨어&목업 툴. http://www.axure.com

여러 가지 다른 종류의 물건을 판매할 수 있고, 각각 필요한 정보가 다르기 때문에 판매 플로우가 자꾸 복잡해진다. 토스터 판매와 자동차 판매는 서로 다른 정보가 필요한 게 당연한 거 아니겠는가?

이 모든 인터랙션 탓에 사용자 혼란을 유발할 만한 지점이 수십 개는 된다. 모든 사용자층을 아우르고 있다면, 테스트로 확인할 수 있는 유일한 방법은 일부 사용자들이 그 프로세스를 수행하는 모습을 관찰하는 것이다.

제품이 완전히 성숙할 때까지 기다려야 사용자들을 관찰할 수 있다는 건 문제가 있다는 얘기다(뭔가 잘못된 거다). 그걸 다시 변경하는 데 추가적인 개발작업이 필요하게 되고, 만약 정말 잘못되었을 경우(제대로 망칠 수 있는 좋은 기회다), 모두 버리는 걸로 마무리될 수도 있고 아예 전부 다시할 수도 있다.

개인적으로 나는 몇 주에 걸쳐 개발하는 쪽보다는 빠르게 만든 프로토타입을 버리는 쪽이다. 같은 생각을 가진 엔지니어를 찾아봤는데 상당히 많이 있었다.

한편으로는 완벽하게 움직이는 인터랙티브 프로토타입 제작이 큰 일이 아닐 때도 있다. 예를 들어, 랜딩페이지는 제품을 사용해보기 위해 가입이나 로그인 정도할 수 있는 메시지와 단순한 실행 버튼이면 된다.

테스트하지 않아도 된다는 얘기가 아니다. 테스트는 반드시 해야 한다. 그러라고 내가 쉽고 괜찮은 방법을 알려주지 않았는가! 때로는 우리가 가짜 화면을 만드는 데 드는 시간보다 엔지니어들이 진짜 화면을 제작하는 데 드는 시간이 더 적게 소요되기도 한다. 변경이 엄청 쉬운 환경이라면(달리 말해, 지속적인 배포, 다시하기, 좋은 지표가 있는 시스템 하에서 일하고 있으면 린하게 일하고 있는 것이고 변경이 쉬워야만 한다), 가끔은 엉터리 같은 거라도 그냥 내보내고 실제 사용자를 대상으로 테스트하는 게 가장 의미 있을 때가 있다.

물론 이 두 가지 예 사이에 애매한 부분이 있다는 걸 나도 안다. 어떤 지점에서는 자신의 판단에 의지해야 한다. 인터랙티브 프로토타입을 제작할 때 참고 할만한 몇 가지 유용한 지침을 소개한다.

- 패키지 소프트웨어나 물리적인 제품은 문제가 발견됐을 때 변경하기 어렵거나 시간이 걸린다.

조작가능 프로토타입 테스트

제품 사용 중 어떤 태스크를 해보려다 완전 헤매고는 짜증내본 적이 있는가? 설마 그런 적이 없다고 답했다면 어차피 책에 나온 질문쯤 거짓말로 대충 넘어가려는 건 아닌지 가슴에 손을 얹고 생각해보자.

실제 불만을 유발하는 태스크 대부분이 제품 출시 전에 확인할 수 있는 거란 걸 알았으면 한다. 개발에 들어가기 전에 가장 공통적인 태스크를 프로토타이핑해서 테스트하는 방법으로 말이다.

앞장에서 초기 검증에 대해 논의하면서 프로토타입 테스트를 다루었는데 이번에는 프로토타입 테스트를 언제 하면 최선의 방법이 되고, 언제 하면 지나친 방법이 되는지 얘기해보려 한다.

프로토타입 테스트에는 주의가 필요하다. 왜냐하면 이번 장에서 다루는 방법 중 가장 노동집약적인 테스트이기 때문이다. 직접 해볼 수 있는 다른 방법이 몇 시간 혹은 몇 분 내로 가능한 것들인 반면, 프로토타입 테스트는 프로토타입 제작이 필요하고 완성도에 따라 어느 정도 시간도 걸린다.

조작가능 프로토타입clickable prototype은 몇 장의 와이어프레임을 연결하는 정도의 간단한 방법으로 버튼을 클릭해서 다른 정지화면으로 이동할 수 있게 할 수 있다. 거의 실제 제품처럼 사용할 수 있는 복잡한 수준의 전체 사용자 인터페이스 제작까지도 가능하지만 백엔드 작업은 아무것도 하지 않는다. 프로토타입은 실제 제품과 유사할수록 더 좋은 피드백을 얻을 수 있다.

그렇다고 결국 버려질 수도 있는 걸 만드느라 사서 고생할 것인가? 한마디로 그렇다. 사용자들이 완전 혼란스러워 하거나 좌절할 만한 인터랙션을 구현할 때 잘못된 건 아닌지 테스트해볼 다른 단순한 방법은 없다.

예를 들어보자. 나는 사람들 간에 물건을 판매할 수 있는 마켓플레이스에서 일을 했었다. 그리고 웹 상에서 물건을 판매하는 일은 누구에게나 어렵고 복잡한 프로세스였다. 최소한 제품 설명, 판매가, 배송비와 몇 장의 사진이 필요하고, 더 빨리 판매하려면 십여 가지가 넘는 다른 기능도 더 필요하다.

알아두면 좋은 것: 입다물기와 피드백 수집을 위한 팁

사람들에게 질문하고 피드백받는 방법을 설명하는 데 많은 시간을 할애했다. 이쯤에서 또 하나 설명할 게 있는데 정말 쉬운 것처럼 보이지만 흔히 범하는 오류들에 대해서다.

예를 들어보겠다. 신제품에 대한 사용자 피드백을 들어본 첫 번째 경험을 설명하는 스타트업 개발자와 나눈 얘기다. 작은 회사였고 아직 제품 출시 전이라 회사는 사용자 피드백 수집을 위해 다음과 같은 목표가 있었다.

- 제품 아이디어가 좋다고 생각되는지에 대한 정보 수집
- 마케팅과 향후 리서치를 위한 잠재 고객 유형 정의
- 폭넓은 피드백을 얻기 위해 최대한 많은 잠재 사용자 만나기
- 가능한 저렴한 비용 유지!

당연히 그는 그간의 실수와 관련된 몇 가지 사연과 수십 명의 사람들과 얘기하는 과정에서 얻은 교훈을 체득하고 있었다. 그가 전하는 실수에 관한 이야기를 듣는 내내 머릿 속에 맴돌던 생각은 "*당연히* 잘 안 될만 하네! 왜 [이런 걸] 해보지 않았을까?"였다.

실패를 통해 이 모든 걸 터득해야 했던 분명한 이유는, 수백 번의 사용성 평가를 진행해보거나 참관해본 적이 없거나 적합한 사용자 인터뷰 기법에 대한 어떤 교육도 받은 경험이 없기 때문이다. 사용자 리서처들이 당연하게 여기는 많은 부분이 그에게는 생소한 일이었다.

사용자 경험에 대한 배경지식이 없는 사람들이 같은 실수를 반복하지 않도록 경험이 많지 않은 상태에서 고객 피드백을 받을 때 흔히 범하는 실수를 다섯 가지로 정리해보았다.

이 다섯 가지는 몇 년 동안 사용자와 접하는 일을 해왔다 할지라도 여전히 실수할 수 있는 것들로 정말 잘 알고 있어야 하는 사람들조차 이런 실수를 범하는 걸 보았다. 물론 이 목록이 모든 것을 포괄하지는 못한다. 아마 그 밖에 다른 실수도

수십 가지는 더 있을 거다! 하지만 어떤 종류의 리서치를 하든 상관없이 이런 작은 문제를 바로잡는 것으로도 사용자 피드백의 질이 눈에 띄게 좋아질 수 있다.

입다물기

이건 어떤 주제든 인터뷰할 때 알아야 하는 가장 중요한 사항이다. 사용자를 인터뷰하려 만나는 거지 발표하려는 게 아니다. 반드시 경청하도록 한다. 우리가 아닌 사용자의 의견이 필요해서 만든 자리다. 상대에게 적대적이거나 방어적으로 설명하려 하지 말고 입을 다물고 사용자가 자신의 의견을 말할 수 있도록 둔다.

사람들이 스스로 파악할 수 있도록 때로는 우리가 생각하는 것보다 더 많은 시간을 줄 필요가 있다. 그리고 아무래도 누군가 귓전에서 앵앵거리지 않는 게 더 편안한 느낌을 준다.

우리는 몇 주 혹은 몇 달 동안 이 디자인을 들여다보고 있었지만, 참가자는 우리 제품을 처음 보는 거란 걸 잊지 말아야 한다. 화면이나 태스크를 처음 공유하거나 보여주고 나면 바로 참가자에게 물어보고 싶을 것이다. 5분만 그 충동을 참고 기다려라! 참가자가 자신의 방향을 잡고 스스로 알아차리기 시작할 수 있는 기회를 주어야 한다. 제품에 대해 좀 더 편안해진 다음 참가자와 얘기할 수 있는 시간을 충분히 가진다. 참가자에게 바로바로 대답을 요구하지 않는 게 더욱 깊이 있는 답변을 얻을 수 있는 방법이다.

제품소개 금지

고객 인터뷰를 보다가 발견되는 가장 흔한 문제는 경험이 부족한 모더레이터가 제품에 대해 너무 많은 정보를 먼저 제공하는 것이다.

제품을 자랑하려 하든 사용자들이 헤매지 않도록 '도움'을 주려 하든, 제품이 어떤 것인지, 누구를 위한 것인지, 어떤 문제를 해결하려고 했는지 등 제품이 가진 모든 매력적인 기능을 장황하게 설명하면서 테스트를 시작한다. 제품소개 말미에는 이런 질문으로 마무리한다. "제가 얘기한 그 문제를 해결하기 위해 이 제품을 사용할 의향이 있으신가요?" 그에 대한 답변으로 "음... 글쎄요?" 말고 다른 게 또 있을까 싶다.

제품을 소개하는 대신 사용자들이 스스로 제품을 탐색하면서 시작하게 한다. 그리고 나서 태스크를 완수할 수 있을 정도로 최소한의 배경설명만 해준다. 예를 들어, 새로운 쇼핑 앱을 평가하기 위해 이런 사용자 시나리오를 줄 수 있다. "참가자님은 일할 때 입을 바지를 하나 사려고 온라인 쇼핑을 하고 있는데요. 누군가 이 앱이 도움이 될 거라며 소개해서 앱스토어에서 다운받아 휴대폰에 방금 이 앱을 설치했습니다. 바지를 찾기 위해 어떻게 할 건지 보여주시겠어요?"

사용자에게 주어진 유일한 정보는 자발적으로 제품을 발견하고 설치했다는 것 정도이다. 이게 어떤 앱이고, 어떻게 작동하는지, 그리고 사용자가 가진 문제를 해결하는지 못하는지 알아내는 것은 사용자의 몫으로 내버려둔다.

열린 질문으로 묻기

질문할 때는 참가자가 '예/아니오' 처럼 단순한 대답을 할 여지를 주지 않는다. 유의할 것은 사용자가 의사를 표현할 수 있는 질문을 하는 것이다.

이런 질문은 얘기를 시작하기에 적합하지 않다.

- 멋지다고 생각하시나요?
- 사용하기 편했나요?

이런 질문이 훨씬 낫다.

- 어떤 것 같으세요?
- 어떻게 돌아가던가요?

더 폭넓고 열린 질문을 계속 던질수록 우리의 예상 답안쪽으로 사용자를 덜 유도하고 미처 생각하지 못했던 흥미로운 답변을 얻을 가능성이 더 높아진다.

후속질문하기

다음 대화는 매 테스트마다 적어도 열두 번은 나오는 것이다.

나: 이것에 대해서 어떻게 생각하시나요?

사용자: 멋지네요.

나: 구체적으로 어떤 것이 멋졌나요?

사용자: [뭔가 실제로 흥미롭고 유용한 것]

참가자들이 왜 그렇게 느끼는지 알아낼 수 없이 제품에 대한 느낌을 전하는 말로 대답하는 걸 상세히 살피도록 하라. '멋진', '직관적인', '재밌는', 그리고 '헷갈리는'과 같은 단어도 좋지만, 제품에서 구체적으로 사용자 반응을 유도하는 게 뭔지 아는 게 더 도움된다. 무엇이 제품을 멋지게 만드는지 알고 있다고 속단하지 않는다.

실패하게 두기

이건 참 편치 않은 일이다. 특히, 우리 디자인이나 제품에서 실패하면 더 그렇다. 참가자들이 처음 머뭇거리는 신호가 있을 때 조사과정을 관찰하던 개발자가 마우스를 낚아채고는 정확히 어떻게 하는 건지 사용자에게 직접 보여준 적이 있다.

중요한 건 제품을 어떻게 사용하는 걸로 보이는지 확인하려고 테스트하는 게 아니라, 제품을 사용하는 방법을 *이해할 수 있는지* 확인하려고 테스트하는 거다. 우리는 실패로부터 가장 많이 배운다. 네 명의 참가자 중 네 명 모두가 정확히 같은 방식으로 태스크 수행에 실패했다면 개선이 필요하다는 의미이고 확실히 사용자들이 가장 자연스러운 방식으로 태스크를 해낼 수 있게 변경해야 한다.

또한, 단순히 참가자의 탐색시간이 짧아서 적합한 답을 찾지 못하고 태스크 수행을 실패하는 건 아니다. 참가자가 맨 처음 탐색하는 모습을 관찰해보라. 애플리케이션에 대한 멘탈모델을 이해하는 데 놀라울 정도로 유용하다. 그러므로 잠시 동안 참가자가 실패하도록 놔두고, 그 다음에 목표로 향하는 데 도움이 될 만한 작은 힌트를 제공해준다. 그리고 나서도 참가자가 여전히 알아내지 못하면 태스크를 완수할 때까지 좀 더 강력한 힌트를 계속 제공하거나, 개선이 필요하다고 발견된 걸 노트에 기록하고 그냥 다음으로 넘어가도 된다.

이것이 성공적인 사용자 조사의 모든 요령인가 하면 사실 그렇지 않다. 하지만 사용자를 상대해본 경험이나 훈련이 없는 사람들이 반복적으로 범하는 실수를 해결하는 데 도움이 된다. 그리고 더 나은 정보를 얻는 데도 도움이 된다.

당장 시작하기!

- **경쟁자의 실수에서 배워라!**: 경쟁사 제품에 대한 사용성 평가 해보기
- **지금 갖고 있는 아이디어나 제품에 대해 오늘 당장 피드백 받아라!**: 무엇이든 지금 하고 있는 것에 대한 사용자 리서치를 당장 한 가지 해보기
- **사용자와 더 잘 얘기하라!**: 동료를 사용자 인터뷰 자리에 참관시켜 내가 잘못하는 부분에 대한 피드백 받아보기

CHAPTER 3

신속한 사용자 조사

> **3장에서 다룰 내용**
>
> · 품질을 포기하지 않고 더 빨리 조사결과를 얻는 방법
> · 원격 혹은 자율진행 테스트 활용
> · 올바른 설문 진행 방법
> · 리서치를 회피하는 사람들 대응법

이제 우리는 시기별로 적합한 리서치 방법을 몇 가지 배웠다. 덕분에 잘못된 리서치로 시간을 낭비하지 않아도 될 테니 시간을 꽤 절약할 수 있을 거다.

그런데 조금 더 욕심을 내보자. 그보다 더 빠른 리서치도 가능할까? 물론 가능하다.

관찰방식의 조사에서 랜딩페이지 5초 테스트까지 지금 하고 있는 사용자 리서치가 어떤 것이든 관계없이 몇 가지 간단한 규칙을 통해 훨씬 더 효율적인 리서치를 할 수 있다.

반복! 반복! 반복!

나는 클라이언트의 의뢰로 사용성 평가를 많이 했는데 한번은 특별한 테스트 요청을 받았다. 테스트를 진행하기로 하고 "6~8명 정도의 테스트 참가자를 선발할 거죠? 그렇게 하면 혹시 한두 명이 불참하더라도 충분히 유효한 데이터를 얻을 수 있을 거에요"라고 물었다.

그런데 클라이언트는 '통계적으로 유의미한' 테스트를 원했고 적어도 35명의 참가자를 대상으로 조사하고 싶다고 해서 적잖이 놀랐다.

명확히 이야기하자면 나는 시간당 비용으로 고용된 사람이었고, 클라이언트는 내가 제안한 5~6명보다 더 많은 35시간에 걸친 테스트를 원했다.

나는 엄청난 비용 낭비라며 클라이언트에게 다시 생각해보라고 설득했지만, 결국 클라이언트가 원하는 대로 조사를 진행했고 아니나 다를까 그들은 막대한 비용을 날렸다.

이 얘기는 사실 조사를 연달아 많이 진행하자고 했던 클라이언트들을 조합한 얘기다. 그랬을 때 다음과 같은 일이 필연적으로 발생한다.

- 테스트를 두세 번 한다.
- 몇 가지 아주 확실한 문제가 나타난다.
- 모든 후속 세션에서는 앞서 밝혀진 확실한 문제와 정확히 같은 걸 찾아내고 중대한 문제로 모두 관심이 쏠린 탓에 작은 문제는 묻히게 되고, 다른 어떤 정보도 얻지 못한 채 지겨운 시간을 보내야 한다.

각자 자기 제품을 테스트한다고 상상해보자. 10명의 사람들이 한 명씩 차례로 참가하기로 했다. 첫 번째 테스트에서 아무도 로그인을 할 수 없다는 걸 알았다. 주요한 UX 문제 때문이었다. 나머지 9명의 테스트가 얼마나 유용할까? 10명 모두 로그인 할 수 없는 상황에서 얻어낼 수 있는 건 무엇일까? 첫 번째 참가자를 통해 알아낼 수는 없을까?

답을 말하자면 처음 몇 번 테스트를 하고 나면 사용성 조사의 패턴이 나타나기 시작한다. 5명 정도 이후에는 정말 계속 똑같은 얘기를 듣고 또 듣게 된다.

여기 중요한 팁이 또 하나 있다. 일단 처음 몇 번의 테스트에서 발견된 주요한 문제를 제거하면 원래의 그 중대한 문제에 가려 있던 다른 문제가 드러나기 시작한다.

그래서 어떤 사용자 조사에서든 최대한 효율성을 발휘하기 위해 패턴을 발견하기 전 최소 인원을 찾아 인터뷰한다. 그리고 제품, 목업, 프로토타입, 조사 가이드 등 무엇이든 테스트에서 나온 걸 토대로 변경하는 동안 시간의 여유를 갖고 계속해서 많은 사람을 인터뷰한다.

한 가지 더 중요한 팁! 각 이터레이션마다 더 많은 참가자를 필요로 하는 리서치 유형이 있다(아무리 그래도 35명까지 필요한 경우는 없지만...). 예를 들어, 5초 테스트 같은 건 패턴 발견까지 10~15명을 대상으로 할 수 있다. 이 방법은 진행이 빠르고 비용도 저렴해서 해볼만 하다.

지금 당장 하려면

프로토타입에 대한 사용성 평가든 특정 사용자 유형에 대한 고객 검증이든 다음 번 리서치 계획을 세울 때는 이틀이 넘지 않는 선에서 정말 짧은 시간 내에 할 수 있는 적은 수의 참가자를 모집하도록 한다.

조사 세션을 진행하고 나서는 잠깐 멈추고 수집된 정보를 분석해본다. 패턴과 문제를 찾아보는 것이다. 사용성 평가를 할 때는 지금까지 나온 명백한 사용성 결함으로 보이는 문제를 개선해야 하니 프로토타입을 몇 가지 수정해본다. 5초 테스트를 할 때는 어떤 식으로든 혼란을 유발하는 메시지나 이미지를 교체해본다. 고객 검증을 진행하고 있다면 지금까지 받은 답변을 토대로 알고 싶은 것에 대한 몇 가지 새로운 유형의 질문을 생각해본다.

그리고 나서 다시 조사를 진행한다.

엄격한 사용성 평가에서는 모든 태스크를, 혼란을 최소화해서 수행할 수 있을 때까지 이 패턴을 계속 반복한다. 고객 검증이라면 특정 시장에서 우리가 해결할 수 있는 심각한 문제를 찾아낼 때까지 반복한다. 랜딩페이지 테스트는 사람들이 우리 랜딩페이지를 보고 어떤 제품인지 실제로 이해하게 될 때까지 반복한다.

어떤 리서치를 실행하든 작게 유지하면서 반복하는 방식을 적용하다 보면 최소한의 시간으로 항상 최대한의 성과를 얻을 수 있다.

사무실 안에 있기

사무실 밖으로 나가기가 항상 건물 밖으로 나가라는 게 아니다. 가끔은 사무실 안에 있는 것이 훨씬 더 효율적일 때가 있다. 갑작스레 말을 바꾸는 게 아니라 정말 그럴 때가 있다.

사용자의 집이나 사무실을 방문하다 보면 놀라운 걸 알 수 있는데 여러 번의 원격 조사가 시간이나 비용 모두 훨씬 적게 든다는 점이다. 조사 주제가 꼭 같은 방에서 테스트해야 할 것이지만 결정하면 된다.

예를 들어, 많은 종류의 프로토타입에 대한 사용성 평가는 GoToMeeting, 스카이프, Join.me 혹은 그밖에 다양한 화면 공유 툴을 활용해 원격으로 할 수 있다. 종종 고객 발굴 인터뷰도 전화로 한다.

반드시 직접 나가서 진행해야 하는 리서치는 의사 진료실이나 공장처럼 현장에서 활용되는 모바일 앱이나 제품처럼 사용자들이 우리 제품에 접근하는 환경을 이해할 필요가 있거나 테스트 주제가 사용환경과 동일한 공간에서 진행해야 하는 경우에 해당된다.

원격 조사는 비단, 시간과 비용 절약만이 아니라 전 세계 모든 사용자의 피드백을 얻을 수 있는 장점이 있다. 제품이 글로벌 사용자를 대상으로 하고 있다면 이건 엄청난 이점이다.

지금 당장 하려면

참가자들의 방문 일정을 잡거나 직접 만날 약속을 잡는 대신 화면 공유 링크를 보내고 전화한다.

화면 공유나 서버를 통해서 다른 사용자도 접근할 수 있는 프로토타입을 테스트하고 있다는 걸 확실히 알려준다. 테스트 참가자들이 프로토타입을 조작할 수 있도록 설정해 놓는다. 잊지 말자. 이것은 데모가 아니다. 테스트다.

만약 제품이 모바일 앱이라면 내려받을 수 있고, 참가자가 제품을 사용하는 것을 관찰할 수 있도록 웹캠을 켜달라 부탁할 수 있다. 어떻게 해도 완벽하진 못하겠지만, 이런 식으로 하면 직접 만날 수 없는 사람들을 테스트해볼 수 있다.

물론 그 밖의 다른 기술을 활용하는 것도 가능하고 실제 참가자를 대상으로 시작 전 한두 번 테스트 과정을 시험하고 점검해야 한다. GoToMeeting이나 WebEx와 같은 툴을 사용하려면 첫 번째 조사에서 테스트 툴 문제를 해결하느라 시간을 허비하는 일이 없도록 세션 시작 전에 미리 돌려보고 모든 조작을 익혀두자.

자율진행 테스트

지난 몇 년간 사용자와 직접적인 상호작용 없이도 피드백을 받을 수 있게 제작된 신제품을 많이 접했다. 잘만 활용하면 진행자 없이 자동화된 테스트 툴로 매우 빠르고 저렴하게 기막힌 피드백을 받아낼 수 있다. 제대로 활용하지 못하면 당연히 시간과 비용을 낭비한다.

자율진행 테스트Unmoderated testing는 우리 제품을 사용해 주어진 태스크를 수행하는 모습을 비디오로 얻을 수 있는 자동화된 방법이다. 정확히는 웹 제품을 대상으로 만든 테스트지만 최근 한 회사에서는 모바일 앱 테스트도 가능하게 만들었다.

우리는 제품에 접근할 수 있는 링크와 사용자가 수행할 몇 가지 태스크만 제공하면 된다. 물론 비용을 낼 신용카드도 필요하다. 두어 시간이 지나면, 사용자들이 무엇을 하려는지 얘기하면서 태스크를 실행하는 진짜 모습이 담긴 비디오 스크린 캡처를 받을 수 있다.

여기에는 참가자 모집도 일정 잡기도 조사 진행도 필요없기 때문에 며칠이 아니라 몇 시간 내로 사용자 피드백을 구할 수 있다.

자율진행 테스트를 활용해보기 전에 어떤 점에서 굉장한 효과가 있고 어떤 점으로는 미흡한지 알아보자.

강력한 효과를 발휘하는 경우

1 제품을 처음 본 사람들이 바로 주어진 태스크를 수행할 정도로 사용하기 쉬운지 알아내기

별 효과를 발휘하지 못하는 경우

1 사람들이 우리 제품을 좋아하는지 알아내기
2 사람들이 우리 제품을 사용할 의향이 있는지 알아내기
3 아무 설명 없이 제품이 주어졌을 때 우리 제품으로 어떤 태스크를 처리할 수 있다고 예상되는지 알아내기
4 사용자가 실제 일상에서 우리 제품을 사용하는 방법 알아내기
5 우리가 찾아낸 사용성 문제에 대한 개선방법 알아내기
6 그 밖의 등등

다양한 테스트 서비스 중 심각한 디자인 문제를 발견하고 수정하는 데 적합한 서비스인 UserTesting.com을 활용한 예를 소개하겠다.

나는 사용자들이 온라인으로 물건을 판매하는 플로우를 설계하고 있었다. 이런 일은 제대로 설계하는 게 그리 어렵게 보이진 않지만, 막상 직접 온라인 판매를 해보고 나면 전자상거래 사이트 대부분이 얼마나 끔찍한 플로우를 갖게 되는지 이해할 수 있게 되는 일이다.

나는 플로우를 설계하고 프로토타입 테스트도 했기에 잘 동작할 거란 자신감이 있었다. 실제처럼 사이트에서 돌아갈 수 있게 되자마자 세 명의 UserTesting.com 사용자에게 우리 사이트에서 판매할 물건을 작성해달라고 의뢰했다.

희한하게 물건 판매 플로우는 프로토타입 테스트 때처럼 정말 잘 돌아갔다. 그 대신 사용자들이 최초 위치에서 판매 플로우가 시작되는 지점을 찾는 데 엄청 오래 걸린다는 문제를 즉각 발견했다.

다행히도 사용자들은 일관되게 그 기능을 찾지 못했고 모두 같은 지점으로 접근했다. 사용자들의 패턴이 같다는 건 명백히 우리 잘못이란 의미다!

우리는 사용자들이 더 확실한 지점이라 여기는 데서 판매 플로우를 시작할 수 있게 신속히 변경하였다. 그리고는 다른 세 명의 사용자를 대상으로 자율진행 테스트를 실시하고 성공적인 결과를 얻어냈다.

제품을 개발하면서 판매 물품 작성을 어떻게 하면 엄청 쉽게 만들까에 중점을 뒀

고 관련된 피드백을 끊임없이 받았다. 하지만 사용자가 사이트에서 그 기능을 찾지 못하는 이상 그건 거의 사용조차 안했을 화면이다.

지금 당장 하려면

우선 테스트에 적합한 걸 선택하라. 이상적으로는 웹에서 활용할 수 있는 제품으로 신규 사용자가 할 것이라 예상되는 작고 단순한 태스크가 좋다.

이 테스트의 목표는 새로운 사용자가 우리 제품에서 태스크 처리방법을 금방 이해하는지 알아내는 것이다. 염두에 둘 건 이 테스트는 목적이 뚜렷한 사용성 평가로 누가 우리 제품을 좋아하고 사용할지에 대해서는 무엇도 알려주지 않는다.

또한, 특정한 사용자를 위한 제품인 경우에도 적절하지 않은 방법이다. UserTesting.com이나 OpenHallway와 같은 회사 중 하나를 활용해서 우리에게 맞는 사용자를 모집할 수도 있지만, 어떤 참가자 모집도 필요하지 않다는 이 테스트 방식이 가진 장점이 사라지게 된다.

적합한 태스크가 선정되면 여러 가지 자율진행 사용성 평가를 비교한 수십 개의 블로그 포스트 중 하나를 고른다. 나는 UserTesting.com을 사용했지만 Loop11이나 TryMyUI와 같은 다른 서비스들이 많이 있고, 하나하나 모두 장단점이 있다. 만약 이런 종류의 테스트를 모바일에서 하려면 상대적으로 적긴 하지만 계속 확인해보길 바란다. 이 분야의 회사는 매일매일 생겨나는 터라 책에서 완벽한 리스트로 정리하기는 한계가 있다.

본격적으로 테스트를 해보기 전에 잘 된 테스트 프로세스를 한번 보자.

테스트가 한 시간 내지 두 시간 내로 끝난다는 건 대부분 알고 있을 것이다. 사이트에서는 몇 종의 관찰 가능한 비디오를 제공하니 잘 알겠지만 관찰해라. 더 나아가서는, 비디오 몇 개는 팀 전체가 함께 보면서 사용자들이 겪는 문제를 그대로 모두가 직접 경험할 수 있게 하자.

그리고는 문제된 부분을 고치고 사용자들이 느끼는 어려움에 대한 민망함이 사라질 때까지 처음부터 다시 반복한다.

설문은 언제하는가

나는 종종 창업가들에게 사용자들과 접촉하는지 물어보곤 하는데 대답이 대개 비슷하다. "아, 그럼요. 계속해서 설문하면서 접촉하고 있어요" 그러면 나는 그 입을 꿰매버리는 상상을 하지 않으려고 마음 속으로 열을 센다.

설문은 '사용자들과 접촉하기' 위한 용도로 사용되는 것이 아니다. 그럴 수 없다. 왜 그런지 설명해보겠다. 대부분 설문에서 *당신*은 한가지 답을 하도록 설정되어 있다. 말하자면 누군가에게 "좋아하는 색상이 무엇인가요? 빨강, 파랑, 노랑?"이라고 묻는 경우, 오렌지색을 좋아하는 모든 사람은 놓치는 것이다. 심지어 오렌지색도 옵션이 될 수 있다는 것조차 알 수 없다.

설문한 사람은 "사람들에게 '기타' 옵션을 제공해서 그런 일을 방지할 수 있어요!"라고 말한다. 먼저 몇 가지 표준답안을 제시하는 게 사람들의 대답을 얼마나 심하게 편향 시킬 수 있는지에 대해 간과하고 있다는 점만 빼면 물론 그럴 수 있다. "이 사이트에서 제일 마음에 들지 않는 것은 무엇인가요?" 이런 질문은 특히 더 그렇다. 싫어하는 것을 여러 가지 보여준다면 대부분의 사람들은 미리 정해놓은 답변에서 별 생각 없이 선택할 것이다.

다시 설문자가 지지않고 "그러면 주어진 답 중에서 고르는 대신 텍스트 박스에 자신의 대답을 작성하도록 하면 어때요?"라고 계속 주장을 펼친다. 사람들이 하기 싫어하는 것이 무엇인지 알고 있는가? 바로 쓰는 것이다. 자, 만약 내가 주관식 질문 밖에 없는 긴 설문을 접하게 된다면 난 그냥 닫아버릴 거다. 책을 쓴 사람임에도 그렇다. 사용자들이 설문에 긴 답변을 입력할 것이란 기대는 접어라. 웹 폼에서 절대 입력하지 않을 내용도 전화로는 신이 나서 얘기해줄 거다.

깔끔하게 정리해보자. 많은 종류의 툴을 활용해서 설문은 매우 유용하게 쓰일 수 있지만, 고객 니즈에 귀 기울이거나 제품을 사용하는 모습을 관찰하는 걸 대체할 수 있는 방법은 아니다.

하지만 정성조사 이후 나타난 패턴을 빠르게 추적하기 위해 반드시 해야 하는 아주 좋은 방법이 바로 설문이다.

예를 하나 들어보겠다. 동료 한 명과 함께 여성 엔젤 투자자의 태도와 행동에 대한 기초 조사를 하고 있을 때다. 우리는 그녀들의 동기에 대해 좀 더 알아보고 남성 엔젤 투자자들과 전혀 다른 동기를 가졌는지 확인해보려 했다. 이를 위해, 몇 명의 남여 투자자와 엔젤 투자사를 만들 재력이 있지만 만들지는 않은 부유한 여성 몇 명을 인터뷰했다.

물론 모든 여성 엔젤 투자자를 인터뷰하지는 않았다. 심지어 통계학적으로 의미 있는 수를 인터뷰하지도 않았다. 이런 종류의 정성조사는 통계적으로 의미 있는 과학 실험이 아니라는 걸 우리는 알고 있다. 사실 대부분 그럴 필요가 없다. 이 인터뷰는 다음 테스트를 더 철저하게 진행하기 위한 일종의 가설을 제시하는 용도다.

대부분 이런 종류의 리서치가 그렇듯 초기 패턴이 발견되기 시작했다. 그리고 나서 각 그룹마다 5명 정도의 사람들과 얘기하면서 몇 가지 흥미로운 가설을 발견했다. 가설에 근거해서 더 큰 규모의 그룹에서도 그 패턴이 유효한지 혹은 어쩌면 우리가 아주 편향된 그룹을 찾은 건 아닌지 확인하기 위해 설문을 진행하기로 했다.

성별과 이전에 엔젤 투자 요청을 받아본 적이 있는지와 같은 간단한 확인 질문으로 설문을 진행하였다. 우리는 참가자가 쉽게 응답할 수 있도록 상세하고도 사실에 입각한 몇 가지 질문을 했고 엔젤 투자를 바라보는 태도와 같은 약간 더 복잡한 질문도 두어 개 넣었다.

다시 강조하지만 설문의 목표가 왜 여성들이 엔젤 투자를 하거나 하지 않는지 그 이유에 대한 새로운 가설을 만들기 위한 게 아니란 거다. 초기 리서치를 통해 만든 가설이 유효한지 여부를 확인하는 게 목표였다.

설문은 대규모의 사람들에게 아주 빨리 도달할 수 있는 좋은 방법으로 초기 정성 조사에서 발견된 아이디어나 패턴을 후속해서 확인하기에 아주 좋다. 하지만, 질문과 답이라는 구조 때문에, 설문은 패턴을 발견할 수 있게 하거나 사용자들이 어떻게 느끼고, 사용하고 싶은 새기능이 뭔지와 같은 중요한 주제에 대한 가설을 형성하는 데는 형편없는 경우가 많다.

지금 당장 하려면

먼저 해야 할 일은 답을 얻고 싶은 질문이 뭔지 파악하는 거다. "저희 제품에서 어떤 점이 가장 헷갈리나요?"와 같은 질문을 할 수 있다. 다음 버전에 추가하고 싶은 기능을 알고 싶은가? 우리 고객이 일상에서 사용하는 다른 제품은 무엇인지 더 알아보고 싶은가?

질문을 정하고 나면 질문에 답할 적합한 부류의 사람을 5명 정도 모집한다. 질문이 파워 유저에 대한 질문이라면 파워 유저를 모집한다. 만약 질문이 처음 방문한 사용자 경험에 대한 거라면 우리 퍼소나 그룹에 해당하는 사람 중 전에 우리 제품을 본 적이 없는 사람을 선발한다.

그리고 나서 조사를 시작한다. 사용자 에스노그라피^{ethnography}나 사용성 평가를 어떻게 해야 할지 설명하는 책은 많다. 이 책은 그런 종류는 아니지만, 기본적인 핵심은 우리가 궁금한 질문을 사용자에게 인터뷰한다는 것이다. 그들이 제품을 사용하는 모습을 관찰하라. 사용자들이 좋아하는 것과 싫어하는 것에 대해 얘기해보라. 기본적으로 열린 질문으로 많이 하고 관찰을 많이 하라. 일단, 패턴이 보이거나 규모가 큰 그룹의 사용자를 대상으로 답을 얻어야 할 아주 구체적인 질문이 생기면, 그런 질문은 설문으로 한다.

답을 얻기 적합한 부류의 사람인지 확실히 하기 위해 몇 가지 스크리닝 질문을 포함시키는 것도 잊지 않는다. 예를 들어, 만약 오로지 여성만이 제품에 대해 어떻게 느끼는지 알아보고 싶다면 스크리닝 질문으로 참가자 성별을 물어봐야 한다.

가설 생성을 위해 정성조사를 활용하고, 그런 가설의 유효성 여부를 검증하는 데 설문이 적합하다는 걸 알게 되면 설문조사를 놀라울 정도로 강력한 도구로 활용할 수 있다. 새로운 아이디어를 생각해내기 위해 설문조사를 시도하지 말라. 그런 용도에 적합한 툴이 아니다.

알아두면 좋은 것: 리서치를 하지 않기 위한 어리석은 이유

내가 만나본 거의 모든 회사가 자사의 제품을 테스트하고, 고객 피드백을 받고, 실제 사용자 지표를 근거로 반복적인 개선 작업을 하고 싶어 하지만, 실은 그러지 못하는 변명을 늘어 놓는 경우가 더 많다. 좋은 의도가 있었음에도 피드백 받기엔 너무 늦은 시점까지 사용자 피드백을 거의 받지 않고 계속해서 출시한다.

정식 사용성 평가, 컨텍스트 조사, 설문, A/B 테스트나 전화로 사용자와 수다를 떨든 모든 디자인과 개발 과정 전반에 걸쳐 현재 사용자와 잠재 사용자들과 계속해서 접촉하는 상태를 유지해야 한다.

이를 피하려는 걸 막기 위해, 디자인 테스트를 하지 않고 초반부터 피드백을 받지 않으려는 가장 흔한 변명 6가지를 파헤쳐 보았다.

변명 1: 이것은 디자인 표준이다.

모든 작은 변경을 테스트할 수는 없다. 그렇지 않은가? 가끔은 좋은 디자인 사례와 표준에 그냥 의존할 수 있는가? 버튼 위치를 이동하거나 텍스트 일부만 바꾼 것일 수도 있다. 하지만 때때로 디자인 표준이 비즈니스 목표 달성에 방해가 되는게 문제이다.

예를 들어, 링크 텍스트에 대한 A/B 테스트를 했던 개발자가 쓴 멋진 블로그 포스트를 읽었다. 링크 텍스트 한 가지는 "트위터에 있어요", 두 번째는 "트위터에서 팔로우하세요", 세 번째는 "트위터에서 팔로우하려면 여기를 클릭하세요"였다.

이제 '좋은 디자인 사례'에 익숙한 사람이라면 누구든 클릭하도록 만들기 위해 '여기를 클릭'이라는 단어를 절대 사용하지 말라고 알려줄 것이다. 그건 정말 웹 1.0 같은 일이다. 그러나 A/B 테스트에서 어떤 링크가 최고로 잘 전환되는지 추측해 보자. 그렇다. '여기를 클릭'이 나머지 두 개보다 훨씬 더 많은 트위터 팔로워를 만들었다. 그것이 비즈니스 목표였다면 나쁜 디자인 원칙이 손쉽게 승리한 것이다.

이것이 의미하는 바가 링크 텍스트를 변경할 때마다 매번 제대로 갖춰진 사용성 평가와 A/B 테스트를 해야 한다는 것일까? 물론 그렇지 않다. 모든 링크에 "여기를 클릭"이라는 끔찍한 단어를 사용해야 한다는 것도 역시 아니다. 우리 사이트에서 관심을 두고 있는 지표를 어떤 식으로든 계속 지켜봐야 한다는 것을 의미하고, 변경된 부분이 좋은 디자인의 갖가지 훌륭한 사례를 충실히 잘 따르고 있다해도, 바뀐 디자인이 고객의 행동에 어떤 영향을 미치는지 테스트해봐야 한다는 얘기다. 간단히 말해 관심을 가지고 해야 할 일이 뭔지 우선순위를 매긴 다음 우선순위가 가장 높은 걸 테스트해야 한다.

변명 2: X라는 회사는 이렇게 하지 않는다.

"아, 그렇게 하면 됩니다. 구글, 페이스북, 애플이 그런 식으로 합니다" 정말 얼마나 많이 들었는지 셀 수 없을 정도의 얘기다. 이건 정말 최악의 카고 컬트 주의[1]라 할 수 있다.

구글, 페이스북, 애플 모두가 성공한 회사임이 분명하지만, 그 회사들이 하려는 것과 정확히 같은 문제를 우리가 해결하려는 것이 아니며 그들이 디자인을 테스트했는지 심지어는 특정 영역에 대한 디자인에 관심이 있는지조차 우리는 알 수 없다.

일부 기능이 동일할 수 있고 비슷한 부류의 사용자를 대상으로 할 수도 있지만, 우리가 만드는 건 완전히 다른 제품이다.

성공한 회사로부터 디자인 아이디어를 가져와도 괜찮을까? 물론 그렇다. 하지만 *우리만의* 고객을 위한 *우리만의* 솔루션을 만들어야 한다.

소셜 네트워킹 서비스를 보유한 회사와 일한 적이 있다. 내가 합류하기 전, 다른 회사의 서비스에서 친구들의 업데이트 소식을 보여주는 게 반응이 좋아서 유사한 기능으로 친구들이 프로필을 업데이트하거나 제품을 구매했을 때 알림을 제공하기로 했다.

---

[1] 역자주_ cargo cult. 화물 숭배 의식. 2차 세계대전 당시 남태평양 일대에서 나타난 배와 비행기로 가져오는 백인들의 화물을 숭배하는 종교의식. 외부에서 온 제도나 물건을 이유도 모른 채 모방하는 원시부족의 의식과 행태를 일컫는 용어로 사용된다.

운이 없었는지 업데이트 기능을 구현했지만, 기존 사용자의 호응을 얻지는 못했다. 사용자들에게 왜 업데이트된 기능을 사용하지 않느냐고 물어보니 그들은 완전히 다른 형태의 업데이트 소식을 받는 데 관심이 있다고 얘기했다. 이건 나중에 새로운 기능으로 업데이트한 뒤에 지표로 알게 된 것이다. 당연히 구현 과정 초기에 사용자의 반응을 들었더라면 그 기능은 올바른 정보를 토대로 선보였을 것이고 훨씬 더 긍정적인 반응을 얻었을 거다. 기억나는 또 다른 사례는 그저 회사가 성공한 거지 특정 기능이 성공에 딱 부합하는 건 아닌 경우인데, 구글의 'I'm Feeling Lucky'라는 버튼이다. 그 기능이 페이지뷰를 낮춘다는 걸 알고 있지만, 구글과 고객 모두 좋아하기 때문에 계속 유지하고 있다.

'I'm Feeling Lucky'와 같은 걸 제공하는 전략을 적용해보려는 건 새로운 검색 엔진을 만드는 스타트업에게 좋은 사업계획이라 할 수 없다. 이것은 사용성 평가, 컨텍스트 조사, 설문과 같이 사용자들이 혹할 만한 기능을 발견하기 위한 정성조사와 A/B 테스트와 분석처럼 새로운 기능이 시장에서 반응이 있는지 확인하기 위한 정량조사까지 여러 테스트 방법을 적용해야 하는 이유를 보여주는 좋은 사례이다.

한 마디로 다른 회사에서 잘되었는지 여부는 상관없다. 비즈니스나 고객 행동에 영향을 미칠 수 있는 핵심 인터랙션이라면 의도대로 디자인이 작동하는지 확인하기 위해 고객을 대상으로 테스트해야 한다.

변명 3: 시간 또는 돈이 없다.

이미 한 번 지적한 바 있듯 테스트할 시간이 없는 경우이다. 개발 주기가 길어질수록 주요 변경사항은 더 많아지고 구현에 드는 비용은 더욱 증가한다.

만약 우리가 애자일 개발 환경에서 일하고 있다면 릴리즈 후에 사용자 피드백을 근거로 빠르게 업데이트를 할 수 있지만, 좀 더 전통적인 개발 환경에서는 주요 오류를 바로 잡기 전까지 시간이 오래 걸릴 수 있고, 기한 불이행, 더 높은 비용, 열 받은 개발팀 등이 하나 둘 등장하게 된다.

데드라인이 있다는 것 쯤 나도 안다. 아마도 그 기한을 이미 벗어났을 거란 것도 안다. 그럼에도 개발 과정에서 고객 피드백을 받을 수 없다는 변명이 될 수 없다. 결국 써야 할 시간을 나중으로 미뤄버리는 격이다.

변명 4: 우리는 신생 기업이다. 나중에 고칠 것이다.

이런 얘기는 스타트업에서 자주 들을 수 있다. 특히 애자일을 적용한 회사는 무엇이든 내놓느라 바쁘고, 앞서 나온 시간이 없다는 변명과 관련되어 있다. 나를 한 번 믿어보면 어떤가. 나는 스타트업의 압박이 어떤 건지 분명 알고 있다. *무언가를 내놓지 못할 경우 몇 달 내로 문을 닫을 수 있다는 것도 안다.* 또, 정말 인기 있는 서비스들이 처음 시작했을 때 얼마나 끔찍했는지 생각해봐라! 뭔가는 버리는 게 맞다.

그렇다. 뭔가 버려야 한다. 기능을 빼거나 아니면 세련된 비주얼로 다듬는 걸 버려라. 사람들은 사용하기 어려운 것보다 부족해도 더 빠른 것에 관대할 것이다. 버리기로 한 것이 무엇이든 개발 과정에서 고객 피드백을 받는 것을 생략하면 안된다. 고객들이 사용할 수 없는 제품을 내보내고 나면 마치 아무것도 내놓지 않은 것 마냥 아마 가장 빠른 속도로 업계에서 사라지게 될 것이다.

요즘 잠재 사용자들은 아주 많은 제품 선택권이 있다. 우리 제품이 제공하는 모든 멋진 것을 사용자들이 바로 이해할 수 없다면 그들은 그 길로 등을 돌릴 것이다. 사용자에게 비공식적인 방법으로 우리 아이디어를 보여주는 데 걸리는 시간은 두어 시간 정도다. 언젠가 재작업을 위해 소요될 시간은 그보다 훨씬 많이 들게 되고, 지금 그 시간을 절감하는 것이다.

변명 5: 내가 그리는 비전이다. 사용자의 얘기가 해가 될 수 있다.

사용자가 우리 제품에 대해 무엇을 좋아하고 좋아하지 않는지 이해하는 것이 우리의 비전을 포기하라는 의미가 아니다. 사용자들이 제안한 변경사항을 모두 받아들일 필요는 없다. 각기 다른 개개인의 목소리로 인해 일관된 디자인을 희생할 필요도 없다.

우리가 해야 하는 것은 사용자 테스트, 컨텍스추얼 인쿼리, 지표 데이터 수집 등과 같이 다양한 방법을 통해 현재 사용자나 잠재 사용자와 접촉하는 것이다. 예상대로 되지 않는다면 왜 그런지 이해하려고 노력하고 어떻게 개선해야 할지 아이디어를 발전시키는 쪽이 좋은 생각이다.

얼마나 많은 사람이 완벽한 비전을 만들려고 몇 달씩 보내고는 제품을 출시한 다음에야 아무도 거들떠보지 않는다는 걸 깨닫게 되는지 생각해보라.

변명 6: 단지 투자를 받기 위한 프로토타입이다.

이건 고객 리서치의 전체 컨셉에 대한 근본적인 오해라는 측면에서 좀 흥미로운 지점이다. 프로토타입이나 컨셉 검증(POC)을 위한 제작 시에도 기존 고객들과 얘기해볼 필요가 있다. 사실은 우리가 생각했던 것과 달리 완전히 다른 고객군을 보유하고 있을 수도 있다.

11~13세 여자아이를 타깃 시장으로 한 와이파이 기능을 추가한 도시락을 생각해보자. 처음 백만 대를 생산하고 가게에 들여놓는 데 타깃이 되는 소녀들이 돈을 내지는 않을 거다. 우리의 첫 번째 고객은 벤처 캐피탈리스트이거나 회사 내부의 의사결정자들이거나 아니면 누구든 우리 제품에 관심을 가지고 투자여부를 결정하려는 누군가다.

비록 그들이 우리의 궁극적인 타깃 시장이 아닐지라도 누구든 자금을 투자 받으려는 사람과 대화하는 데 얼마 간의 시간을 쓰는 건 좋은 생각이다. 그들의 피드백에 따라 전체 제품 컨셉을 변경해야 한다는 얘기는 아니다. 내 얘기는 자신의 신용카드와 부모님께 빌린 돈으로 정말 회사를 시작하겠다면 바꾸지 않아도 된다! 여기서 중요하게 염두에 둘 것은 우리 회사의 생존에 대해 다른 관점을 가진 다른 관객을 만날수 있는 거다. 그리고 모두가 원하는 걸 찾는 최선의 방법은 함께 이야기하는 것이다.

변명은 끝?

이 6가지 변명은 내가 자주 들었던 일반적인 변명이지만, 다들 그럴듯한 변명거리 하나쯤 생각해낼 수 있을 거다. 그래도 그보다는 우리 제품 사용자와 접촉하고, 그들의 문제를 이해하고, 문제를 해결하기 위한 방법에 대해 생각하는 데 시간을 쓰는 게 나을 거다.

당장 시작하기!

- **원격 조사를 통해 학습하라!**: 원격 혹은 자율진행 테스트를 실행해보고 직접한 조사결과와 비교해보기
- **(좋은) 설문을 해보라!**: 정성조사에 의해 생겨난 가설을 근거로 설문 만들어보기
- **리서치를 하지 않기 위한 나만의 이유에 직면해보라!**: 이번 주 고객과 만나지 않으려고 했던 모든 변명거리를 떠올려보자. 어쨌든 이제 당장 리서치를 시작하기

CHAPTER 4

정성조사가 언제나 답은 아니다

> **4장에서 다룰 내용**
> - 정성조사 수행 시점과 정량조사 수행 시점
> - 다음 구현 기능을 찾아내는 최선의 접근방법
> - 제품 구매 여부를 예측할 수 있는 리서치 방법

사용자를 대상으로 정성조사를 하지 않으면 망할 거라고 몇 장에 걸쳐 겁을 줬다. 이번에는 그런 조언이 완전 독이 되는 경우를 얘기해보려 한다. 흥미롭지 않은가? 1, 2장까지만 읽고 책을 덮지 않은 게 다행이라는 생각이 들 거다.

솔직히 말하자면 모든 상황에서 정성조사가 적합한 것은 아니다. 정성조사는 아주 특정한 유형의 문제를 학습하는 데 굉장한 방법이 되지만, 그 외의 경우엔 쓸모 없을 수 있다. 정성조사가 만병통치약은 아니기 때문에 적절한 상황에서 활용해야만 한다.

먼저 정성조사와 정량조사 간의 차이점을 간단하게 언급하자면 여태까지 책에서 말한, 즉 사람들을 관찰하고 인터뷰하고 행동을 이해하는 것을 대체로 정성조사라 부른다. 정성조사에서 통계는 중요한 의미를 갖지 않는다.

정성조사의 몇 가지 예

1 컨텍스추얼 인쿼리 Contextual inquiry
2 사용성 연구
3 고객 발굴 인터뷰

정량조사는 사람들이 제품으로 실제 뭘 하는지 측정하는 것으로 정성조사와는 달리 사람들과 얘기하는 것이 포함되지 않는다. 정량조사는 데이터 집계를 기반으로 언제나 통계적으로 유의미해야 한다.

정량조사의 몇 가지 예
1 퍼널 분석
2 A/B 테스트
3 코호트 분석

이런 정량조사 방법이 무엇이고 어떻게 해낼지 모두 알아야 할 필요는 없다. 혹시 이런 분석도구에 흥미가 있거나 필요성을 느끼는 사람이라면 앨리스테어 크롤과 벤자민 요스코비츠의 『린 분석: 성공을 예측하는 31가지 사례와 13가지 패턴』(한빛미디어, 2014)을 참고하기 바란다.

오히려 정말 중요한 것은 언제 정성조사 방법을 쓰고 언제 정량조사 방법을 쓰는지 구분하는 일이다. 정량조사가 '무엇이 문제인지' 알려준다면 정성조사는 '왜 그런 문제가 생겼는지' 알려준다.

그러면 이것이 제품에 대한 의사결정을 할 때 어떤 의미를 갖는지 살펴보자.

단변수 변경

어떤 기능이나 변경에 대해 정성조사와 정량조사 중 하나를 선정하려면 우선 변수가 얼마나 많은지부터 파악해야 한다.

단순한 예를 들어보겠다. 제품 화면에 구매 버튼이 있다. 다른 사항은 변경하지 않고 구매 버튼만 화면상에서 좀 더 높은 쪽으로 옮겼을 때 구매 버튼을 누르는 횟수가 늘어나는지 확인하고 싶다. 이때 정성조사와 정량조사 중 어떤 방법을 적용하겠는가?

그림 4-1 어떤 걸 선택할까?

앞서 말한 설명을 다시 생각해보면 선택은 단순하다. 이 예는 출시 전 정성적으로 평가해볼 이유가 전혀 없다. 사용자들이 버튼을 클릭하는 비율을 측정하기만 하면 된다.

실제로 사용자 조사나 토론으로 저런 사소한 변경거리에 대한 쓸만한 정보를 얻긴 힘들다. 솔직히 사용자들은 그 차이를 눈치채지 못할 수도 있다. 이럴 때 정성적인 피드백은 별 쓸모가 없다. 오히려 조사 준비, 사용자 인터뷰, 데이터 분석 등에 시간과 비용만 낭비할 뿐이다.

여기서 중요한 것은 변경한 변수가 하나뿐이기 때문에 사용자 행동에 변화가 있다면 *왜* 그런 변화가 나타났는지 명확하게 알 수 있다는 점이다. 더 좋은 자리에 구매 버튼이 배치되어 그런 변화가 나타났다는 사실은 명확하다.

드물긴 하지만 한 가지 예외가 있다! 말도 안 되게 간단해보이는 변경사항을 반영해 출시하였는데 긍정적이든 부정적이든 지표 변화가 굉장히 크게 나타나는 경우다. 이럴 때는 뭔가 특이한 행태가 있는지 확인하기 위해 변경 전 기능과 변경 후 기능 사용 모습을 모두 볼 수 있는 UserTesting.com과 같은 관찰 기반 테스트를 진행해볼 필요가 있다. 예를 들어, 버그가 있을 수도 있고 어떤 사용자들은 더 이상 실행 버튼을 볼 수 없을지도 모른다.

다변수 또는 플로우 변경

완전히 새로운 기능을 추가하는 전형적인 디자인 변경은 여러 변수에 영향을 미칠 수 있다.

예를 들어, 사용자가 제품을 사용하는 또 다른 사용자와 관계를 맺는 기능을 붙이려고 한다. 사용자가 지인을 찾고, 잘 모르지만 관심 있는 사람들을 찾아내고 새로운 친구 관계를 관리하고, 관계를 통해 가치를 얻는 일을 할 수 있게 몇 가지 새로운 항목을 인터페이스에 추가해야 한다.

그림 4-2 아는 사람들인가요?

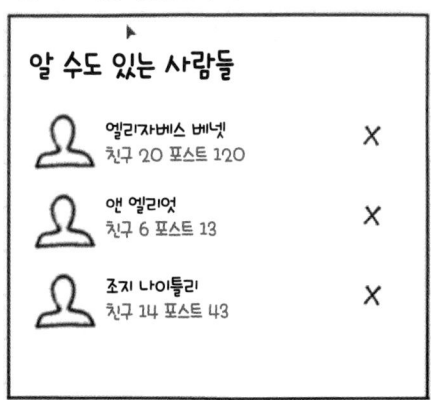

간단히 기능을 구현하고 출시하고 어떻게 돌아가는지 확인하려면 단변수 변경을 많이 해서 테스트할 수 있다. 문제는 이 방법으로는 *왜* 그 기능이 성공했는지, 혹은 실패했는지 짐작할 수 없다는 점이다. 특히 실패했을 때 더 문제가 된다.

새로 출시된 기능이 고객 이탈에 영향을 미친다는 걸 알았다고 해보자. 추가한 기능이 부적합했다고 원인을 추정할 수 있겠지만, 정작 사람들이 새로운 기능을 사용하지 않는 이유는 콘셉트가 싫어서가 아니라 기능이 제대로 구현되지 않아서였다.

문제를 처리하려면 최초로 문제가 발생한 지점에서 해결하는 것이 가장 좋은 방법이다. 만약 제품을 대대적으로 변경해야 하거나 이미 있는 플로우를 완전히 재조정해야 한다면 출시 전에 정성조사를 하고 싶을 것이다.

구체적으로 말하면 인터랙티브 프로토타입을 활용해 어떤 지점이 혼란스러운지 알아보고(혼란스러운 부분은 반드시 있다!) 사용자에게 선보이기 전에 그런 부분을 수정할 수 있도록 기본적인 사용성 평가를 해보려고 할 거다.

물론 출시하면서 A/B 테스트를 해볼 수도 있지만, 새로운 기능이라면 사용자가 사용하는 데 문제가 없다는 걸 먼저 확인해서 성공 가능성을 높이는 편이 현명하다.

다음 구현 범위 결정하기

이 책에서 어떤 걸 선택하든 지금까지 설명한 내용을 "사용자들이 원하는 게 정확히 무엇인지 물어본 후 그것을 만들어라"는 말로 받아들이지 않았으면 한다. 누구도 그 방식이 제품을 만드는 올바른 방법이라 생각하지 않는다. UCD(사용자 중심 디자인)나 린 UX를 받아들이지 않는 사람들과 이 문제로 논쟁을 벌이는 것도 지친다.

다음 구현 범위를 결정하는 데 정량, 정성조사는 엄청난 정보를 제공해준다.

예를 들어, 활동성이 높은 사용자가 많은 잘 나가는 소셜커머스 서비스를 운영하고 있는데 다음 번에 구현해야 하는 아이디어가 1,500개나 된다고 하자. 이 엄청난 목록을 하나로 좁혀야 한다.

그림 4-3 2~30년씩 걸릴 순 없다

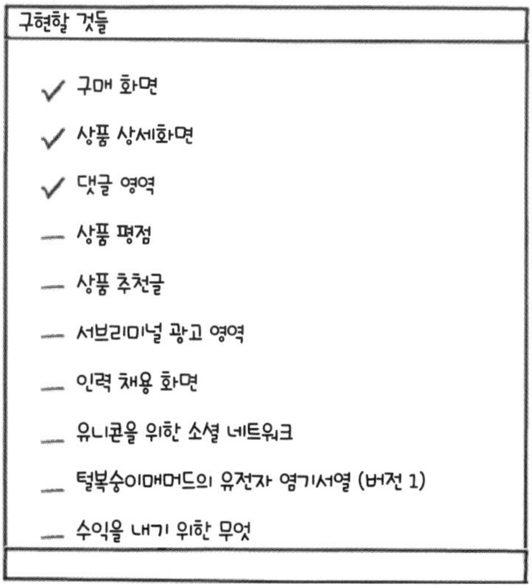

```
구현할 것들
  ✓ 구매 화면
  ✓ 상품 상세화면
  ✓ 댓글 영역
  ― 상품 평점
  ― 상품 추천글
  ― 서브리미널 광고 영역
  ― 인력 채용 화면
  ― 유니콘을 위한 소셜 네트워크
  ― 털북숭이매머드의 유전자 염기서열 (버전 1)
  ― 수익을 내기 위한 무엇
```

이때는 사용자가 우리 제품으로 현재 무엇을 하고 무엇을 하지 않는지 살펴봐야 하는 게 핵심이고, 이를 위해 정성 데이터와 정량 데이터 모두를 활용해야 한다.

정성적 접근방법

- 일상에서 우리 제품을 쓰는 사용자를 관찰하라. 어디에서 힘들어 하고 어디서 실망하거나 하고 싶은 걸 못해서 불평하는지 살펴보라. 현재 기능을 개선하거나 새로운 기능을 추가할 때 아이디어가 될 것이다.
- 우리 제품을 더 이상 쓰지 않는 사람들과 얘기해보라. 처음 제품을 사용하게 되었을 때와 그만 쓰기로 결정했을 때 어떤 생각을 했었는지 확인해보자.
- 우리 제품을 사용하는 신규 고객을 살펴보라. 처음 15분 동안 제품을 사용하게 한 다음 그들이 예상했던 게 뭔지 물어보라. 우리 제품에서 실제로 제공하는 것과 맞지 않는 경우, 사용자 기대를 충족시킬 수 있도록 제품을 수정하거나 최초 사용자 경험을 수정해야 한다.

정량적 접근방법

- 가장 가치 있는 고객들이 현재 가장 많이 사용하고 있는 기능을 살펴보라. 거기에 패턴이 존재하는지 확인하고 그 패턴에 맞는 다른 기능을 테스트해보라.
- 추가하려는 기능을 버튼이나 내비게이션 요소로 추가해서 '가짜' 테스트를 해보라. 얼마나 많은 사람이 이번에 추가하려 한 기능을 클릭하는지 측정하라. 친구를 맺을 수 있는 시스템 전체를 구축하는 대신 버튼을 넣어 사용자들이 친구 추가를 할 수 있게 하고, 버튼을 누르면 아직 준비 중이라고 알리는 동시에 누르는 사용자 비율을 집계하라.

어떤 방법을 선택할지 모르겠다면?

변경사항이 어디에도 속하지 않는다면? 예를 들어, 단변수 변경은 아니지만, 그렇다고 대규모 변경 역시 아닐 수 있다. 또는 제품 여기저기에 영향을 미치지만, 사용 프로세스에 그리 큰 영향은 없는 다소 간단한 비주얼 디자인 변경이나 메시지 변경일 수 있다.

원칙을 많이 만들려고 할수록 해석의 여지도 늘어난다. 가장 좋은 전략은 항상 지표를 추적하면서 제품을 사용하는 사람들을 관찰하는 것이다. 이렇게 하면 정확히 딱 맞는 시기에 딱 맞는 리서치 방법을 쓰지는 못해도 어떤 문제든 사업에 타격을 주기 전에 더 많이 잡아낼 수 있다.

알아두면 좋은 것: 만들면 살까?

이미 눈치챘겠지만 나는 정성적 사용자 조사를 엄청나게 지지하는 사람이다. 정성조사는 사용자와 제품을 이해할 수 있는 아주 좋은 방법이라 생각한다.

그렇다고 만병통치는 아니다. 실제로 정성조사로 제대로 된 답을 찾지 못하거나 정성조사가 가장 효율적인 해결책이 아니라는 등 많은 의문점이 존재한다.

안타깝게도 사람들이 가장 궁금해 하는 중요한 질문에는 정성조사가 적합하지 않다.

만들면 살까?

"어떤 기능을 추가하면 사용자들이 제품을 구매할 것 같냐"는 질문을 자주 받는다. 나는 한결같이 "전혀 모르겠다"고 답한다.

사람들은 앞으로 자기가 어떤 행동을 할지 잘 예측하지 못한다. 누군가 올해 자동차를 살 거냐고 여러분에게 물어본다면 어떤 사람은 "확실히 그렇다" 또 어떤 사람은 "확실히 아니다"라고 답할 수도 있겠지만, 대부분은 "상황에 따라 다르다"라고 대답한다.

몇몇은 전기 자동차와 같은 신기능 탑재를 결정적 요인으로 거론할 수도 있지만, 대부분 아주 많은 요인이 차량 구입에 영향을 미치고, 경제상황과 현재 자동차의 상태, 복권 당첨이나 대기업 취업처럼 대부분이 자동차 제조사가 좌지우지 할 수 없는 요인이다. 자동차 제조사가 영향을 미칠 수 있는 요인이 있다 한들 그게 새로운 기능과 관련된 건 아닐 거다. 오히려 새 전기 자동차의 크기가 적당치 않다거나 가격대나 스타일이 맞지 않다는 등 다른 요인일 가능성이 높다.

구매 규모가 작아져도 상황은 같다. 이번 주에 쿠키를 먹을지 아닐지 확실히 대답할 수 있는가? 물론 쿠키를 절대 먹지 않는 사람이라면 오래 생각할 필요도 없을 거다. 사용자 조사에서 이런 질문을 한다면 추측 이상의 의미는 없고 단순 행동에 대한 질문은 편향된 답을 이끌어낼 수 있다.

뭐 얘기를 하고 나니 쿠키가 좀 끌린다는 건 인정해야겠다.

정성조사가 미래의 행동을 예측하는 데 별로 효과적이지 않은 이유가 또 있지만, 굳이 그 이유를 줄줄이 늘어놓진 않겠다. 그냥 한 마디로 정성조사는 "이걸 만들면 사람들이 쓸까?"에 대한 답을 구하는 데 가장 효과적이거나 효율적인 방법은 아니라는 거다.

그렇다면 어떤 질문이 정성조사에 적합한가?

정성조사는 기능을 이해하는지 또 주어진 태스크를 잘 완수했는지 여부를 알려준다. 즉 사용자가 X(특정 기능 또는 행동)를 할 수 있는지 보여준다.

사람들이 즐겁게 태스크를 수행하는지 어느 정도 알려줄 수 있고 싫어하는지는 확실히 알 수 있다. (내 말을 믿고 사람들이 싫어할 법한 기능을 두어 번 사용자 테스트에 적용해봐라. 뭔지 금방 알 거다.)

사용자가 X를 할지 여부에 있어서도 약간 효과가 있다. 왜냐하면 하는 동안에 짜증나는 일이 없거나 어렵지 않다면 더 시도해보려 할 것이기 때문이다. 하지만 실제로 긍정적인 사례보다 부정적인 사례(예를 들어, 이번 이터레이션에서 사용자 대부분이 쓰지 않을 기능)를 예측하는 데 더 적합하다.

호불호가 굉장히 명확한 사용자라면 가끔 미미하게나마 정성조사가 유용한 피드백을 제공할 수 있다. 예를 들어, 사용자에게 새 기능이 추가된 인터랙티브 프로토타입을 보여줄 때, 참가자 모두가 특정 기능에 대해 이례적으로 흥미를 보이거나 또는 매우 부정적인 반응을 보인다면 그들의 즉각적인 반응을 토대로 제대로 된 판단을 할 수 있다.

경험상 이건 원칙이라기보다 예외에 가깝다. 참가자가 새로운 기능을 보고 기뻐서 소리를 지르거나 끔찍해 하는 일은 드물기 때문이다.

그럼에도, 나는 실제로 두 가지를 모두 목격했다.

질문의 답을 구하는 최선의 방법은 무엇인가?

다행히 이건 새 기능을 모두 만들기 전에도 정량 데이터를 활용해서 꽤 효과적으로 답할 수 있는 질문이다. '가짜' 기능 추가나 랜딩페이지 테스트를 활용해 성공을 거둔 회사가 꽤 많이 있다.

한 가지 예로, 한 고객사가 구매 전환율을 예측하려고 각 제품 화면마다 간단한 구매 버튼을 추가해 구매 방법을 통합하고 신용카드 정보를 받는 등 여러 가지를 시도했다. 고객이 구매 버튼을 클릭하면 아직 기능 구현이 덜 되었다고 알리면서 얼마나 많은 사람이 구매 의지를 보이는지 알 수 있도록 클릭 액션을 기록했다.

구매를 결정했다 생각되는 사람의 수를 측정함으로써 고객사는 해당 옵션이 제공될 경우 실질적인 구매자 수를 효과적으로 추정할 수 있었다.

결론적으로 사용자가 뭘 할지 알아내는 정말 효과적인 방법 중 한 가지는 테스트를 준비해 사람들이 실제 사용하는 걸 관찰하는 정량적인 접근이다.

정성조사로 답을 구할 수 없는 질문이 있는가?

물론이다. 엄청 많다.

정량조사와 정성조사 중 어떤 방법을 사용할지 결정할 때는 무슨 일이 일어날지 알고 싶은 건지 아니면 특정한 현상이 생기는 이유를 알고 싶은 건지 스스로에게 질문해보는 게 가장 중요하다.

트래픽이나 수입 또는 얼마나 많은 사람들이 특정 버튼을 클릭하는지처럼 현재 있는 것을 측정하고 싶다면 정량 데이터가 필요하다. 구매과정에서 사람들이 빠져나가는 이유나 어떤 화면을 한 번 열어보고는 모두 나가버리는 이유 또는 왜 버튼을 선택하지 않는지 알고 싶다면 정성조사가 더 유용하다.

당장 시작하기!

- **정량조사에서 정성조사로!**: 퍼널 지표를 통해 어디에서 문제가 발생하는지 파악한 다음, 문제 지점에서 사용자들이 어려움을 겪는 이유를 알아내기 위해 정성조사를 진행해보기
- **정성조사에서 정량조사로!**: 정성조사에서 알게 된 내용을 근거로 변경한 다음 A/B 테스트로 측정해보기

Part II

디자인

이 책의 부제에 '디자인'이 포함된 걸 알고 있는가? 그렇다. 이제 리서치 얘기는 그만하고 그간 수집한 지식을 총동원해 무엇을 할지, 어떻게 아이디어를 더 견고한 무엇으로 바꿀지를 얘기할 때다.

인내심 있게 1부를 읽어준 데 감사한다. 혹시 1부를 건너 뛰었다면 당연히 리서치를 잘 안다고 간주하겠다. 누가 고객인지 알고 고객의 문제가 무엇이고 어떻게 해결해야 할지도 잘 알고 있는 경우이리라.

2부에선 디자인에 대해 다룬다. 제품을 만들기까지 필요한 모든 디자인 과정을 아주 빠르게 살펴볼 것이다.

그리고 프로토타입을 만드는 기본 사항부터 프로토타입이 필요 없는 경우를 파악하는 방법까지 모든 부분을 다룬다. 어떤 디자인을 하면 안 되는지, 얼마나 어마어마한 시간과 잡음을 줄일 수 있는지 이야기한다. 더불어 비주얼 디자인도 약간 다룬다.

린 책이니 만큼 최소 존속 제품^{MVP}을 빠뜨릴 순 없다. 9장 전체에 걸쳐 다루어진다.

2부가 검증 과정의 끝은 아니다. 이제 완전히 검증된 아이디어를 갖고, 제품을 만들고 검증을 시작해야 할 때가 된 것이다.

Part II
디자인

CHAPTER 5

검증을 위한 디자인

> **5장에서 다룰 내용**
> - 디자인 전에 테스트를 디자인해야 하는 이유
> - 디자인을 위한 9가지 중요한 도구 익히기
> - 제품 종류나 대상에 따라 생략할 수 있는 도구

미리 말해 두자면 어떤 분야든 전문 디자이너가 이 책을 본다면 앞으로 나올 얘기가 지루하거나 화가 날 수 있다. 어쩔 수 없다. 물론 내 의도도 전문 디자이너를 가르쳐 일을 더 잘하게 하려는 건 아니다. 그저 초기 가설을 검증하기에 충분한 정도의 디자인 방법을 설명하려는 것이다. 그리고 디자이너라면 린 환경에서 디자인하는 방법과 작업물 검증 방법을 익히는 데 목적을 두고 읽기 바란다.

디자인은 범위가 넓고 복잡한 분야여서 다양한 형태의 성공을 위해 사람들은 평생에 걸쳐 학습한다. 설상가상으로 디자인에는 수십 가지 다른 분야가 있다. 예를 들어, 복잡한 제품의 작동법을 디자인하는 것과 멋진 브로슈어를 만드는 건 다른 것이고 형태를 가진 물건을 디자인하는 것과도 다르다. 이 모든 걸 우린 디자인이라 부른다. 우리는 언어학자가 아니라 이렇게 된 건지도 모르겠다.

그림 5-1 디자이너가 이름을 붙이면 안 되는 이유

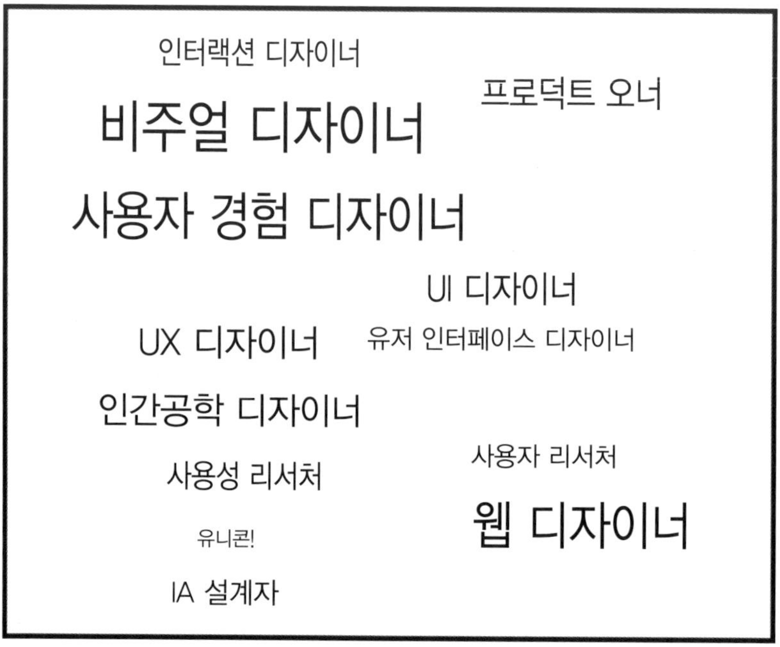

```
                인터랙션 디자이너
                                        프로덕트 오너
        비주얼 디자이너
        사용자 경험 디자이너
                            UI 디자이너
        UX 디자이너    유저 인터페이스 디자이너
        인간공학 디자이너
                                    사용자 리서처
                사용성 리서처
                    유니콘!            웹 디자이너
                IA 설계자
```

어쨌든 디자인은 문제 해결에 관한 것이란 게 핵심이다. 일단 문제를 잘 정의하고 어떤 결과물이 나와야 할지 결정했다면, 린 UX는 원하는 결과물에 도달하기까지 일을 될 수 있으면 최소화한다. 여기서 말하는 원하는 결과물은 완벽한 제품을 의미하는 게 아니다. 딱 가설 검증을 위해 필요한 정도만 디자인한다는 의미이다.

때로는 디자인을 많이 해야 할 때보다 아주 조금 해야 할 때가 더 어렵다. 지금 시점에서 가장 중요한 디자인이 무엇이고 시간 낭비인 디자인이 무엇인지 구별하는 요령이 필요하기 때문이다.

만약 리서치를 했다면 해결해야 하는 문제와 시장상황 그리고 제품 콘셉트에 대해 전반적으로 잘 이해하고 있어야 한다. 다행스럽게도 지금 해결해야 할 문제가 있고 그 문제를 해결할 수도 있는 기능이나 제품 아이디어가 있다면 이제 우리는 뭔가 만들기만 하면 된다.

아마 당연한 얘기일 텐데 해야 할 목록에는 제품 생애 주기 전반에 걸쳐 만들어야 할 갖가지 종류가 있고, 첫 번째로 만든 초기 제품에 수많은 조언이 집중되기 마련이다.

하지만 대부분의 디자인 결정은 제품을 만들고 난 후에 일어난다. 우리는 지속적으로 반복하면서 첫 번째 제품을 바꾼다. 아니라면 적어도 그래야 한다.

여기 제품을 만들고 고치는 과정에 필요한 몇 가지 일이 있다. 모두 어느 정도 디자인을 필요로 한다.

- 버그 수정
- 에러 대응
- 약간의 사용 플로우 변경
- 완전히 새로운 기능 제작
- 비주얼 디자인 전면 개편
- 기존 비주얼 디자인 수정
- 제품 재구성
- 완전히 새로운 제품 구현
- 다른 플랫폼용 재디자인

나열한 일 사이에는 애매모호한 지점이 많아 혼란을 더 가중시킨다. 예를 들어, 어떤 버그 수정은 폰트 변경이 될 수 있고, 어떤 건 사용자가 진행하는 프로세스를 근본적으로 바꿀 수도, 사용자에게 전혀 영향을 끼치지 않는 것도 있다.

하지만 이렇게 다른 유형의 변경사항 모두 한 가지 매우 중요한 공통점을 가진다. 린 UX에서는 가설을 검증할 수 있는 만큼만 디자인해야 한다는 것이다. 그 이상은 필요 없다.

린 방식으로 실행하기 위한 프로세스를 여기서 설명하려고 한다. 이야기를 들을수록, 아마 이런 생각이 들게 될 거다. "일이 정말 많아 보이는 걸!"

솔직히 일이 많기는 많다. 린 디자인이 디자인을 대충 한다는 의미는 아니다.

몇 단계를 건너뛰어 버리거나 조잡한 솜씨로 일을 하고 사용자 경험을 충분히 고려하지 않고 디자인 한다는 뜻이 아니다. 실제로 린 UX와 전통적인 사용자 중심 디자인 그리고 애자일 디자인의 공통점은 절대 쉽지 않다는 거다.

제품 디자인을 위한 단계별 가이드로 5장을 열었지만, 계속해서 "이런 경우가 아니라면 다음 단계는 OO"라고 쓰고 싶었다. 이런 종류의 디자인은 선형적인 프로세스가 아니란 걸 알았고 오히려 도구 모음에 가깝다.

제품이나 기능을 제작하는 과정에서, 이 모든 툴을 사용하게 된다. 어떨 땐 한두 단계를 건너뛸 수도 있다. 별 문제는 없다. 한 단계쯤 건너뛰어도 괜찮다는 걸 충분히 판단할 만큼 툴을 잘 아는 게 핵심이다.

도구 1: 제대로 문제 파악하기

어떤 디자인이든 첫 번째 도구는 해결할 문제를 정확히 아는 것이다. 이런 면에서 린 UX는 여타 디자인 이론과 차이가 없지만, 아쉽게도 대다수 사람들의 실제 디자인 방식과는 상당한 차이가 있다.

기업들과 얘기해보면 대부분의 사람들이 문제가 아닌 해결책을 말한다. 그들은 "제품에 의견달기기능을 추가하고 싶다"라고 하지, "사용자들이 서로 소통할 방법이 없다. 이 문제가 사용자들과 우리 제품 간의 관계에 영향을 미친다"라고 하진 않는다.

해결 방법을 찾기 전에 사용자 관점에서 문제를 다시 정의해봄으로써 정확히 무엇을 해야 하는지 생각해볼 수 있다.

해결하려는 문제를 파악할 수 있는 방법에 대해 반복해서 얘기하지는 않을 거다. 혹시 아직도 모호하게 느껴진다면 2장부터 5장까지 다시 읽어보길 바란다. 경청, 관찰, 그밖에 리서치 방법에 대한 내용이다.

리서치가 사용자에게만 국한된게 아니라는 걸 미리 일러두고 싶다. 우리는 사용자의 이야기를 들어야 한다고 수없이 얘기해왔고, 분명 우리가 할 수 있는 가장 중요한 일이기도 하다. 하지만 회사 내 이해 관계자의 생각도 들어볼 필요가 있다.

소규모 스타트업이라면 다행히 금방 확인할 수 있다. 당면한 문제를 조직에서 가장 잘 이해할 법한 사람들의 얘기를 들어보자. 조식의 누구라도 대상이 될 수 있다. 고객 서비스 담당자나 개발자, 영업사원이 있다면 확실히 도움이 된다.

조직 내 누군가는 나보다 문제를 더 잘 알 수 있다는 걸 명심하자. 그 누군가를 찾아서 그 사람의 지식을 디자인 프로세스에 포함시키자. 그렇다고 그들이 최종 디자인을 만들거나 사람들이 정확히 무엇을 원하는지 얘기해주는 건 아니다. 비즈니스 니즈 중 어디에 더 무게를 둬야 하는지 알려주면 그들의 의견과 고객 의견을 비교해서 검토해야 한다.

우리 제품을 사용하는 몇몇 사용자를 이미 확보했다고 생각해보자. 많은 스타트업이 그렇듯 제품이 혼란스럽다는 반응을 감지하고 있을 거다. 예를 들어, 많은 사람이 제품 페이지에 방문하거나 앱을 내려받은 후 두 번 다시 사용하지 않는다. 좋은 징조가 아닌 듯 보이지만, 우리 예상과 달리 제품이 사람들의 문제를 해결하지 못하고 있다는 것을 알려주는 좋은 신호다. 가장 먼저 해야 할 일은 이처럼 문제를 제대로 이해하는 것이다.

예를 들어, 사용자의 기본정보를 파악한다.

- 어떤 사람들이 우리 제품을 사용하는가?
- 얼마나 기술에 익숙한가?
- 신규 사용자와 기존 사용자 중 누구를 주로 지원할 것인가?
- 유료 사용자인가, 무료 사용자인가?

사용자가 우리 제품을 사용하는 맥락을 이해한다.

- 이동하면서 짧은 시간 제품을 사용하는가, 아니면 책상 앞에서 시간을 들여 제품을 익힐 수 있는가?
- 숙련자의 도움이 필요한가, 아니면 다른 사람들이 쓰는 걸 보고 익히는가?
- 중요하고 긴급한 일을 하던 중 문제에 부딪힐 수 있는가?

사용자 니즈를 더 알아본다.

- 재미? 업무? 개인의 생산성 향상을 위해? 어떤 용도로 제품을 사용하는가?

이런 질문 대부분에 대해 이미 답을 알고 있을 수도 있겠지만, 해결하려는 모든 문제마다 답이 같은 건 아니다. 어떤 것이든 특정한 문제를 해결하려면 사용자 유형, 맥락과 니즈를 파악해야 한다. 뒤따르는 단계에서 이 모든 정보를 항상 사용하게 된다.

생략해도 되는 경우

이 부분은 반드시 필요한 단계다. 문제를 이해하지 못하면서 문제를 해결할 수는 없지 않은가.

도구 2: 테스트 우선 디자인하기

다른 디자인과 린 UX 디자인을 구분하는 단 한 가지를 꼽는다면 무엇일까? 린 UX는 언제나 측정 가능한 목표가 있기 때문에 디자인 시작 전 항상 목표를 측정할 방법을 강구해야 한다. 그렇지 않으면 디자인이 잘 작동하는지 알 수 없다. 실제 사례를 들어보겠다. IMVU에서 일할 때였다. IMVU의 제품은 사용자가 3D 아바타를 만들어서 세계 각지의 사람들과 대화하는 프로그램이었다. 사용자는 옷이나 애완동물, 가상 환경 등 다양한 종류의 가상 상품을 가지고 아바타를 마음대로 꾸밀 수 있었다.

여느 회사들처럼 우리도 때가 되면 다음에 뭘 할지 결정해야 했다. 당시 우리는 사용자 활성화activation라는 특정 지표 향상을 최우선 순위로 두고 제품을 한 번이라도 써봤던 많은 사람이 다시 돌아오게 하고 싶었다.

이 프로젝트의 목표는 당연히 사용자 활성화 수치 증가였다.

프로젝트를 실행하기 전에 프로젝트의 성공여부를 확인할 방법을 찾아야 했다. 우리는 신규 사용자가 일정한 시간 안에 다시 돌아오는 수치가 통계적으로 눈에 띄게 증가하면 프로젝트가 성공했다고 판단하기로 했다.

새로운 디자인이 문제점을 해결하는지 제대로 파악하기 위해 모든 변경사항에 대해 A/B 테스트를 실시하고 이전 버전과 새 버전을 전체 사용자에게 절반씩 노출했다. 그리고 몇 주에 걸쳐 두 버전의 사용자군별로 각각 몇 퍼센트의 사람들이 다시 돌아오는지 측정했다.

우리는 문제가 무엇인지 알았고 그 문제를 해결했는지 혹은 해결을 위한 진전이 있었는지 입증할 수 있는 방법을 찾아냈다.

구체적인 지표에 도달하기까지 내가 했던 방법을 여기서 모두 이야기하진 않겠다. 차차 더 자세히 설명하게 될 것이다. 지금은 수치에 영향을 준 것과 그렇지 않은 것 정도만 말해두겠다. 더 의미 있는 건 가장 큰 변화가 항상 가장 큰 영향을 미치지는 않았다는 점이다. 핵심은 무엇을 바꿨던 간에 성공적인 디자인인지 아닌지를 판단할 객관적인 방법이 있었다는 점이다.

엄격한 A/B 테스트 외에도 측정 가능한 다른 방법이 있는데 이건 책 후반부에서 다루겠다.

흥미로운 건 원하는 성과가 늘 확실하지도 A/B 테스트가 늘 가능하지도 않다는 거다. 제품을 사용하면서 문제를 겪는 사람을 지원한 다음 문제를 해결한 사용자가 몇인지 세는 건 좋은 지표라 할 수 없다. 문제를 해결한 사용자의 수는 굉장히 쉽게 속일 수 있는 지표다. 일례로 문제를 겪는 사람을 늘리면 문제를 해결한 사람 수도 간단히 증가 시킬 수 있다. 조금이라도 증가 시키려는 지표가 이런 건 아니다.

이 경우 더 나은 지표는 새로운 기능을 접한 사용자들의 문의 전화 수나 사용자가 겪는 구체적인 문제에 관한 질문 개수라 할 수 있다.

지표 선정을 잘 하는 요령은 반드시 측정 가능하면서 비즈니스 목표와 직접적으로 관련된 지표를 찾는 것이다. 좋은 테스트 목표를 선정하는 방법은 뒤에서 다시 언급하겠다. 뒤로 미루는 게 아쉽다고? 쉼 없이 책에 집중하게 하려는 나만의 깜찍한 요령이다.

생략해도 되는 경우

고작 몇 분 밖에 걸리지 않는 일이지만 이 역시 그냥 넘어가선 안 된다. 디자인이나 제작에 들어가기 전 어떤 용도로 만드는지 그리고 잘 돌아가는지를 어떻게 판단할지 아주 명확히 알고 있어야 한다.

도구 3: 스토리 작성하기

대부분 스토리를 얘기하면 애자일 개발에서 작성하고 추적하는 아주 구체적인 개발 스토리를 떠올린다. 하지만 그런 종류의 스토리를 작성하려는 건 아니다.

여기서 작성하는 건 디자인 스토리다. 디자인 스토리는 문제를 관리할 수 있는 수준으로 쪼개는 방법을 말한다. 또한, 일단 마무리 된 디자인을 평가하는 방법이기도 하다.

좋은 사용자 스토리는 "계정 정보를 수정하는 데 어려움을 겪는 사용자가 금방 해결방법을 찾을 수 있다"처럼 검증에 도움을 준다.

관리자 스토리 작성 역시 잊지 말아야 한다. 예를 들어, "고객 지원 담당은 새로운 문제가 발생하면 사용자에게 필요한 도움말을 더 빨리 추가할 수 있다"와 같이 작성할 수 있다.

"고객은 다른 사용자에게 물어보고 바로 응답을 얻을 수 있다"라는 스토리가 나올 수도 있지만 추천하진 않는다. 이 스토리가 해결책이 될 수도 있지만, 너무 분명한 해결책은 미리부터 특정한 아이디어에 매몰되어 더 나은 방법을 찾는 걸 방해한다.

생략해도 되는 경우

스토리를 쓰는 건 언제나 좋은 방법이다. 한편으로는, 간단한 버그 수정이나 약간의 메시지 변경과 같은 아주 사소한 이슈에 대해서는 스토리 작성은 생략해도 좋다. 버튼 색상 테스트와 같은 비주얼 디자인 변경이라면 차라리 실제 디자인을 보여주는 편이 더 낫다.

반면 아주 단순한 스토리는 작성하는 데 얼마 걸리지 않기 때문에 연습이라 생각하고 그냥 써보는 것도 좋다. 때로는 디자인 스토리를 쓰는 과정에서 미처 몰랐던 아주 중요한 부분을 발견하기도 한다.

한번은 홈페이지를 대대적으로 개편하려는 스타트업을 만난 적이 있다. 프로젝트 팀은 아주 간단한 비주얼 디자인 수정 정도라 생각했다. 하지만 스토리를 작성해보고는 곧 디자인을 일부만 변경해도 홈페이지 내의 다른 여러 이미지를 테스트해야 한다는 걸 알았다. 마케팅팀은 여러 이미지를 계속해서 테스트할 수 있게 만들고 싶었는데 그러려면 관리 화면이 필요했다. 이렇듯 디자인 스토리를 써보면 변경된 부분이 어떻게 진행될지, 반대로 놓치는 건 없는지 생각해볼 수 있다.

도구 4: 팀이 함께 실현 가능한 해결책 찾기

이 부분은 성향에 따라 디자인 프로세스 중 가장 재미있는 과정이거나 가장 고달픈 과정이다. 여기서 팀원들과 의견을 나누는 가장 좋은 방법에 대해 깊이 있게 다루지는 못하겠지만, 팀은 우리가 해결할 문제를 제대로 이해하고 있는 최소한의 사람들을 모은 그룹이란 걸 명심하자.

앞서 설명한 첫 번째 도구를 적절히 사용했다면 이미 절반은 성공을 거둔 셈이다. 문제를 제대로 파악하는 과정에서 이미 관련자들과 의견을 나누었을 테니 말이다.

하지만 해결할 문제를 정확히 안다고 해서 이를 개선할 수 있는 확실한 해결 방법이 있다는 의미는 아니다. 예를 들어, 신규 사용자들이 제품 사용법을 모르는 건 꽤 흔한 일이다.

이에 대한 해결 방안으로 수십 가지는 있을 거다. 도움말, 동영상, 웹 세미나, 둘러보기, 즉각적인 안내, 툴팁 또는 맥락에 따른 메시지 등등. 심지어 엄청난 비용을 지불하는 소수의 사용자를 보유하고 있다면 고객의 집에 방문해서 직접 사용법을 알려줄 수도 있다.

이제 책상 위에 펼쳐 둔 다양한 후보 안을 평가할 시간이다.

들어봤겠지만 지금은 아이디어를 비판하는 시간이 아니다. 도움말 사례에서 "그냥 라이언이 고객 지원 센터에 올라오는 질문에 모두 답을 해주면 어떨까요?"와 같은 의견이 회의 테이블 끝에서 들려오면 어떨까? 이 제안이 사용자를 지원하는 방법 중 비용 대비 가장 효율적인 방법이라 느껴지진 않더라도 무시하지는 않는다.

브레인스토밍에서 가장 중요하게 고려할 점은 회의를 아주, 아주, 아주 가볍게 끝내야 한다는 것이다. 회의를 좋아하는 사람은 이름만 브레인스토밍 회의인 4시간짜리 '전략' 회의로 우리를 괴롭히려 들 것이다.

이러면 안 된다. 그저 브레인스토밍만 하고 엉뚱한 아이디어에 대해 일일이 논쟁을 거치지 않으면 아이디어를 내는 건 금방 바닥난다. 안 된다. (브레인스토밍 교육기관에서 뭐라고 하든 솔직히 어떤 아이디어는 정말 바보 같다.)

회의를 시작할 때는 사용자가 겪는 문제와 이를 해결해야 하는 이유를 명확히 언급한다. 그리고 이번 실험의 성공 여부를 어떻게 측정할지도 설명한다. 그런 다음 참석자 모두 한 두 문장으로 아이디어를 적는다. 회의실을 돌면서 참석자에게 자신의 아이디어를 읽도록 하고 화이트보드에 받아 적는 동시에 아이디어를 구체화하는 것 외의 이야기는 하지 않는다.

사람들이 내놓은 아이디어 유형에 따라 알기 쉽게 분류하고 싶을 수 있다. 어떤 지표가 영향을 받을지, 구현하기 쉬운지, 아니면 어떤 고객의 문제를 해결하는지와 같은 기준으로 자유롭게 분류해본다. 이는 앞으로 할 일 중 가장 중요한 것을 결정하는 데 도움이 된다.

이 모든 일은 15분 내로 진행한다. 15분을 넘었다면 회의 참석 수가 너무 많거나 각자 낸 아이디어가 너무 많았다는 이야기다.

그림 5-2 절대 15분 이상 넘기지 않는다

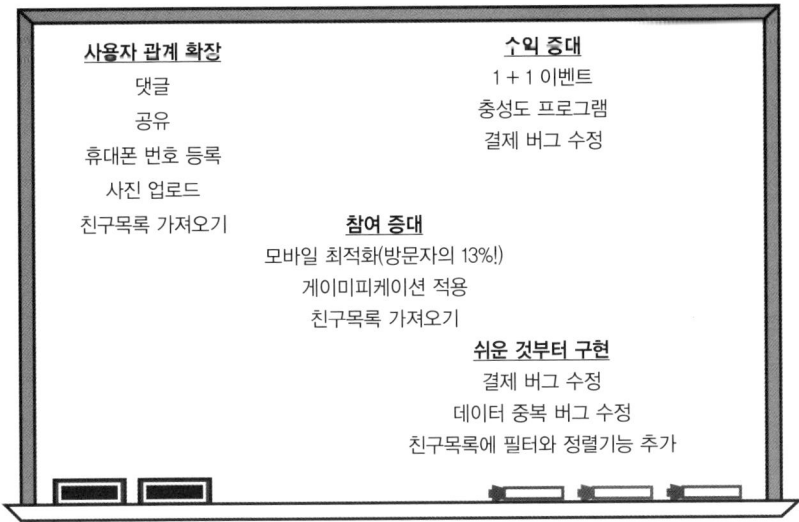

마지막에는 사람들에게 어떤 아이디어를 시도해보고 싶은지 물어봐도 괜찮지만, 뭘 하든 투표는 피하는 게 좋다. 새로운 아이디어를 찾고자 진행하는 단계이지 민주적인 방법으로 엉뚱한 실험을 하려고 모인 것은 아니다.

생략해도 되는 경우

15분이면 할 수 있는 방법이라고 소개했다. 굳이 생략할 이유가 있을까? 사실 팀원 및 이해관계자들과 지속적으로 자리를 만들어 함께 확인하면 전체 프로젝트 기간으로 봤을 때는 오히려 시간을 아낄 수 있다. 혼자서는 놓칠 수 있는 문제나 실수를 다른 사람들이 찾아낼 수 있기 때문이다.

도구 5: 의사결정하기

환영한다. 디자인 프로세스에서 가장 어려운 지점에 도달했다. 이제 어떤 걸 시도할지 선택해야 한다. 어려운 결정을 내리지 못하고 맞는지 틀린지 증명될 때까지 이러지도 저러지도 못하고 매달려 있다면 다른 직업을 찾는 게 낫다. 꼭 필요한 능력이기 때문이다.

아무것도 없이 거친 세상으로 내몰진 않을 테니 너무 당황하지는 말라. ROI(투자수익률)라 부르는 아주 중요한 수식을 상기시켜 보자.

모든 해결 방법에는 예상되는 비용과 기대하는 소득이 있다. 물론 예상이 완전히 틀릴 수도 있지만 어쨌든 해야 한다. 자꾸 해볼수록 예상 ROI를 더 잘 도출할 수 있다. 그렇다고 무조건 좋아진다는 얘기는 아니고, 계속 서툴 수 있지만, 그나마 전보다는 조금이라도 나아질 테니 이 또한 유용한 연습이 된다.

쉬운 방법으로 X축과 Y축이 있는 단순한 그래프를 그려보자. 하나는 '예상 이득', 다른 하나는 '예상 비용'이라 적는다. 그런 다음 다른 기능들을 그래프 위에 적는다. 각 기능에 대한 정확한 비용을 적을 수는 없겠지만, 어떤 기능에 더 많은 개발 노력이나 시간이 드는지 예상하는 건 그나마 쉽다.

어떻게 개발 업무를 추정해야 할지 잘 모르겠다면 개발자를 참여시킬 좋은 기회다. 이번 변경으로 인해 영향을 받는 사람이라면 누구든 참여시킨다. 마케팅, 고객지원, 영업, 혹은 예상치 못한 비용이나 이득에 대해 언급할 수 있는 사람이라면 누구든 좋다.

다시 말하지만, 그들 누구도 적합한 의사결정을 위해 투표를 하지는 않는다. 단지 실제 예상 비용과 이득에 대한 충분한 정보를 제공하여 당신이 결정을 내릴 수 있게 한다.

이 과정에서 명심해야 할 것은 회사의 규모나 복잡도에 따라 이 과정이 꽤 반복적으로 일어날 수 있다는 점이다. 개발자는 확실한 추정을 하기엔 정보가 충분치 않을 수 있고, 마케팅은 새로운 기능에 어떤 지원이 필요할지 대략적인 예측만 할 수 있을 거다. 영업에선 효과적인 기능을 만들기 위해 추가해야 할 것만 알고 있을 수 있다.

그래도 상관없다. 이 시점에서 기능에 대해 빠짐없이 알 필요는 없다. 단지 모든 사람이 가능한 일찍부터 결정 사항을 고민하게 되므로 문제가 발생했을 때 더 많은 팀원들이 문제를 파악하고 고칠 수 있다.

생략해도 되는 경우

절대! 이건 절대로 생략하면 안 된다. 반드시 결정을 내려야 한다. 스타트업을 하면서 이런 골치 아픈 의사결정을 내릴 수 있는 기본 능력이 없다면 그만큼 그 스타트업은 실패할 가능성이 높다는 뜻이다. 조사도 끝냈고 팀도 관여했다면 이제 결정을 내릴 준비가 된 것이다. 그 결정이 옳은 것인지 알 수 없다 해도 말이다.

염려는 말라. 아이디어가 맞는지 아닌지는 검증할 것이다. 다만 먼저 어디로 갈지 방향을 선택해야 한다.

도구 6: 타당한 접근방법 고르기

이번 제목을 제대로 다 적는다면 '시기상 가능하고 투자가치가 있는 접근방법인지 타당성 검증하기'가 되어야 하지만 왠지 좀 어색하다.

이번 순서에 이 내용을 넣은 건 다음에 나오는 몇 개의 도구가 시간이 좀 걸리기 때문이다. 문제를 이해하고 팀원이 관여하게 되는 건 디자인 프로세스에서 타협할 부분인 반면, 이 다음에 나올 것들은 한 가지 간단한 방법으로 피할 수 있다. 바로 아이디어 무효화이다.

"그게 뭐야, 내 아이디어가 어때서 무효로 하죠?"라고 물을 수 있다. 간단히 말해 당신이 큰 실수를 저지르기 직전이란 걸 증명할 수 있다면 그 실수를 피해갈 수 있기 때문이다. 그렇다. 지금껏 나온 도구를 모두 활용했더라도 여전히 실수할 구멍은 있다.

한 가지 예를 들어주겠다. 전자제품을 파는 온라인 쇼핑몰에서 일한다고 생각해보자. 사용자와 오랜 시간 대화를 나눠서 사용자들이 전자제품을 구매하지 않는 가장 큰 이유가 사용하지 않는 기기를 이미 많이 갖고 있기 때문이란 걸 알았다. 거기다 또 다른 일반적인 이유가 가격 때문이라 생각해보자.

당신과 팀원은 이 문제를 합리적으로 해결하기 위해선 고객이 가지고 있는 기기를 되팔고 새로운 제품을 사도록 해야 한다는 결론에 도달했다 치자. 이 방법은 밝혀낸 문제를 해결하기 위한 완벽히 합리적인 가설이 될 수 있다.

이제 다음은 이 가설이 틀렸는지 확인하는 일이다. 대부분 해결책이 정말 명확해 보이지만, 결국 사용자를 확보하는 데는 실패하고 만다. 제품을 되팔고 싶은 사람이 한 명도 없는데 제품을 되파는 기능을 넣기 위해 사이트 전체를 고친다면 얼마나 많은 시간을 낭비하게 될지 생각해보라.

다음 장에서 기능 모듈에 대해 얘기할 텐데 이게 아마 지금 하고 싶은 일일 수 있다. 가설을 무효화할 수 있게 최소한으로 디자인해보자. 이번 사례에 적용해본다면 사용자가 잘 볼 수 있는 곳에 〈나의 제품 팔기〉라는 버튼을 넣고 클릭 수를 측정해보는 것이다. 버튼을 누르면 친절하게 기능이 아직 완벽히 준비되지 못했다는 메시지를 띄운다. 만약 아무도 버튼을 누르지 않는다면 적어도 문제나 시장상황을 제대로 파악할 때까지는 기능 전체를 구현할 필요가 없다는 좋은 신호가 된다.

실패할 기능을 만들지 않음으로써 돈과 시간을 아낄 수 있고 성공 가능성이 더 높은 기능을 더 많이 만들어 볼 수 있다는 점에서 이건 매우 중요한 시도이다.

생략해도 되는 경우

기능이나 변경사항을 실제 구현하는 시간보다 검증하는 시간이 더 필요한 경우도 있다. 가짜 기능을 만들거나 올바른 방향인지를 확인하기 위한 독창적인 방법을 생각해내기 전에 실제 기능을 만드는 데 시간이 얼마나 걸리는지, 그리고 테스트하는 데는 얼마나 걸리는지를 자문해봐야 한다. 테스트하는 것보다 그냥 만드는 게 더 빠르다면 바로 구현해도 무방하다.

도구 7: 스케치하기

디자인 프로세스 중 스케치를 시작하는 이 지점이 나는 정말 좋다. 이제 도구 7을 살펴보자.

안타깝게도 많은 사람이 여기서부터 디자인 프로세스를 시작한다. 스케치를 한번 시작하면 버튼은 어디로 가고 어떤 요소가 함께 있어야 하며 문구는 얼마나 필요한시, 이런 디테일에 십숭하기 마련이다.

도구 7에선 그래도 된다. 이제 스케치할 준비가 되었고 머리 속에 이미 디자인 하고 싶은 그림이 있을 것이다.

디자이너들은 모두 각자 선호하는 '스케치' 방법이 있다. 여기선 내가 선호하는 방법을 알려 주지만, 각자 다른 방법을 더 좋아할 수 있고, 그래도 된다. 스케치할 때는 빨리 그리고 쉽게 버릴 수 있는 게 가장 중요하다. 이번 단계는 새로운 기능이나 제품을 몇 가지 다른 버전을 만들어 보는 기회이다.

아이디어를 몇 가지 다른 버전으로 빠르게 만들고 반복해서 만들어 보고 싶어 할테니, 발사믹Balsamiq이나 옴니그라플OmniGraffle을 이용해보길 바란다. 다양한 툴 중이 두 가지가 내가 사용하는 것이다. 배우기 쉽고 핵심을 전달하기에 충분한 그림을 만들 수 있다.

그림 5-3 같은 스케치, 다른 완성도

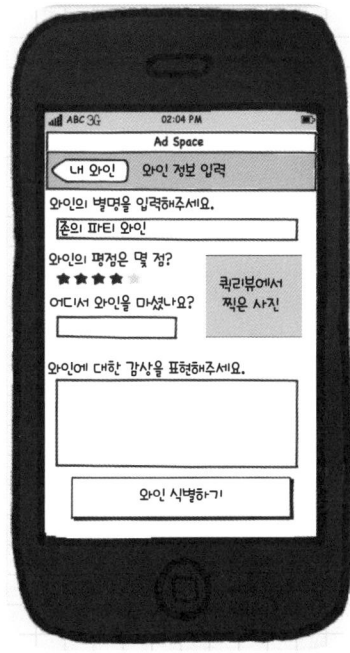 

스케치의 목표는 화면에 어떤 요소가 들어가고 어떤 것이 함께 있어야 할지 초안을 잡는 것이다. 예를 들어, 제품을 판매하는 화면을 그린다면 판매 제품의 사진과 구매 버튼, 가격이 있어야 한다. 그리고 이 모두는 가까이 있어야 한다. 물론 화면을 그리는 데는 아주 많은 방법이 있다.

보통 스케치는 빠르게 할 수 있기 때문에 기본 태스크 플로우를 확인하기 좋다. 사람들은 스케치 화면이 대부분 정적인 화면이라는 점을 자주 잊곤 한다. 화면에 액션과 상태값이 있어서다. 버튼은 누를 수 있고 폼은 채워질 수 있는데 간혹 입력이 잘못될 수도 있다. 스케치할 때는 가능한 많은 상태를 그려보고 모두 감당할 수 있는지 확실히 하는 게 좋다.

인터랙티브 요소를 스케치할 때는 사용자가 액션을 할 때 어떤 화면이 나오는지 혹은 무슨 일이 일어나는지 알 수 있도록 설명을 추가한다. 드롭다운 리스트를 그린다면 드롭다운 리스트에 들어갈 항목을 생각해야 한다.

때로는 '스케치'가 너무 모호해서 완전히 쓸모 없는 경우도 종종 있다. 반면 엄밀히 말해 이건 스케치이기 때문에 '사용자가 제품과 어떻게 상호작용하는지 확인하기'에 적합하지는 않다. 이것이 스케치의 핵심이다.

그림 5-4 유용하지 않은 스케치

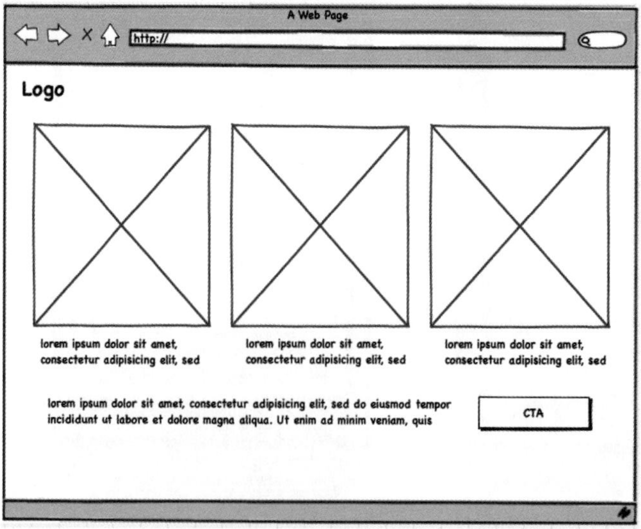

여러 버전의 스케치를 그려봤다면 이제 몇 가지 결정을 더 내려야 한다. 가장 중요한 결정은 어떤 스케치를 더 작업해볼지 정하는 것이다. 당장 할 일이 없는 개발자가 아주 많거나 모든 버전에 대해 A/B 테스트를 해볼 수 있는 시스템이 갖춰져 있지 않은 이상 서너 개의 완전히 다른 디자인 작업을 진행하는 건 그리 좋은 생각이 아니다.

대부분은 리소스가 한정되어 있기 때문에, 초기 리서치에서 관찰된 문제를 가장 잘 해결 할 것으로 보이는 한두 개 안을 선택하는 편이 낫다. 가장 좋은 결정방법은 실제 사용자에게 스케치를 보여주는 것이다.

그림 5-5 실제 텍스트와 실행 버튼을 넣으면 스케치가 유용해진다

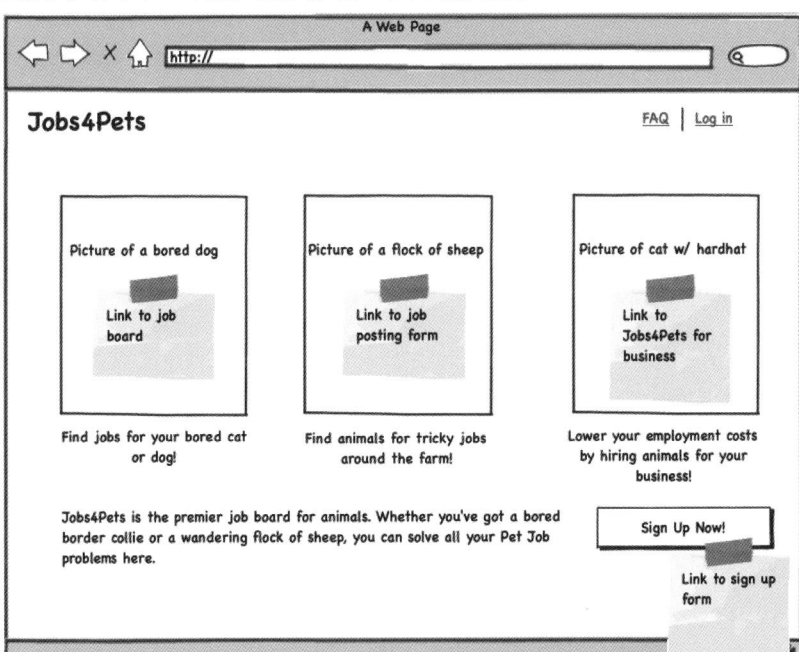

스케치를 사용자에게 보여주는 건 디자인에 대한 사용성을 확인하기보다는 전체적으로 잠재 사용자가 제품이 무엇인지 이해하고 모든 가장 중요한 태스크의 시작점을 발견하는지 알아내기 위함이다.

예를 들자면, 새로운 쇼핑몰의 제품화면 몇 장을 스케치했다고 생각해보자. 이 화면에서 사용자가 해야 할 가장 중요한 행동은 상품을 구매하거나 친구와 공유하는 것이다. 사이트를 모르는 사람들에게 스케치를 보여줘 보자. 컴퓨터 앞에서 진행하는 것이 더 좋다. 그리고 이런 질문을 해보자.

- 무얼 하기 위한 화면 같나요?
- 뭔가 구매하려면 어떻게 해야 할까요?
- 친구가 좋아할 만한 제품이라 가정하고, 친구에게 어떻게 이걸 공유할까요?

스케치를 보여줄 땐 스케치 순서를 섞어서 참여한 사용자들이 각기 다른 스케치를 먼저 보도록 한다.

이 테스트를 4~5회 진행하고 참가자가 모두 스케치를 이해하는 데 문제가 없다면 가장 좋아하는 스케치를 한 가지 선택해서 진행한다. 반면 모두가 모든 스케치에서 어려움을 겪는다면 사람들이 무엇을 보는지 좀 더 주의 깊게 관찰한 다음 몇 가지 새로운 안을 더 그리고 반복해서 확인한다.

생략해도 되는 경우

다른 방법으로 보여주거나 테스트하는 게 더 쉽다면 굳이 스케치를 할 필요는 없다. 예를 들어, 단순한 비주얼 디자인 수정이라면 포토샵이나 HTML/CSS로 변경된 걸 보여주는 편이 더 빠르고 효과적일 수 있다.

제품에서 주요한 부분을 변경하면 완전히 작동하는 인터랙티브 프로토타입이 요구될 수 있고, 그 프로토타입으로 디자인 프로세스를 시작할 수도 있다.

스케치를 위한 스케치는 금물이다. 디자인 아이디어를 빠르게 발전시키고 전달하기 위해 스케치하도록 한다. 그럴 필요가 없다면 넘어가도 괜찮다.

도구 8: 인터랙티브 프로토타입 제작하기

개인적으로 나는 인터랙티브 프로토타입의 광팬이다. 하지만 프로토타입이 뭔지 헷갈릴 때가 자주 있다. 분명히 말하면 내가 말하는 인터랙티브 프로토타입은 쭉 클릭해서 보는 파워포인드 문시가 아니다. 완전히 실제처럼 작동히는 프로토타입으로 사용자가 전체를 탐색할 수 있고 주어진 태스크를 완수할 수 있다 여겨지는 것이다.

책으로 표현하긴 좀 어렵지만, 인터랙티브 와이어프레임에는 사용자 조작에 반응하고 작동하며 움직이고 직접 입력할 수 있는 입력폼 같은 위젯이 있다. 사용자들이 이것저것 눌러봐도 괜찮을 만큼 충분히 인터랙티브하고 실제 제품이 비주얼에 신경쓰지 않고 밋밋하고 어설프게 만들어진 거라 생각할 정도로 더 진짜처럼 보인다.

다만 문제는 인터랙티브 프로토타입을 만드는 데 시간이 많이 걸린다는 거다. 물론 실제 제품을 만드는 만큼 오래 걸리지는 않는다. 대부분 아주 기본적인 비주얼 디자인이 있을 뿐 백엔드라 할 만한 요소는 없기 때문이다. 예를 들어, 인터랙티브 프로토타입에서 사용자는 제품을 구매한 것이라 느끼지만 실제로 결제나 배송이 진행되지는 않는다.

프로토타입을 이용했을 때 가장 큰 장점은 사용자가 어디서 헷갈리고 사용하기 어려워 하는지 많은 양의 코드를 작성하기 전에 미리 알 수 있다는 점이다. 또 개발자에게 무엇을 만들려 하는지 얘기할 때도 아주 유용한 툴이 된다.

예를 들어, 결제 단계에서 특정 태스크를 완료한 다음에만 나타나는 화면을 넣는다고 해보자. 프로토타입을 사용하면 어떻게 만들지 하나하나 문서로 상세히 정리할 필요 없이 쉽게 전달 할 수 있다. 또 버튼을 눌렀을 때 나오는 애니메이션 스타일이나 속도, 움직임 등도 프로토타입으로 정확하게 보여줄 수 있다.

이 정도면 인터랙티브 프로토타입이 얼마나 유용한지 충분히 알 것 이다. 이제 시간을 들여 그걸 만들 가치가 있는지 결정할 차례다. 결정을 내릴 때 필요한 몇 가지 기준이 있다.

첫째, 복잡한 인터랙션인가? 여러 번 선택해야 하는 단계로 구성된 경우라면 대개 프로토타입이 유용하다. 여러 단계가 있으면 사용자는 길을 잃어버리나 잘못

조작할 가능성이 있다. 복잡하거나 헷갈릴 가능성이 높을수록 프로토타입은 더 중요해진다.

둘째, 제작하는 데 시간이 걸리는가? 더 중요한 건 잘못된 걸 수정할 때도 시간이 걸리는가? 프로토타입을 만들지 않는 가장 큰 이유 중 하나는 시간이 없기 때문인데, 만약 인터랙션이 규모가 크고 복잡해서 만드는 데만 수일씩 걸린다면 혼란스러운 부분을 고치는 데도 꽤 오랜 시간이 걸린다. 반면 개발자가 프로토타입을 만드는 데 걸리는 시간과 모든 기능이 작동하도록 만드는 데 걸리는 시간이 동일하다면 말할 것도 없이 그냥 바로 만들고 제작과정에서 테스트하는 편이 훨씬 낫다.

셋째, 얼마나 자주 제품을 변경하는가? 린 방식을 제대로 도입하고 있다면 아마도 지속적으로 제품을 배포하고 있을 것이고, 다음 버전까지 몇 주씩 기다리기보다는 즉시 고쳐서 내놓을 것이다. 하지만 그때그때 간단히 고칠 수 없는 패키지 제품이나 무겁게 돌아가는 소프트웨어를 개발한다면 인터랙티브 프로토타입은 출시 전 가능한 많은 문제를 찾아낼 수 있는 아주 중요한 도구가 된다.

인터랙티브 프로토타입 제작 전에 자문해볼 마지막 질문은 디자이너나 제품 관리자로서 "디자인 관련 중요한 문제를 파악하는 데 프로토타입이 도움이 되는가?"이다. 생각보다 "그렇다"라는 대답이 자주 돌아올 것이다.

당연한 얘기지만 인터랙션이 있는 프로토타입을 디자인한다면 그건 작동 가능하다는 뜻이다. 대부분의 디자이너는 포토샵이나 일러스트레이터 같은 툴로 화면을 디자인한다. 마치 그 디자인이 최종 제품인 것처럼 말이다. 하지만 화면은 최종 제품이 아니다. 화면은 사용자들이 제품에서 마주하는 특정한 상태에서의 스냅샷이다.

예를 들어, 결제 단계 중 하나의 화면이 여러 가지 상태를 가질 수 있다. 다양한 유형의 에러가 있다거나, 사용자가 결제 단계를 벗어나거나 되돌아갈 수도 있으며, 혹은 결제를 포기하거나, 약관을 더 보기 위해 링크를 누를 수도 있다. 인터랙티브 프로토타입을 만들려면 디자이너는 화면에서 일어나는 모든 인터랙션과 다양한 입력 값에 따른 여러 가지 상태를 고려할 수밖에 없다.

이런 관점에서 "인터랙디브 프로토타입을 어떻게 만들어야 하나?"와 같은 중요한 의문이 생긴다. 다른 디자이너들과 달리 나는 HTML, 자바스크립트, CSS로 인터랙티브 프로토타입을 만든다. 프로토타입을 만들 수 있을 정도로 프로그래밍을 충분히 안다는 건 디자인하는 데 많은 유연성을 갖는 다는 의미다. 프로토타이핑 툴의 한계에서 오는 제약이 사라지는 것이다.

하지만 액슈어나 플래시와 같은 다른 툴로도 잘 동작하는 인터랙티브 프로토타입을 만들 수 있다면 당연히 그걸 쓰면 된다.

생략해도 되는 경우

아주 간단하고 금방 만들 수 있고 인터랙션이 많지 않은 디자인이라면 물론 인터랙티브 프로토타입을 만들지 않아도 된다. 실행 버튼 하나만 있는 랜딩페이지나 문구 변경, 인터랙션이 거의 없는 자잘한 신규 기능일 때 나는 프로토타입을 생략한다.

인터랙티브 프로토타입을 제작할지 결정하는 것은 본질적으로 ROI에 관한 질문이다. 개발자가 프로토타입 제작보다 짧은 시간 내에 기능을 만들고 테스트할 수 있다면 프로토타입을 만드느라 고생할 필요는 없다. 하지만 사용성을 제대로 파악하지 않고 주요 기능을 변경해 출시함으로써 중요한 시간과 수익 혹은 고객까지 잃을 가능성이 있다면 인터랙티브 프로토타입을 만들어 테스트해봄으로써 그런 위험에서 벗어날 수 있다.

도구 9: 테스트하고 반복개선하기

이제 마지막이다. 거의 다 했다! 물론, 테스트한 다음 처음으로 돌아가 모든 걸 다시 반복하는 건 제외하고 말이다.

첫 번째 디자인이 너무나 완벽해서 아무것도 고칠 필요가 없다고 생각한다면 망상에 빠졌거나 천재 디자이너, 둘 중에 하나다. 아니, 전자가 맞겠다. 완전히 망상에 빠진 거다.

린과 다른 방법론과의 가장 주요한 차이는 바로 반복적인 개선에 대한 중요성이다. 만약 처음 디자인이 너무나 완벽했다면 초반에 너무 많은 시간을 들이고 있다는 얘기다.

제품을 만들고 프로토타이핑하면서 사용자가 무엇을 좋아하고 무엇을 싫어하는지, 또 끔찍할 정도로 혼란스러운 건 무엇인지 가능한 빨리 찾아야 한다. 그 다음 문제를 수정하고 사람들이 좋아할 만한 걸 추가해야 한다. 그리고는 사람들이 관심을 가질만한 기능을 찾을 때까지 이걸 지속해야 한다.

계속해서 반복하기에 도구 아홉 개는 많아 보일 수 있지만, 처음부터 모든 걸 완벽하게 할 필요가 없다는 걸 깨닫고 나면 이 단계들이 아주 빨리 지나간다는 것도 알게 된다.

생략해도 되는 경우

설마 이걸 생략할 수 있다고 생각하진 않을 거라 믿는다. 부끄러운 질문이다. 테스트와 반복적인 개선은 절대 생략할 수 있는 일이 아니다. 이건 핵심이다.

알아두면 좋은 것: 사용자가 정말 원하는 걸 제공하라

과거엔 스타트업에 가서 사용자 조사와 디자인 방법을 알려주려고 했다. 사용자 조사는 특히 처음 해보는 사람들에게 어렵게 느껴지기 때문에 매번 거의 같은 말을 계속 반복해야 한다는 걸 알았다.

가장 극복하기 어려운 문제이자 공통적인 문제는 내재된 문제를 파악하지 않고 사용자가 얘기하는 솔루션을 수용하려는 경향이다.

다시 말해, 사용자가 "난 X 기능을 원해요"라고 하면 왜 그 기능을 원하는지 알아보지도 않고 "사용자가 X 기능을 원함"이라 적고 넘어간다.

이건 초보자가 리서치할 때 생기는 어마어마한 문제다. 리서치를 할 때 사용자가 제품을 디자인하게 만드는 건 좋은 방법이 아니다. 일반적으로 사용자들은 디자인에 전혀 능숙하기 않기 때문이다.

사례 하나!

꽤 값비싼 제품과 서비스를 제공하는 회사에서 하는 사용자 조사를 진행했을 때의 이야기다. 사용자는 회사의 웹사이트에 방문해 어떤 제품과 서비스가 자신에게 맞는지 가늠하기 위한 정보를 찾는다. 대개 사용자들은 제품과 서비스를 골라 패키지로 구매한다.

사용자 조사에서 여러 명의 사용자가 실제 사례가 더 있으면 좋겠다고 이야기했다. 실제 사례가 정말 도움이 될 것이라고 말이다.

만약 당신이 사용자 조사를 진행하는데 고객이 실제 사례를 보여달라 말한다면 아주 좋은 아이디어라는 생각이 들 수 있다.

하지만 안타깝게도 사용자는 그저 솔루션을 제시한 것이지 문제를 얘기한 게 아니다. 이 지점이 중요한 이유는 기저에 있는 진짜 문제가 무엇인지에 따라 더 나은 솔루션이 있을 수 있기 때문이다.

사용자가 실제 사례를 원한다고 말했을 때 "왜 실제 사례를 보고 싶어 하나요?"라는 질문을 했더니 세 가지 다른 답이 나왔다. 흥미롭게도 실제 사례를 원했던 사용자들은 각자 완전히 다른 문제를 해결하고자 했다. 그렇다면 세 가지 문제 모두를 해결하기 위해 실제 사례가 최선일까?

좀 더 분석해보니 이런 답을 얻을 수 있었다.

> "제가 사용하는 것과 비슷한 종류의 다른 회사 상품을 알 수 있다면 제품을 고를 때 좋은 정보가 될 거에요."

첫 번째 사용자의 '문제'는 자신의 회사에 맞는 최적의 제품군을 어떻게 골라야 할지 모르겠다는 것이다. 이건 선택의 문제다. 새로운 홈시어터 시스템을 마련할 때 잘 알지도 못하는 아주 비싼 제품들을 조합하려고 서로 연관성이 많은 결정을 내려야 하는 상황과 유사하다.

실제 사례는 이 경우 확실히 도움이 될 수 있겠으나 추천 시스템이나 미리 잘 조합된 패키지 제품을 제공하는 것이 이런 선택의 문제를 해결하는 데 더 효과적일 수 있다.

두 가지 안 모두 사용자가 자신에게 맞는 선택을 하는 데 있어 신속한 도움을 줄 수 있다. 도움이 될지 안될지도 모르는 다른 사람들의 긴 이야기보다는 말이다.

> "다른 회사들이 당신네 제품을 구매했을 때 어떤 이익을 얻었는지 알 수 있다면 구매하는 데 도움이 될 것 같아요."

두 번째 사용자의 '문제'는 비용 대비 뛰어난 가치를 얻을 수 있을지 확인하고 싶다는 것이다. 이건 효용의 문제다. 마치 더 비싼 오디오 장비를 구입할 가치가 있는지 파악하려는 것과 같다. 가지고 있는 돈으로 살 수 있는 제품을 알아내고 비용 대비 이익을 알아보려는 것이다.

이 경우 각 제품의 장점이 무엇인지 가격표로 보여줌으로써 문제를 해결할 수 있다. 다른 방법으로는 제품 설명 화면에 실제 사례 중 관련 있는 부분을 표시하면 더 빠르고 효과적일 수 있다. 예를 들면, "이 제품을 설치한 고객은 6개월 간 평균 35%의 수익 증가를 보았다"와 같은 사례 말이다.

실제 사례 중 중요한 부분을 요약해 보여줌으로써 통계나 수치 정보를 더 눈에 띄고 적절한 위치에 배치할 수 있는 여유도 생긴다. 이는 실제 수치가 가지는 영향력을 높이는 동시에 사람들에게 노출될 가능성 또한 높이는 기회가 된다.

> "평판이 좋은 회사인지 확인하기 위해 어떤 기업들이 사용하고 있는지 확인하고 싶다."

세 번째 사용자의 '문제'는 제품 판매사에 대해 들어본 적이 없다는 것이다. 모든 제품이 고가이기 때문에 익히 알고 있는 기업이 고객으로 있는지 확인하고 싶어했다. 이건 검증의 문제다. 집을 고치려고 친구에게 추천을 받는 것과 유사하다.

세 번째 문제는 고객들의 짧은 사용담을 모아 보여주면 금방 해결될 수 있다. 대규모 실제 사례 연구로 고군분투하는 것보다 고객 리스트에 구글 로고를 올리는 게 훨씬 효과적일 것이다.

왜 중요할까

놀랄 얘기는 아닐 텐데 사용자들은 자신에게 꼭 필요한 것보다는 친숙한 걸 요구한다. 이전에 실제 사례 같은 걸 본 사용자라면 그때 사신이 얻었던 가치를 생각하고 같은 걸 요청한다. 실제 사례에서 자신과 가장 관련 있는 부분만 굳이 요구하려 들지는 않을 것이다.

여기서 문제는 실제 사례가 좋다고 느끼는 사람들조차 글이 너무 길어 읽지 않거나 자신에게 적합한 사례가 아니라고 생각한다는 점이다.

분명 실제 사례 말고도 적합한 예는 많이 있다. 최근 아주 유사한 사례로 소셜 쇼핑몰에서 구매자와 판매자 모두 '평판 시스템'을 요청했는데, 실은 사기를 당하지 않으려는 일종의 안전장치 같은 걸 필요로 한 것이다. 이런 비슷한 사례는 수십 가지도 넘을 것이다.

누군가 기능을 요청하면 왜 그 기능이 필요한지 물어봐야 한다. 꼭 기억해야 한다. 이미 그 답을 알고 있다 해도 꼭 물어보자.

일단 진짜 문제가 무엇인지 알면 가장 효율적이고 효과적인 방법으로 문제를 해결할 수 있다. 사용자가 그냥 이야기하다 떠오른 방법 대신 말이다.

사용자가 요청하는 기능을 만드는 대신, 그들의 진짜 문제를 해결 할 수 있는 걸 만들어야 한다. 한 마디 더 덧붙이자면 사용자가 요청하는 것보다 더 작고 쉬운 기능을 만들어야 한다.

당장 시작하기!

- **스토리를 써라!**: 현재 기능을 완전한 사용자 스토리 세트로 쪼개보기
- **스케치해라!**: 사용자 스토리를 갖고 화면이 어떻게 보일지 세 가지 간단한 스케치하기. 이게 잘 되면 그 다음에는 모든 기능화면 스케치하기
- **사용자가 진짜 원하는 걸 알아내라!**: 사용자들이 공통적으로 요청하는 기능을 살펴보고 그들이 해결하려는 문제가 뭔지 파악하기

CHAPTER 6

적당한 수준의 디자인

> **6장에서 다룰 내용**
> - 더 빨리 제대로 된 걸 디자인하기 위한 몇 가지 중요한 팁
> - 구현해야 할 기능인지 결정하는 데 도움이 되는 툴
> - 있으면 좋은 기능과 꼭 필요한 기능 구별법

애석하지만 여기서도 훌륭한 디자이너가 되는 방법을 알려주지는 않는다. 대신 그만큼 중요한 걸 말해주겠다. 바로 디자인하지 말아야 할 때가 언제인지이다. 앞 장에서 디자인에 필요한 기본에 대해 이야기했다면 이번 장에서는 디자인 작업에 뛰어들면 안 되는 시기에 대해 알아보려 한다.

어떻게 디자인할지 아는 것도 중요하지만, 디자인하지 말아야 할 때를 아는 것 역시 중요하다. 추가 작업을 피하는 건 게으른 게 아니라 현명하다는 점을 미리 말해두겠다. 현명하게 시간을 확보해두면 더 중요한 걸 멋지게 디자인하는 데 공들일 수 있다.

알다시피 린 방법론의 미학은 절대 구현되지 않거나 구현해도 사용되지 않을 걸 디자인하고 속도마저 더디게 만들던 몸에 밴 오래된 습관을 떨쳐버리는 데 있다.

린 UX는 넘치지도 부족하지도 않은 딱 적당한 수준으로 디자인하는 것이다. 여기서 '적당한 수준'이라는 단어가 꽤 중요하단 걸 주목했으면 한다. 적당한 수준의 디자인이 형편없거나 사용하기 어려운 디자인을 이야기하는 건 아니다. 적당한 수준의 디자인은, 확인하려는 걸 얻는 데 필요한 만큼만 디자인하는 거다.

멋진 디자인보다 필요한 디자인

디자이너는 당연히 디자인을 한다. 하지만 과한 디자인은 문제가 된다. 작은 디테일과 시각적인 부분에 빠져 문제해결과 직접적으로 관련이 없는 다른 부분에 시간을 허비할 수도 있다.

변경한 디자인이 실질적인 비즈니스 지표로 측정할 수 있는 차이를 만드는지 확인할 방법이 필요하다는 얘기는 이미 했다. 이제 비즈니스 지표에서 측정 가능한 차이를 이끌만한 디자인 변경만 하는 것에 대해 구체적으로 알아보려 한다.

두 가지는 엄연히 다르다.

숙련된 디자이너이든, 사용자 앞에 내놓기 적당한 디자인이 무엇인지 알 필요가 있는 사람이든, 아름답거나 멋진 혹은 흥미를 끄는 방법과 디자인을 같게 보는 시각은 버려야 한다. 적당한 디자인의 목표는 쉽고 분명하고 유용하게 만드는 거다.

이를 위해 가설의 검증이나 핵심 지표에 영향을 주지 못하는 모든 요소는 제거해야 한다.

받아들이기 힘든 개념이란 걸 안다. 그래서 여기 좋은 예와 나쁜 예를 준비했다. 최근 아마존에서 물건을 사본 적이 있는가? 대부분 경험이 있을 것이다.

모든 정보가 제품 페이지에 있다는 걸 알고 있었는가? 추천과 리뷰, 구매할 수 있는 다른 곳, 상세설명, 평점 등등 수많은 정보가 있다. 게다가 우리가 알고 있는 사실상 모든 제품을 판다.

그림 6-1 얼마나 찾아 헤매었던가!

아마존이 사이트를 제작하는 방식 때문에 나는 앞서 나열한 제품 페이지에 담긴 정보가 판매에 확실히 도움이 된다고 생각한다. 동시에 인터넷 초창기, 즉 아마존이 책을 팔던 시절엔 그런 정보가 없었다는 것도 기억하고 있다.

이게 핵심이다. 아마존이 제품 페이지에 담긴 각각의 요소를 생각해내고 디자인하고 테스트하는 데는 아주 오랜 시간이 걸렸다. 만약 한 번에 이 모든 요소를 넣기로 결정했다면 당신은 엄청난 재산이 있어야 될 거다. 그걸 다 만드는 데 상당한 시간이 걸릴 테니 말이다.

어떻게 해야하나

뭔가를 판매한다 생각해보자. 그 제품을 정말 팔 수 있는지 어떻게 검증할 수 있을까?

이런 게 필요하다.

- 제품을 구매하려는 이유
- 구매의향이 있는 사람을 알아내는 방법
- 실제로 얼마나 많은 사람이 구매할지 확인해볼 수 있는 충분한 수의 사용자

구매 후 상품평을 할 수 있다면 좋을까? 물론이다! 구매할 생각이 없던 사람들이 상품평 때문에 제품을 사게 될까? 그럴 것 같지 않다. 상품에 평점을 주는 건 어떤가? 구매자 수치에 두드러진 영향을 미칠까? 답하기 어렵다. 아니면 사람들에게 더 많은 상품을 보여주면 어떨까? 그건 구입하는 상품 수를 늘릴 수도 있겠다.

이 중에서 반드시 테스트를 통해 사람들이 상품을 구매하는지 확인해야 할 게 있는가? 그렇지 않다.

알다시피 꼭 필요한 것부터 먼저 디자인하고 제작해야 한다. 이 경우 사고 싶어 할만한 물건을 보여주고 구입 방법을 제공하는 거다. 다른 요소가 있으면 좋을 수도 있지만, 가정을 검증하기 위해 절대적으로 꼭 필요한 것은 아니다.

오히려 필요한 기능을 출시하고 구매자를 확보하는 데 방해가 되기도 한다.

상품 구매가 가능한 제품 페이지처럼 새로운 기능을 디자인할 때 가장 필수적인 부분만 남기고 모두 제거하려고 노력해보자. 웹사이트의 콘셉트가 사람들 간의 상품 추천에 기반을 두고 있다면 상품평은 반드시 필요하다. 또는 전문가 평점이 구매 의향을 높여준다면 평점은 중요한 요소가 될 수 있다.

어떤 걸 발굴해서 디자인하고 만들든 반드시 필요한 것부터 해야 한다. 다른 건 필요 없다. 한 번에 많은 것을 디자인했다가 실패하게 되면 좋은 기능까지 실패의 원인으로 지목될 수 있고 다시 그 기능을 적용하기도 힘들어진다.

사례 소개

전에 상당히 성공한 제품을 출시한 회사 사람들을 만난 적이 있다. 그들은 제품에 새로운 기능을 추가하려 했다. 우린 새로운 기능이 어떻게 동작하고, 사용자에게 무엇을 제공하며, 사용자는 그 기능을 어떻게 사용하는지 등 새로운 기능을 둘러싼 흥미진진한 이야기를 나누는 데 아주 긴 시간을 보내고 있었다.

그러다 핵심 질문에 다다랐다. 사용자가 어떻게 그 기능에 접근할까?

그들은 새로운 기능이 메인 내비게이션에 포함될 만큼 중요하다고 판단했지만, 아쉽게도 새 기능이 들어갈 만한 자리가 없었다.

그들은 메인 내비게이션 전체를 다시 디자인해야 한다고 판단했다. 물론 이번 기회에 그간 미뤄둔 자잘한 수정사항도 함께 반영하기로 했다. 게다가 내비게이션 비주얼 디자인도 모두 바꿔야 했다. 물론 내비게이션 전체가 새로운 디자인으로 바뀌면 나머지 화면 역시 변경될 디자인에 맞춰 새로운 모습으로 바꿔야 한다고 여겼다.

마침내 새 기능을 출시했을 때 정작 사용자들은 아무 관심도 주지 않았다. 새 기능은 어떤 지표에도 영향을 끼치지 못했고, 결국 회사는 그 기능을 통째로 뜯어내야만 했다.

무엇이 잘못되었나

그들은 좀 다른 걸 해야 했다. 생각보다 손실도 크고 사기도 꺾이는 일이었던 이런 경험은 딱 한 번뿐이었다 얘기하고 싶지만, 실상은 그렇지 않다.

이 회사에서 실패한 가장 결정적인 이유는 새롭게 추가될 기능을 검증하지 않고 전체 사이트를 변경한 점이다.

검증을 하고자 했다면 여러 방법으로 할 수 있었을 거다. 다음과 같은 방법이다.

- 기능 구현 전 새 기능이 실제 고객의 문제를 해결하는지 더 많은 고객에게 검증 받을 수 있었다.
- 기능을 추가해서 일부 사용자에게 직접 홍보하고 사용하게 한 다음 피드백을 받을 수 있었다.
- 메인 내비게이션은 아니지만, 사용자가 접근할 수 있는 곳에 기능을 배치한 다음, 테스트할 수 있었다.
- 기존 메인 내비게이션을 되돌리기 쉽게 약간 변경한 후 기능을 추가하고 성공적이라 판단될 때 전체 내비게이션을 개선할 수 있었다.
- 기능 토막 Feature Stub[1] 을 사용할 수 있었다. 익숙하지 않아서 놀랐을 텐데 내가 붙인 이름이다. 이제 소개하겠다.

기능 토막 제작

좀전의 사례는 정말 기운 빠지는 얘기였다. 이제 적당한 디자인의 좋은 사례를 살펴보자. 이번 방법은 아마 린 UX에서 활용되는 도구 중 가장 보편적으로 사용하는 요령일 것이다. 이게 정말 멋진 이유는 아무것도 만들지 않고도 기능을 테스트해볼 수 있다는 점이다. 어떤 방법이 이보다 더 빠를 수 있겠는가?

나는 특정 아이템이나 패키지 또는 기능을 팔려는 회사를 컨설팅한 적이 많은데, 그중 무료로 제품을 출시하고 특정 기능에 과금하려던 회사를 예로 들어보겠다.

---

[1] 역자주_ 스터브(Stub)는 나중에 적재되거나 원격지에 위치해 있는 큰 프로그램을 대리하기 위한 작은 프로그램 루틴이다. http://terms.co.kr/stub.htm 여기서 기능 토막Feature Stub 은 가장 일을 적게 만드는 작은 단위의 기능을 의미한다.

함께 얘기를 나누기 시작하자, 그들은 시간당 비용을 부과할지 정액제로 할지, 체험판을 사용하게 할지, 또 어떤 지불수단을 받을지 등 이야기를 쏟아내기 시작했다. 그리고는 사용자들이 간편하게 제품의 유료 기능을 구입할 수 있는 구매 플로우를 설계해달라고 내게 요청했다.

나는 멈칫하고는 당연하면서도 중요한 질문을 던졌다. "사용자가 그 기능을 구매한다는 증거가 있나요?"

내가 질문한 이유는 그들이 시도하려는 모든 의문을 해결하기도 디자인하기도 만들기도 어려웠기 때문이다. 인터넷 상에서 정말 많은 구매와 판매가 일어나고 있지만 아무리 뛰어난 결제 플로우도 아직은 복잡하다. 또한 구매 시스템 통합은 개발자 분노 증후군(이 또한 내가 명명했다)을 유발한다. 이건 사실이다.

첫 단계는 사용자가 그 회사의 무료 제품 어떤 것에든 비용을 지불할 의향이 있는지 검증하는 것이었다. 이 가정을 테스트하는 데 필요한 디자인은 이런 것이다. 업그레이드 시 제공되는 기능과 업그레이드 비용, 업그레이드라 적힌 버튼이 담긴 페이지다.

더불어 버튼을 누르는 사람 수를 계산할 수 있는 백엔드 로직이 있어야 하고 비용과 혜택에 대한 설명이 구매에 얼마나 영향을 주는지 확인할 수 있는 A/B 테스트 방법도 있어야 한다. 이 방법은 전체 구매 시스템이나 플로우 변경보다 훨씬 쉽게 할 수 있다. 아울러 이런 종류의 A/B 테스트를 수행할 능력은 반드시 보유해야 한다.

도대체 디자인과 무슨 상관인가?

그렇다. 사실 뛰어난 디자인과 별 상관없어 보일 수도 있다. 오히려 디자인을 기피하는 것에 가깝다. 하지만 중요한 것에 시간을 쏟고 되지도 않을 것에 시간을 낭비하지 않는 것이 좋은 디자인의 성공요소이다.

괜찮다면 실험 디자인이라 생각하자. 디자이너의 업무는 가설을 검증하거나 무효화하기 위해 가능한 최선의 실험을 디자인하는 것이다.

사람들이 새로운 기능에 열광할 거라든가 특정 부분에 대해 비용을 지불할 거라는 가설이 있을 수 있다. 가설이 무엇이든, 그것이 사실인지 알아내기 위해 사람 손으로 할 수 있는 가장 적은 일을 해야 한다. 우리가 판매하는 뭔가를 사람들이 절실히 원한다는 게 밝혀지면 그때부터 엄청나게 많은 일을 해야 하기 때문이다.

오즈의 마법사 기능 만들기

예전에 푸드온더테이블Food on the Table이라는 회사의 컨설팅을 한 적이 있다. 지금 이 회사는 사람들이 자기 동네 식료품점에서 파는 모든 식재료로 식단 계획을 하게 도와주는 서비스를 제공한다. 이 글을 쓰고 있는 지금, 푸드온더테이블은 미국 전역에서 수천 개에 이르는 식료품점의 일일 판매 정보를 보유하고 있다.

정말 멋진 아이디어지만, 구현하기에는 아주 까다롭다. 궁극적으로 모든 식료품점의 판매 정보를 수집해야 사용자에게 제공할 수 있기 때문이다. 게다가 사람들이 어디서 장을 보고 어떤 음식을 좋아하는지 파악할 수 있는 간단한 진입 단계도 있어야 한다.

그들이 처음부터 이 모든 기능을 구현한 건 아니었다. 처음에는 사람들이 어떻게 장을 보는지 알아보고 자신들이 만들려는 제품에 관심을 가질지 확인하기로 했다.

모든 기능을 디자인하고 개발해서 사람들이 쓸 수 있도록 만드는 대신 잠재 고객 몇 명을 모집해서 수작업으로 일을 처리했다. 그렇다. 판매 정보를 모으고 인터페이스를 만드는 데 처음 몇 주를 소비하는 대신에 근처 식료품점으로 가서 판매 흐름을 파악하고 몇몇 잠재 고객들이 식단을 짜는 일을 도왔다. 디자인이나 개발은 어디에도 없었다.

그리고는 사람들이 이 아이디어에 반응을 보이자 그제서야 좀 더 진행해보기로 결정하고 디자인과 구현을 시작했다. 만약 사람들이 식단을 짜는 일을 돕는 것조차도 싫어했다면 제품 나머지 부분을 만들 수 있었을까? 아마 없었을 거다.

이런 방법을 오즈의 마법사 기능 혹은 가끔 컨시어지 서비스라 하는데 현재 많은 회사에서 반복해서 사용하는 방법이다. 지금부터 그럴 듯한 오즈의 마법사 기능 사례를 몇 가지 소개해보겠다.

- 직접 코드를 짜는 대신 크라우드소싱이나 메커니컬 터크[2] 같은 서비스로 데이터 수집하기
- 배송 센터 대신 직접 상품을 포장하고 발송하기
- 유효한 주문인지 확인하기 위해 이상 거래 감지 시스템을 구축하는 대신 직접 주문을 확인하고 승인하기. 다시 말하지만, 이건 되도록이면 전부를 디자인하지 않기 위한 방법이다. 버려지는 디자인을 줄이는 건 전 세계에서 시간을 절약하는 가장 좋은 방법 중 하나이다.

중요한 문제만 해결하라

먼저 푸드온더테이블에서 지표에 상당히 큰 영향을 미쳤던 아주 작은 버그 하나에 대해 얘기해주겠다.

이미 언급한 것처럼 푸드온더테이블은 동네 식료품점에서 판매하는 식재료를 기초로 사용자가 식단을 짤 수 있게 돕는 서비스이다. 거기에는 사용자가 자신의 식단에 요리를 추가할 수 있는 실행 버튼이 있었다.

내부에서 그 실행 버튼을 테스트했을 때는 완벽하게 작동했다. 사용자가 버튼을 누르면 요리가 추가됐다. 매번 잘 돌아갔다.

문제는 인터넷 속도가 느리거나 성능이 낮은 컴퓨터를 쓰는 사용자가 버튼을 누를 때 발생했다. 그런 환경에서 사용자가 버튼을 누르면 몇 초간 지연되는 일이 자주 발생했다. 즉, 사용자가 버튼을 눌러도 아무런 반응이 일어나지 않는 것이다. 그럴 때 사용자는 뭔가 나타나길 바라며 버튼을 계속 누르게 된다. 화면에서 클릭했던 정보는 분명히 사용자 의도와 달리 식단에 요리가 여러 번 추가되었다.

우리는 관찰 기반의 테스트로 이 버그를 금방 발견했다. 이건 핵심 지표에 부정적인

---

[2] 역자주_ Mechanical Turk. 아마존 웹서비스로 컴퓨터가 처리할 수 없는 일을 사람들에게 제공해서 데이터를 수집하는 서비스. 크라우드 소싱 기반으로 데이터를 수집할 수 있는 온라인 노동시장이라 할 수 있다. https://www.mturk.com/mturk/welcome

영향을 줄 정도로 많은 사람에게서 발생했고, 특히 신규 가입자들에게 부정적인 영향을 미쳤다.

우리는 버그를 해결할 방법을 찾아야 했고 이때 바로 '최소한의 디자인'이란 콘셉트가 나왔다.

짐작하듯이 이 문제를 해결할 방법은 수없이 많다. 기술적인 면에서 버튼을 눌렀을 때 생기는 지연을 줄여 버튼 클릭이 좀 더 빨리 기록되게 만들자고 얘기할 것이다. 코드를 짜본 경험이 있는 사람이라면 이게 매우 어려운 문제가 되리란 것도 알 것이다.

또는 사용자가 버튼을 누른 뒤 서버로부터 수신을 받기 전에 인터페이스에 반영시킬 수 있다. 물론 이 방식은 데이터베이스와 동기화되지 않은 정보를 보여줄 수 있는 위험이 따른다.

대여섯 가지 다른 해결방법을 더 이야기할 수도 있지만, 우리가 생각한 가장 간단한 방법은 서버와의 통신이 완료될 때까지 버튼을 비활성화시키고 그 위에 진행 중이라는 상태를 알려주는 인디케이터indicator를 보여주는 것이었다. 기다리는 시간은 불과 몇 초밖에 걸리지 않았기 때문에 사람들은 자신의 선택이 저장되기까지 기다리는 것에 대해 전혀 불만이 없었다.

내가 굳이 이 이야기를 들려주는 이유는 이런 해결방법이 작동하는 여러 가지 이유를 깨닫는 것이 중요하기 때문이다. 예를 들어, 사용자가 식단에 한 번에 추가하는 요리는 3~5개이다. 추가할 때마다 몇 초를 기다린다고 전체 시간에 큰 영향을 주지는 않는다. 만약 이 기능이 수백 번 반복되는 일이라면 3초 간의 기다림이 큰 문제가 될 수도 있다.

바로 이 점을 기억해야 한다. 제품이 계속해서 잘 작동한다면 전체를 크게 변경하기보다는 이렇게 작게 반복해서 변경하는 쪽이 훨씬 많을 거다. 따라서 현재 상황에서 가능한 최소한의 변경으로 해결할 수 있는 프로세스를 마련하는 게 중요하다.

당장 할 수 있는 방법

고칠 버그를 찾아라. 오타 수정 같은 건 빼고 말이다. 지표에 영향을 주지만 확실한 해결책이 없는 문제를 찾는다. '파일 공유 방법을 모두 알지 못함'과 같은 UX 관련 버그나, '프로필 사진 업로드에 5분씩 걸림'과 같은 기술적인 버그가 있을 수 있다.

버그를 찾았다면 첫 단계는 해결할 가치가 있는 버그인지 판단하는 것이다.

이를 위해, 다음과 같은 질문에 답해보자.

- 누구에게 영향을 미치는가?
- 얼마나 자주 영향을 미치는가?
- 잠재적으로 어떤 핵심 지표가 영향을 받는가?

만약 핵심 사용자에게 상당 시간 영향을 미치고 핵심 지표에 부정적인 영향을 끼친다면 그건 분명히 고쳐야 하는 문제다. 그리고 세 가지 질문 중 두 가지에 해당되는 경우 역시 고쳐야 한다. 여기서 핵심은 모든 버그를 다 고칠 필요는 없다는 점이지만, 심각한 버그가 너무 많으면 매우 부정적인 경험이 사용자에게 형성될 수 있다.

두 번째 단계는 버그가 사용자에게 미치는 핵심 문제를 찾는 것이다. 단순히 '사용자의 예상대로 작동하지 않음' 정도는 꼭 이슈라 할 수 없다. 사람들이 제품을 제대로 사용하는 데 방해가 될 수 있는 정도다.

물론 문제를 제대로 이해하는 최고의 방법은 사용자들의 행동을 직접 보는 것이다. 실제 사용자 몇몇에게 컴퓨터나 장비에서 발생하는 문제를 보여달라고 요청한다. 버그가 뭔지, 무슨 일을 할 때 발생하는지, 어떤 액션을 방해하는지 파악하도록 한다.

요령 있게 디자인해야 할 부분인데, 이제는 버그가 유발하는 실제 문제를 해결해야 한다. 몇 가지 다른 솔루션을 생각해내고, 반드시 다음 두 가지 규칙을 충족하는 솔루션을 선정한다.

1 사용자가 겪는 문제를 해결해야 한다.
2 시간을 가장 적게 들이는 최선의 솔루션이어야 한다.

이 글을 읽는 누군가 이렇게 이야기할 거다. "지금 시간이 적게 드는 방법이 나중에 더 많은 시간을 들일 수도 있다!" 그건 사실일 수도 있지만 중요하지 않다. 아직 생기지도 않은 문제를 해결하려 노력할 필요는 없다. 지금 이 문제를 해결하는 데 많은 시간을 쓰다가는 다음 문제를 해결할 때까지 회사가 살아남지 못할 수도 있다.

그것이 앞의 사례에서 비용을 투자해 서버 속도를 향상시키는 대신 버튼이 눌러졌다고 표시하는 간단한 해결책을 선택한 이유이다.

우리는 더 어려운 일을 할 필요가 없기 때문에 하지 않았다. 버튼을 눌렀을 때, 작동되고 있는지 몰라 여러 번 누르는 사용자의 주요 문제는 버튼이 작동한다는 걸 알려주는 방식으로 간단히 해결할 수 있었다.

버그를 수정하는 간단한 일에 비해 그 과정이 길어 보일 수도 있다. 물론 오타 수정에 이런 방법을 사용하자는 것도 아니다. 다만, 버그를 고치는 여러 가지 접근 방법이 있다면 어떤 솔루션은 다른 것에 비해 빨리 진행해볼 수 있고, 더 빠른 방법을 찾는 데 시간을 적게 쓴다면 결국 시간을 절약할 수 있다.

눈치챘을 텐데 버그 수정에 거창한 프로토타이핑과 사용자 테스트를 하라는 얘기는 하지 않았다. 반드시 고쳐야 하는 수많은 종류의 디자인 수정사항이 있다. 이미 사용자 문제를 충분히 잘 파악하고 있다면 이런 종류의 UI 버그 수정에 프로토타이핑이나 사용성 평가가 필요하지는 않다.

알아두면 좋은 것: 컵받침 고민은 이제 그만

여러 스타트업을 만났지만 스타트업은 늘 리소스가 매우 부족하다. 개발자, 자금, 마케팅... 무엇을 말하든 스타트업의 리소스는 충분하지 않다.

리소스가 충분하지 않을 때 우선순위 결정은 훨씬 중요해진다. 가지고 있는 엄청난 아이디어 하나하나를 모두 시도해볼만큼 여유롭지 않다는 얘기다. 할 수 없이 선택을 해야 하고 현명한 선택에 회사의 운명이 달려있다.

많은 스타트업이 잘못된 걸 두고 열심히 일하는 이유는 뭘까?

여기서 '잘못된 것'이란 핵심 지표에 영향을 미치지 않는 일을 말한다. 다시 말해, 프로젝트가 신규 가입자 전환이나 수익 증가 혹은 사용자 유지retention를 이끌어내지 못한다는 의미이다. 이런 핵심 지표를 견인할 정말 중요한 기능을 자주 놓친다는 건 새로 사업을 시작하는 스타트업에 특히 문제이다.

마치 그들은 브레이크 없는 자동차를 만들면서 이 차에 들어갈 완벽한 컵받침을 더 고민하는 모양새다. 과연 자동차에 브레이크와 컵받침 중에 무엇이 중요할까?

제품 기능을 정하는 과정에서 어느 기능이 브레이크인지 또는 컵받침인지 구분하기가 진짜 쉽지 않을 수 있다.

두 가지 간단한 질문에 꼭 대답해본다.

- 이 기능이 어떤 문제를 해결하는가?
- 해결해야 할 다른 문제와 비교했을 때 이 문제의 중요도는 어느 정도인가?

지금까지 빈번히 시도해봤으나 별 성과는 없었던 일을 찾아보면 이 질문에 정확히 답하는 데 도움이 된다. 그래서 컵받침 프로젝트가 어떤 모습으로 나타나는지 궁금한가? 대개 이런 식이다.

비주얼 디자인

비주얼 디자인이 얼마나 중요한지는 말할 필요도 없다. 그런데 그중 열에 아홉은 사실 컵받침이라 보면 된다. 색상, 폰트, 레이아웃이 분명 전환율 등에 영향을 미치지만 전환율 최적화 쪽이지 전환율을 이끌어내는 쪽은 아니다.

예를 들어볼까? 사용자가 웹사이트에서 물건을 구입할 수 있는 기능이 구매 버튼의 색상보다 수익에 훨씬 결정적인 영향을 미친다. 좀 극단적인 예가 될 수 있지만, 많은 회사가 정말 중요한 기능보다 비주얼 디자인으로 논쟁을 벌이느라 시간을 많이 쓰고 결국 기능 출시가 지연된다.

계속해서 사이트를 보기 좋게 만들어보자. 비주얼 디자인 개선으로 일부 핵심 지표에 영향을 줄 수도 있다. 하지만 가장 알맞은 버튼 색상을 찾기 위해 기능 출시를 미루고 있다면 그때마다 자문해보라. '난 지금 컵받침을 다시 디자인하고 있는 건가, 엔진 성능을 향상시키고 있는 건가?'

사용자 유지를 위한 기능

사용자 유지는 아주 아주 중요한 지표다. 한번 사용자로 끌어들였다면 그 사용자를 유지시키기 위해 많은 고민을 해야 한다.

정말 많은 사람이 실제 사용자를 확보하기 훨씬 전부터 뛰어난 사용자 유지 기능을 염려하기 시작한다. 100% 사용자 유지는 대단한 일이지만, 점유율과 활동성 지표가 매우 낮다면 사업이 망할 때까지 아주 만족한 한 명의 사용자를 유지하고 있다는 걸 알게 될 거다.

슈퍼 사용자를 위한 보상 프로그램을 만드느라 많은 시간을 쓰기 전에 그걸 할 준비가 되었는지 되물어봐야 한다. 멋진 컵받침 디자인은 이미 자동차가 있는 사람들을 행복하게 만들 수는 있겠지만, 먼저 자동차부터 팔아야 한다. 과연 예쁜 컵받침이 있다고 사람들이 고물차를 살까?

애니메이션

개인적으로 애니메이션을 싫어하는 건 아니다. 실제로 어떤 때는 멋진 애니메이션이나 그런 종류의 디자인 디테일이 기능을 더 멋져 보이게 만든다. 게다가 때로는 잘 디자인된 애니메이션이 혼란을 줄이고 기능을 더 사용하기 쉽게 만들기도 한다.

단지 애니메이션을 추가할 때는 이 애니메이션이 기능을 훨씬 사용하기 쉽게 만드는지 아니면 그저 좀 더 멋지게 만드는 건지 확실히 파악해야 한다.

보편적인 기준으로 사용성과 아름다움 중 한 가지를 택해야 한다면 사용성이 우선시되는 게 맞다. 멋지게 만들 필요가 없다는 얘기가 아니다. 당연히 멋진 제품을 만들어야 한다. 하지만 애니메이션으로 시간과 자원이 불합리하게 소모될 수 있기에 정말 중요한 요소를 만드는 게 아니라면 나중으로 미루는 것이 더 나을 수 있다.

"잠깐, 우리가 꼭 사용성과 아름다움 중 하나만 골라야 하는 건 아니잖아요! 애플은 둘 중에 하나를 선택하지 않는다고요! 그저 완벽한 제품을 내놓잖아요!"라고 이견을 제시하는 디자이너도 많을 거다.

물론이다. 하지만 우리가 역사상 처음으로 미국 정부보다 더 많은 현금을 보유하게 된 기업[3]은 아니기 때문에 보통의 스타트업처럼 리소스의 제약이 있기 마련이다. 스타트업은 매일매일 사용성과 아름다움 간의 균형을 유지해야 한다. 애석하게도 정말 아름답지만 사용하기 어렵다는 이유로 딱 한 번 사용하고 바로 버려지는 제품을 정말 많이 봤다.

사용자 유지를 고민하는 대신 먼저 사용자를 매혹시키라던 내 견지에 반하는 것일 수 있지만, 장기적인 사용자 유지 문제를 해결하는 것과 신규 사용자를 혼란에 빠뜨려 다시는 돌아오지 않게 하는 것은 완전히 다른 차원의 문제라는 걸 지적하고 싶다.

모든 브라우저에서 애니메이션이 끊김 없이 잘 돌아가도록 하기 위해 많은 시간을 들이기 전에 노력에 비해 얻게 되는 효과가 적절한지, 아니면 그저 움직이는 컵받침을 만드는 건 아닌지 스스로에게 묻길 바란다.

필요한 기능

컵받침 프로젝트를 얘기하려고 하면 일일이 다 열거하기도 힘들 정도다. 여태껏 반복해서 보던 것 중 극히 일부 사례다.

솔직히 말하면 어떤 제품의 컵받침이 다른 제품에선 변속기가 될 수도 있다. 정말 중요한 것은 당신이 제안한 변경사항이 핵심 지표에 얼마나 많은 영향을 미치는

---

3 애플을 뜻한다.

가이다.

비즈니스 측면에서 생존을 보장할 만큼 가장 확실한 기회가 되는 문제를 해결 하는 게 먼저다. 컵받침 프로젝트는 너무 많은 시간을 잡아먹는 장애물이고, 참여한 모든 프로젝트가 적절한 성과로 돌아올지는 오로지 우리 손에 달려있다.

프로젝트가 컵받침인지 식별하고 싶다면 이 기능이 어떤 문제를 해결하는지, 다른 모든 문제와 비교했을 때 그 문제가 얼마나 중요한지 항상 스스로 자문해봐야 한다. 컵받침이 음료를 어디에 둘지에 대한 문제를 해결한다면 브레이크는 어떻게 하면 벽에 충돌하지 않을지에 대한 문제를 해결한다.

선택할 수 있다면야 가장 좋은 답안은 당연히 무인 자동차를 만드는 거다. 그러면 무려 양손으로 음료를 들고 있을 테니.

당장 시작하기!

- **마법사가 되어보라!**: 오즈의 마법사 테스트로 만들려는 복잡한 새 기능을 시범적으로 적용해보기
- **현재 제품을 이해해라!**: 제품의 기능별 사용량을 살펴보고 정말 필요한 것이 뭔지 찾아보기. 깜짝 놀랄 수 있다.

CHAPTER 7

손쉬운 디자인

> **7장에서 다룰 내용**
> - 디자이너처럼 보이는 몇 가지 요령(세련된 안경이나 특이한 시계 말고도 더 있음)
> - 디자인 패턴을 활용한 더 빠른 제품 제작 방법
> - 디자이너가 필요한 시기와 빌려 쓰거나 훔쳐 써도 되는 시기

이번 장에서도 뛰어난 디자이너가 되는 방법을 알려 주지는 않는다. 아니 사실 이 책 어디에도 그런 내용은 없다.

대신에 더 빠르고 깔끔하게 디자인할 수 있는 간단한 요령과 팁을 알려주려고 한다. 한 번도 제품을 디자인해본 경험이 없더라도 디자인의 기본부터 배울 필요 없이 여기 있는 내용으로 충분히 할 수 있다.

린 UX에서 말하는 디자인이 허접한 디자인은 아니다. 가능한 빨리 학습하기 위한 방법을 강조하는 것으로 사실 정말 허접스런 디자인에서 뭔가를 학습한다는 건 불가능하다(허접스럽게 디자인된 제품은 사람들의 관심을 끌지도 못한다).

바꿔 말하면, 대부분 린 방식의 회사는 우리가 지금까지 일했던 회사들보다 훨씬 더 빠르게 움직인다는 얘기다. 더 빨리 디자인할 수 있는 몇 가지 요령이 멋진 제품과 형편없는 제품을 가르는 차이를 만들어 내기도 한다. 둘 중 어떤 걸 만들려는지 말하지 않아도 모두 알 것이다.

쉽게 디자인하려는 요령이 얄팍하게 보일 수도 있다. 어떤 우려를 하는지도 충분히 안다. 그럼에도 그런 염려는 접어두자. 내가 일을 막 시작했을 즈음, 유익한 조언을

아끼지 않던 멘토에게 이런 얘기를 들었다. 기억해 둘 중요한 핵심은 아예 백지에서 시작하는 디자인은 거의 없다는 거다.

우리는 빌리고 훔치면서 '영감'이란 걸 얻는다. 종종 환상적인 신기능을 떠올리거나 아니면 아주 혁신적인 정보 표시 방법을 제안하지만, 실은 다양한 종류의 보편적인 디자인에 기반한 것으로 누구나 예상하는 방식대로 작동하는 아이디어인 경우가 많다.

분명 시대를 앞서가는 디자이너들이 있다. 그들은 규칙을 깨고 모두의 예상을 빗겨가면서 사용자를 놀랍고 기쁘게 만드는 멋진 인터페이스를 창조해낸다.

하지만 여기엔 두 가지 문제가 있다.

1 시대를 앞서가는 놀랍고 획기적인 디자인은 종종 아무도 본 적 없는 생소한 디자인이기에 보편적으로 사용할 수 없다.
2 스타트업에 이런 디자이너가 있을 것 같지 않다.

제품 구현 과정에서 완전히 새로운 인터랙션을 적용하지 않겠다고 분명히 말했다. 그렇다면 디자인에 대한 중요한 사실을 짚어보자. 대부분의 인터랙션이 혁신적이고 획기적이나, 놀라울 필요는 없다. 사용하기 좋고 단순 명료하면 충분하다.

또 디자인에 있어 어마어마하게 중요한 사실은 우리가 시도하려는 디자인을 이미 누군가 만들었을지도 모른다는 점이다.

다른 이의 작업을 노골적으로 훔치라는 얘기가 아니다. 훔치는 일은 비윤리적인 동시에 실제로 제품을 만드는 나쁜 방법이다. 누구도 다른 사람의 작업을 그대로 베끼려 하지는 않을 거다. 그리고 그래서도 안 된다.

댓글 기능 같은 UI를 만들 경우 웹사이트만 둘러봐도 뛰어난 예와 끔찍한 예가 넘쳐 난다는 얘기다.

그림 7-1 다양한 니즈에 필요한 다양한 스타일

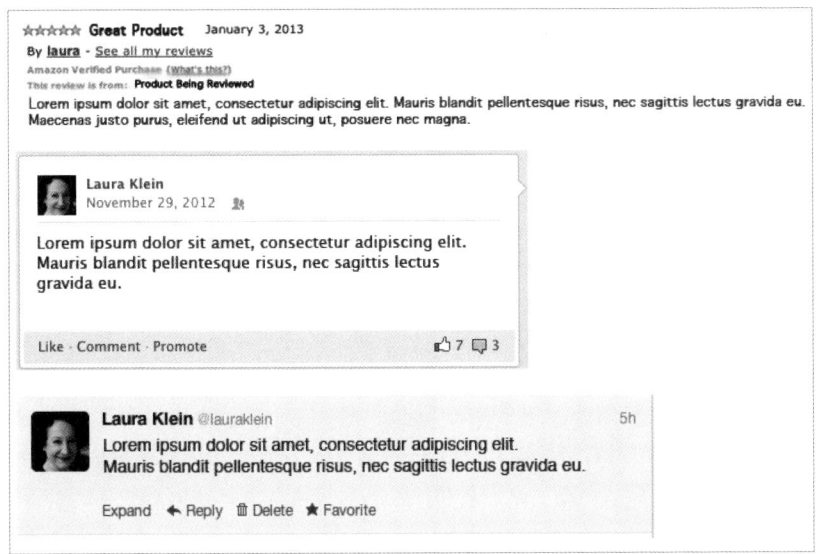

우리 제품에 댓글 기능을 추가한다고 해보자. 우리 제품에 꼭 맞는 훌륭한 댓글 UI를 생각해내는 몇 가지 방법을 알려주겠다. 이 예시는 댓글에 관한 것이지만, 다른 기능 추가나 변경에도 적용할 수 있다. 다음 과정을 따라해보자.

디자인 패턴

첫 번째 단계는 가벼운 리서치이다. 알다시피 우리가 댓글 기능을 처음 생각한 사람은 아니기 때문이다.

혹시 자신이 최초로 뭔가를 생각해냈다 여겨지면 검색 사이트에서 'UI 디자인 패턴ui design pattern'이라 꼭 검색해서 확인해보자.

어떤 이유로, 구글을 쓰고 싶지 않다면, 패턴탭(http://patterntap.com/)이나 모바일 패턴(http://www.mobile-patterns.com/), (내가 기고한 글이 몇 개 있는) 스매싱 매거진(http://www.smashingmagazine.com/) 등에서 확인해보길 바란다.

다시 말하지만, 다른 사람의 디자인을 노골적으로 베껴서는 안 된다. 공통의 패턴을 찾고 영감을 얻는 것이 핵심이다.

게다가 문제를 제대로 파악하지 않고는 원래의 디자인을 그대로 베껴낼 수도 없다. 보통 흥미로운 아이디어를 수도 없이 찾아 내지만, 원하는 것과 비슷할 뿐 딱 들어맞지는 않는다.

찾아낸 것을 참조해서 내 것으로 만들어야 한다.

한 가지 당부하고 싶은 건 해결할 문제를 제대로 이해하기도 전에 관심가는 디자인 패턴을 미리 결정하지 말자는 거다. 실제로 나는 "페이스북/핀터레스트/트위터/그 밖에 등등... 처럼 보였으면 좋겠어요"라는 얘기를 정말 많이 들었다. 해결해야 하는 문제가 앞서 나열한 서비스에서 해결한 문제와 직접적인 관련도 없으면서 말이다.

물론 가끔은 핀터레스트 스타일 레이아웃이 이점이 될 뭔가를 만들 수도 있다. 아니면 트위터나 페이스북 스타일 피드 형태가 잘 맞는 서비스를 만들 수도 있다. 사용자들이 이미 친숙한 것에서 영감을 얻어 디자인해도 좋지만, 해결해야 할 문제를 토대로 솔루션을 골라야 한다.

일단 디자인 패턴을 찾는 데 시간을 들여보면 다른 사이트들의 패턴이 눈에 들어오기 시작할 것이다. 예를 들어, 웹사이트 로그인 링크를 찾는다면 '화면 우측 상단 구석에?'라고 생각할 거다. 거의 90%가 그곳에 있다. 이처럼 우리가 사용하는 모든 제품에 수천 가지 패턴이 있다. 그런 패턴을 찾는 것부터 시작해보자.

경쟁사 리서치

실제로 쓰이는 전형적인 디자인 패턴이 궁금하다면 경쟁사가 어떻게 하는지부터 확인해보자.

디자인 패턴을 찾는 요령은 구현해야 할 기능을 컴포넌트 단위로 작게 쪼개 보는 것이다. 우리는 종종 완전히 새로운 걸 만들려고 한다. 물론 우리 제품이

다른 사람들 것과 확실히 달라야 하는 것도 맞다.

하지만 그게 개별적인 UI 요소 하나하나가 달라야 한다는 뜻은 아니다.

그림 7-2 동일한 액션에 대한 다른 표현 댓글에 답하기

댓글이나 로그인처럼 패턴이 있는 기능에 대해 얘기했지만, 다른 기능 역시 디자인 패턴이 있고 많은 제품이 패턴을 통해 구현되었다.

예를 들어, 우리가 사용자에게 바라는 행동을 살펴보자. 과연 사용자가 많은 개인정보를 채우려고 할까? 리스트에서 아이템을 고를까? 구매하고자 하는 물건들을 비교할까? 아주 구체적인 정보를 검색해볼까?

이 중 무엇도 특정 제품이나 플랫폼, 활동에 대한 구체적인 행동은 아니다. 재생 목록 만들기, 장보기 목록 만들기, 주간 할 일 파악하기 등 서로 다른 상황에서 사용자는 리스트에 뭔가를 추가한다.

제품 사용자가 뭔가를 리스트에 추가할 필요가 있다면 다양한 맥락에서 사용되는 리스트 구현을 고려해봐야 한다. 완벽한 방법을 찾으라는 말은 아니다. 다양한 인터페이스에서 괜찮은 걸 찾아내고 사용자 니즈에 적합하게 조합해낼 수 있는지 파악하라는 의미이다.

댓글 예시로 돌아가보자. 아마도 아주 조금씩 차이 나는 다양한 사이트의 댓글을 돌아봤을 것이다. 어떤 사이트에서는 댓글과 별점을 함께 줄 수 있고, 또 다른 사이트에선 좋아요/싫어요로 댓글에 투표할 수도 있다. 어떤 모바일 서비스는 좋은

댓글을 남길 수 있게 글자 수를 제한하기도 한다. 어떤 사이트는 다른 서비스와 달리 댓글에 다시 댓글을 달 수 있게도 한다.

우리가 해야 할 것은 댓글의 모든 형태를 찾아 그중 어떤 조합이 우리 제품에 가장 잘 맞는지 알아내는 것이다. 각자 달성하고자 하는 목표에 따라 상당히 다르겠지만, 다른 서비스에서 인터페이스 요소를 차용하는 것으로도 우리 제품만의 유용한 기능을 만들어낼 수 있다.

경쟁제품 사용성 평가

앞서 이야기한 것처럼 우리가 최초로 댓글을 디자인하는 건 아니지만, 다른 수많은 사람이 이미 만들었다고 해서 그들 모두 완벽하게 디자인했다는 건 아니다.

나는 다른 사람들이 형편없는 UX를 구현했다고 생각하고, 똑같은 실수를 하지 않으려고 한다.

다른 사람들의 실수에서도 배울 것이 있다. 먼저 만들려는 것과 비슷하게 구현된 사이트 몇 군데를 찾아본다. 당연히 우리는 댓글 기능을 찾아야 한다. 페이스북의 댓글 기능도 꽤 훌륭하지만, 몇 개 더 다른 스타일을 찾아보자. 개인적으로 잘 만들었다고 생각하거나 자신의 제품에 적용할 수 있을 법한 예를 몇 개 더 고르자. 예를 들어, 평점 시스템이 필요하다 생각되면 다양한 형태의 평점 시스템이 결합된 댓글 시스템을 찾아본다.

이제 아주 간단한 사용성 테스트를 해본다. UserTesting.com과 같은 서비스를 이용하면 원격으로 사용성 테스트를 해볼 수 있다. 4~5개의 서로 다른 형태로 구현된 기능을 4~5명의 사용자가 사용하는 모습을 관찰해보자.

경쟁 서비스가 반드시 실제 경쟁 서비스일 필요는 없다. 가령 소셜 공유 앱에 댓글 기능을 추가하는 경우라도, 쇼핑 사이트의 댓글 시스템으로 테스트해볼 수 있다. 물론 동일한 플랫폼에서 테스트해보고 싶을 것이다. 아이폰 앱을 만들려 할 때 웹사이트에서 사용성 테스트를 하는 건 큰 도움이 되지 않을 테니 말이다.

솔직히 말해 디자인하려는 것과 조금이라도 비슷한 걸 찾을 수 없다면 말 그대로 혁신을 위해 너무 노력했거나 지나치게 생각을 많이 했다는 뜻이다. 예를 들어, 사용자의 개인정보를 수집하는 일은 세금납부를 돕거나 의료기록을 얻기 위해 개인정보를 수집할 때와 아주 유사한 전략을 쓰면 된다.

다른 제품의 잘못에서 배우려는 이유는 뭘까? 사람들이 다른 소프트웨어를 사용하는 걸 관찰해보면 제대로 작동하지 않거나 사용하기 어려운 지점을 확인할 수 있다. 그건 똑같은 실수를 피할 수 있는 기회가 된다.

예전에 정말 다양한 종류의 상품을 판매하는 회사와 일했을 당시 사용자들의 가장 큰 불만은 원하는 제품을 찾기 너무 어렵다는 것이었다. 우리는 맨 바닥에서부터 이 문제를 해결하려 노력하는 대신 다른 여러 대형 쇼핑 사이트에서 상품을 찾아보는 사용성 테스트를 실시했다.

테스트를 통해 우리는 상품 목록에 필요한 더 나은 분류와 정렬 방법을 아주 많이 알아냈다. 또한 사용자들이 이런 종류의 기능을 찾는 위치도 알았다. 사실 일반적으로 사람들이 잘 만들었을 거라 생각하는 최대 사이트들에도 여러 가지 주요한 사용성 문제는 있었다.

상품 목록을 개선해서 선보였을 때 사람들은 상품을 훨씬 더 쉽게 찾을 수 있었는데 다른 곳에서 공통적으로 저지르는 실수를 하지 않았던 이유가 컸다.

일관성

일관성은 시간을 들여가며 생각해야 할 정도로 대단한 건 아니다. 하지만 제품의 전문성과 사용성을 높이는데 엄청난 영향을 미친다는 걸 간과해선 안 된다.

제품 인터페이스를 혁신적이고 멋지게 그리고 우아하게 만드는 것보다 일관적인 인터페이스를 만드는데 시간을 더 투자하도록 한다.

가령 웹 앱을 만든다고 해보자. 최상위 내비게이션 레이아웃은 몇 가지나 필요할까? 혹시 "한 가지"라고 답하지 않았다면 실제로 여러 개의 제품을 만들고 있는 건 아닌지 생각해볼 필요가 있다.

사용자를 정신없이 헤매게 만드는 이런 전형적인 문제는 UX에 대한 별다른 관리 없이 제품이 급성장할 때 발생하곤 한다. 많은 부서가 동시에 다른 기능을 만들고 있는 기업에서 특히 나타나기 쉬운데, 동시에 만들어지고 있는 다른 기능에 대한 이해 없이 제품의 새로운 부분을 구현하기 때문이다.

일관성이 없을 때 나타나는 가장 큰 문제는 사용자에게 심리적인 부담을 주는 거다. 아마존에서 상품 페이지를 열 때마다 구매 버튼이 다른 곳에 배치되어 늘 찾아 헤매야 한다고 생각해보자. 상품 판매는 분명 줄어들 것이다. (개인적으로는 아마존의 구매 버튼이 매번 다르게 제공되면 좋겠다. 너무 사날라서 걱정이다.)

또한 일관성이 부족하면 사용자는 제품이 덜 만들어졌거나 어설프게 만들어졌다 여긴다. 유료 서비스를 염두에 둔 기업이라면 이는 심각한 문제가 될 수 있다.

일관성을 유지하려면 맨 먼저 일관성이 부족한 이유를 이해해야 한다. 일관성을 유지하기에는 너무 급박하게 제품이 출시되었다면 빠르고 주기적인 방법으로 일관성이 부족한 지점을 찾아 수정하면서 문제를 해결할 수 있다.

한편, 너무 많은 사람이 각자 다른 기능을 작업하고 있다면 다음 섹션에서 다룰 간단한 스타일 가이드와 프레임워크를 이용해 문제를 경감시킬 수 있다.

물론 굳이 일관되게 만들 생각이 없어서 일관성이 부족해진 경우라면 정말 쉽게 고칠 수 있는 문제다. 하지만 부디 그러지 말자. 그런 디자인이 좋아 보일 리 없다.

프레임워크

요즘 제품을 만들 때 가장 좋은 건 잘 찾아보면 다른 누군가가 이미 지겹고 반복적인 일을 많이 해놨다는 점이다.

프레임워크도 물론이다. 프레임워크란 제품을 빨리 디자인하고 구현하는 데 도움을 주는 도구로 무료로 나와 있는 제품도 아주 많다.

가령 웹 앱을 만들 때는 부트스트랩Bootstrap이나 파운데이션Foundation 같은 제품을 사용하여 멋진 디자인을 만들고 활용하기 쉬운 공통 자바스크립트 도구 몇 가지로 그리드 스타일의 반응형 인터페이스를 구축할 수 있다.

프레임워크를 활용하면 나만의 제품 비주얼 디자인을 만드느라 엄청난 시간을 소모할 필요가 없다. 커스터마이징도 문제없다. 라이트박스, 툴팁, 버튼 스타일 등 수십 가지 도구가 이미 만들어져 있어서 디자인과 프로토타이핑을 빨리 해볼 수 있다.

사이트를 만들고 나서 다른 사이트와 비슷하게 보일까 걱정할 필요도 없다. 커스터마이징이 상당히 쉽기 때문이다. 예를 들어, 부트스트랩을 기반으로 만들어진 사이트라 해도 다들 껍데기(스킨)를 많이 바꿔서 쓰기 때문에 같은 사이트처럼 보이지는 않는다.

프레임워크가 좋은 또 다른 이유는 반응형으로 제작할 수 있는 제품이 많아, 데스크톱, 태블릿, 스마트폰에서 같은 코드를 사용할 수 있다는 것이다. 한 번에 많은 플랫폼을 디자인할 수 있기 때문에 엄청난 시간이 절약 되는 동시에 만드는 사람 스스로도 엄청난 능력자가 된 듯한 기분이 든다.

그림 7-3 부트스트랩 프레임워크

그림 7-4 부트스트랩에 자신만의 스킨을 씌운 최종 제품

플러그인 활용

상품 페이지의 댓글이 아주 결정적이고 중요한 기능이라 치자. 그렇다면 정말 중요한 질문을 스스로에게 해보자. "우리의 댓글 시스템에 특별히 혁신적이거나 차별적인 게 있나?" 아니라고? 그럼 됐다. 그냥 다른 사람이 만들어 놓은 걸 갖다 써라.

그렇다. 모든 종류의 기능을 쉽게 추가하여 제품을 만들 수 있게 하는 어마어마한 개수의 플러그인과 서비스가 있다. 배니티Vanity나 옵티마이즐리Optimizely로 A/B 테스트를 할 수 있고, 페이스북은 소셜 댓글 기능을 제공한다. 필요하다면 뱃지빌Badgeville로 뱃지를 달 수도 있다. 이외에도 스프리 커머스Spree Commerce, 샵파이Shopify, 마젠토Magento로는 쇼핑몰을 만들 수 있다.

내가 만들려는 걸 이미 누군가 만들어 놨다면 그걸 그냥 쓰면 될 일이다. 맨 바닥부터 모든 걸 다 직접 만든다고 특별히 점수를 따는 것도 아니다.

물론 나중에는 변경하고 싶어질 테지만 그게 바로 린 방식이다. 사용자에게 유용한 것을 찾아낸 다음 사용자가 좋아하는 건 두 배로 신경 쓰고 싫어하는 건 제거

하면 된다. 이렇게 하면 정말 많은 시간을 절약할 수 있다.

아무것도 디자인하지 마라

플러그인 활용에서 말한 것과 유사한 관점에서 내가 온전히 다른 사람의 플랫폼과 테마를 써서 최초 제품을 만들어본 건 정말 행운이었다.

예를 들어, 콘테스트 기능 구현을 고려할 경우 소셜 미디어 프로모션이 가능한 페이스북에서 먼저 시작해보는 건 어떨까? 개인적으로 오퍼팝Offerpop과 와일드파이어Wildfire를 이용했지만, 매일매일 새로운 도구가 등장하고 있으니 각자 테스트에 맞게 최적화된 프로모션을 진행할 수 있는 서비스를 찾아보면 된다.

이렇게 하면 새로운 기능이나 더 나은 UX에 대한 측정을 시작해보기 전에 먼저 콘셉트부터 검증해볼 수 있다.

플랫폼의 종류가 정말 다양해져서 이제는 최소한의 디자인 결정만 하면 첫 번째 제품을 내놓을 수도 있다. 페이스북을 사용하지 않겠다면 워드프레스는 어떤가? 워드프레스에는 수백 개의 플러그인과 템플릿이 있어 아주 간단하게 제품을 만들고 운영해볼 수도 있다.

이 모든 것이 최소한의 디자인과 코드만으로 가설을 검증하기 위해서란 걸 잊어선 안 된다. 분명 더 관리가 가능한 플랫폼으로 빠르게 옮기겠지만, 구현을 위해 필요한 정보를 더 확보한 다음 그렇게 움직일 것이다.

전문가의 도움

많은 사람이 좋은 UX 디자이너 찾기란 유니콘 찾기라는 비유를 한다. 유니콘은 악명 높을 정도로 채용하기 어려울뿐더러 같이 일하기는 더더욱 까다롭다. 내 생각엔 파베르제의 달걀[1]이 더 나은 비유 같다. 아주 비싼데다 쉽게 찾을 순

---

1 역자주_ 19세기 보석세공의 거장 카를 파베르제가 세공한 달걀이다. 총 50개를 만들었으며 현재까지 43개만 확인됐다. http://en.wikipedia.org/wiki/Faberg%C3%A9_egg

없지만, 적어도 이건 존재는 하니 말이다.

그림 7-5 디자이너보다 좀 더 찾기 어려울 뿐 어딘가에 있을 유니콘과 파베르제의 달걀

그러니 때로는 제품의 특정 부분에 대해 약간 전문적인 도움을 받아볼 만하다. 혼자서 다 만든다고 누가 상을 주는 것도 아니고 말이다.

계약직 디자이너를 채용하는 데 있어 핵심 요소는 정확히 어떤 종류의 디자이너인지 확인하는 것이다. 마치 예쁜 제품을 만들려면 날 고용하지 말아야 하듯 말이다. 난 제품을 쓰기 쉽게 만드는 쪽이지 예쁘게 만드는 재주는 없다.

디자이너들은 각자 전문 분야가 있다. 아쉽지만 모든 디자이너가 스스로 자신의 타이틀을 정하는 모양새라 타이틀이 같다 해도 하는 일은 정확히 같지 않을 수 있다.

딱 맞는 사람과 이야기하고 있는지 확인하려면 먼저 왜 이 사람을 고용하는지를 정확히 알아야 한다.

계약직 디자이너가 잘 할 수 있는 프로젝트 예시이다.

- 더 나은 결제 플로우 구현
- 기능 변경 없이 비주얼 디자인과 브랜딩만 변경

- 새로 추가하려는 기능이 사용자가 진짜 원하는 것인지 확인
- 실제 제품을 위한 홍보 사이트 구축

모든 예시는 서로 다른 형태의 프로젝트이고 각각 다른 유형의 디자이너를 필요로 한다. 예를 들어, 결제 플로우 변경을 위해서는 꼼꼼한 정보 구조, 장바구니에 담긴 상품 유지 방법에 대한 실무 지식, 탄탄한 사용성 테크닉이 필요하다. 반면 새로운 비주얼 디자인에는 뛰어난 스타일과 효과적인 색상, 레이아웃, 타이포그라피 활용에 대한 이해, 사용성에 영향을 주지 않고 디자인하는 능력 등이 필요하다.

흥미로운 건 디자이너에게 포트폴리오를 요구하는 게 일반적임에도, 종이에 찍어낸 인쇄물로는 앞서 말한 능력을 검증하고 판단하기란 거의 불가능하다.

꼭 맞는 계약직 디자이너 선정을 위한 좋은 방법은 디자이너에게 해결해야 하는 문제가 무엇인지 정확하게 설명하는 것이다. 프로젝트의 성공 기준과 어떻게 측정할 것인지도 확실히 알려준다. 그런 다음 디자이너에게 이와 비슷하다 여겨지는 작업물을 보여달라고 해보자. 완전히 일치하는 작업일 필요는 없다. 비슷한 유형의 사고 과정을 확인하려는 것이다.

디자이너가 프로젝트에서 정확히 무슨 일을 했는지, 그리고 왜 그런 선택을 했는지에 대한 설명을 들어본다. 설사 최종 결과물은 마음에 들지 않더라도, 인터뷰 과정을 통해 디자인에 대한 디자이너의 생각과 우리 프로젝트를 접근하는 방식을 이해하는 데 도움이 될 것이다.

그러므로 뛰어난 결제 플로우를 만들 누군가를 찾고 있다면 의사결정의 기준이 아름다움에 있는 디자이너는 적합한 사람이 아닐 수 있다. 반대로, 이미 단순하게 만들어져 있고 전환율 또한 최적화되어 있는 사이트를 매력적이고 멋지게 만들어 줄 사람이 필요하다면 전적으로 사용성을 고려하는 사람보다는 멋진 스타일을 만들어 낼 사람을 찾으면 된다.

알아두면 좋은 것: UX를 훔쳐쓰는 기술

오랫동안 인터페이스를 구현해 오면서 완전히 새롭고 특이한 사용자 문제를 해결했던 일은 정말 극소수였다. 그리 놀랄 일도 아니다. 우리가 만드는 거의 모든 제품은 비슷비슷한 요소가 아주 많다.

가령, 우리가 사용하는 많은 제품을 떠올려 보면 로그인, 구매, 댓글, 평가, 주문 내역, 보관함 관리나 사용자 제작 컨텐츠 중, 하나 또는 그 이상을 포함하고 있다.

제품마다 로그인 경험이 깨끗한 백지에서 새로이 디자인 되길 바라는가? 물론 그렇지 않다! 그렇게 한다면 오히려 꽤 불편할 것이다. 새로운 로그인 화면은 혼란을 유발할 게 뻔하기 때문이다. 로그인과 같은 기능에 표준 디자인을 차용하는 건 사용자와 디자이너 모두에게 매우 상식적인 일이다.

그럼에도, 디자인 패턴에 의존한다거나 애플/아마존/페이스북 등이 하는 걸 단지 따라 하는 건 문제가 될 수 있다. 특히 스타트업에겐 더욱 그렇다. 깊이 고민하지 않고 다른 회사의 해결책을 단순히 적용하면 안 되는 몇 가지 중대한 이유를 들어 보겠다.

서로 원하는 바가 똑같지 않다

회사들은 자신들만 알고 있는 안건이 있다. 그 안건이 언제나 우리 안건과 같을 수는 없다. 이는 그들에게 최적화된 디자인이 우리에게도 최적화된 디자인이 되지 않는다는 뜻이다. 만약 다른 회사가 언제나 최적화된 최고의 사용자 경험을 제공한다고 생각한다면 제정신이 아닌 거다.

예를 들어, 물건을 구입한 후 해당 사이트가 아닌 다른 파트너 사이트에서 보낸 홍보 메일을 받아본 적이 있는가? 어떤 사용자가 그걸 좋아하는가? 누가 훌륭한 UX(사용자 경험)라 말할 수 있는가? 바로 그거다.

그런데 기업들은 왜 그렇게 할까? 왜냐하면 그들은 돈을 더 벌기 위해 고객을 약간 귀찮게 하는 대신 파트너 사이트의 마케팅 대상에 포함시키는 사업적 결정을 내렸기 때문이다. 기업 입장에서 보면 꽤 당연하고 합리적인 계산이다.

자, 그럼 사업부서 사람이 와서 이런 기능을 구매과정에 넣고 싶어 한다 치자. 그에게는 구매자의 이메일 주소를 얻으려고 줄을 선 파드너사가 있다. 사업부서는 다른 큰 기업도 그렇게 하고 있고, 돈을 벌어야 하기에 괜찮다고 이야기할 것이다.

하지만 UX가 나빠졌을 때 발생할 수 있는 손해는 알지 못한다. 이런 사례로 얼마나 많은 사용자가 떠날지도 알 수 없다. 또 그 숫자를 알더라도, 실제 그런 일이 나타날 때까지는 그게 사업적으로 옳은 결정인지 판단할 수 없다.

이상적으로는 가능한 최고의 사용자 경험을 선택하면 되지만 실제로는 이러한 비즈니스와 UX 간의 트레이드오프[2]가 계속해서 일어난다. 이건 필연적인 일이다. 이때 반드시 현실적인 추정을 토대로 결정하되 큰 기업에서 하고 있으니 옳은 것이라 판단하지는 말아야 한다.

똑같은 일을 하지 않는다

내 생각에 아마존은 세상에 있는 거의 모든 상품을 판다. 물론 나의 구매 습관을 토대로 추론한 것이지만, 다들 무슨 말인지 알 거다.

아마존은 상품을 직접 판매할 뿐 아니라 다른 기업이나 개인이 아마존을 통해 판매할 수도 있다. 또한 같은 상품의 다양한 버전도 판다. 때문에 상품 페이지는 상당히 복잡해질 수 밖에 없다.

만들려는 사이트가 아마존과 같은 모습인가? 스타트업에서 일한다면 그런 일이 없길 바란다. 아마존에 있는 수많은 기능은 10년 이상에 걸쳐 추가된 기능이기 때문이다.

이 모든 기능을 가지고 있지 않은 제품을 만든다면 아마존과 다른 방식으로 해보고 싶을 것이다. 가령, 상품 페이지는 훨씬 단순하게 만들 수 있지 않을까? 아마존에서 제공하는 다양한 기능 모두를 고려할 필요는 없으므로, 우리 상품 페이지는

---

2 역자주_ 어느 것을 얻으려면 반드시 다른 것을 희생하여야 하는 경제 관계. 완전 고용과 물가 안정은 서로 모순된 관계에 있는데, 실업을 줄이면 물가가 올라가고 물가를 안정시키면 실업률이 높아지는 것 따위이다. 출처: 국립국어원

완전히 다른 걸 강조할 수 있고 더 분명한 실행 버튼을 제공하거나 소셜 평점을 넣을 수도 있다.

상품 페이지가 있든 없든 어떤 사이트도 우리와 똑같은 걸 하고 있지 않다는 게 핵심이다. (혹시 똑같은 걸 하고 있다면 그건 완전히 다른 문제가 된다.) 그러므로 다른 사이트에서 최적화된 UX는 필연적으로 우리 UX와는 차이가 있다.

예외적인 경우가 있다

만약 단테가 요즘 시대에 작품을 썼다면 여러 구글 계정에 한 번에 로그인하려는 시도는 제9옥[3]으로 가는 죄목이 될 수도 있겠다.

어느 날 내 친구가 구글 독스[4] 화면을 보여줬는데 저장 버튼이 교묘히 숨겨져 있는 바람에 그 친구는 저장 버튼을 찾는 데 몇 분이나 걸렸다. 화면 요소는 네 가지 정도였고 그는 아주 경험 많은 시니어 개발자였다. 사용자 문제는 아니라는 얘기다. 나는 구글 독스 화면의 사용성이 거의 가학적이라 할 만큼 형편없다는 걸 알았다. 물론 초기에 있던 많은 사용성 문제를 자주 반복하면서 고치고 있다는 점을 인정하더라도 말이다.

사실 비용을 지불한다 해도 찾기 힘든 엄청난 가치의 제품을 구글이 무료로 제공하고 있기 때문에 나는 간혹 마주치는 최적화되지 않은 사용자 경험 정도는 감내하며 이 서비스를 사용한다.

내가 구글 독스를 쓰는 건 UX 때문이 아니다. 실은 많은 UX 문제에도 불구하고 나는 구글 독스를 사용한다. 만약 구글에서 쓰고 있으니 괜찮다는 섣부른 생각으로 구글의 UX를 차용해서 만든 제품이 있다면 나는 그 제품에 대한 안 좋은 감정으로 탈퇴한 다음, 주변 사람들에게 나쁘게 말하고 다닐 거다.

이 이야기의 교훈은 단지 '구글의 UX를 훔치지 말라'가 아니다. 물론 쓸데없는 충고는 아니지만 말이다. 중요한 건 UX가 별루임에도 불구하고 성공하는 기업은 거

---

[3] 역자주_ 단테의 [신곡] 지옥편에 나오는 9가지 지옥 중 제9옥은 배신한 영혼들이 머무는 곳으로 얼음지옥이다.
[4] 역자주_ http://docs.google.com은 현재 http://drive.google.com으로 옮겨졌으며 구글 드라이브라 한다.

의 없다는 얘기이다. 만약, 정말 구글의 UX를 훔치고 있다면 잘못 생각한 거다.

덧붙이자면 훌륭한 UX가 뭔지는 다들 알고 있다. 바로 검색창 하나와 버튼 두 개, 그리고 뛰어난 검색 결과를 보여주는 엄청나게 성공적인 알고리즘을 가진 최초의 구글 제품이다. 말할 필요도 없이 우리 모두는 맨 처음 바로 그 UX에 빠져든 것이다. 바로 구글 검색 말이다.

제대로 훔쳐쓰는 법

얘기가 약간 딴 길로 샜지만, 모든 걸 맨 바닥부터 디자인할 필요가 없다는 건 여전히 유효하다.

구글이 아니더라도 다른 제품의 기본적인 로그인 프로세스를 훔쳐 쓰는 건 아마도 우리가 할 수 있는 가장 최선의 방법일거다. 표준에 어긋나는 방법으로 로그인하게 만드는 건 쓸데없는 혼란만 일으킬 뿐이다.

평소 내가 자주 사용하는 제품의 로그인 버튼이 우측이 아닌 좌측 상단에 배치되어 있었다. 이 사소한 변경 때문에 어디서 로그인하는지 기억해 내느라 몇 번이나 짜증스런 시간을 보냈고 그때마다 버튼을 찾는 데 몇 초씩 지체했다. 이런 불평을 한 게 나 하나는 아니었는지, 그 문제는 비교적 금방 고쳐졌다.

표준화되어야 하는 경험은 로그인 뿐만이 아니다. 많은 제품에서 사용자들이 자주하는 단순한 행위를 제품에 넣어야 한다면 최소한 표준이 있는지부터 확인하고 어떻게 적용할지 고려해본다.

물론, 항상 모든 사람들이 하는 방식대로 따를 필요는 없지만 변경을 하고 싶으면 그렇게 바꿔야 하는 아주 강력한 이유가 있어야 하고, 반드시 A/B 테스트를 거쳐 표준 디자인 패턴에 반하는 변경을 검증해야 한다.

신뢰하되 확인하라

훔치기로 마음 먹었다면 아니 좀 완곡한 표현으로 바꿔 '표준을 적용'하기로 마음

먹었다면 역시 테스트로 확인해보는 게 제일 중요하다.

앞서 말했듯 표준 패턴을 이용하는 사람들을 관찰하기 위해 신속하게 정성조사를 해보는 걸 권한다. 실제로 제품에 적용하고서야 적절치 않다는 걸 발견하는 것보다 구현해보기 전에 경쟁 제품의 표준을 테스트하는 방법을 더 사용한다. 그리고 나서 우리 제품에 구현된 것을 다시 한 번 테스트한다.

대개 더 많은 기업이 같은 걸 만들수록 혼란도 더 감소하게 된다. 그렇다 해도 각 제품의 맥락에 맞게 디자인이 돌아가는지 확인할 필요는 있다.

당장 시작하기!

- **남의 것에서 배워라!**: 패턴탭(*http://patterntap.com/*)이나 모바일 패턴(*http://www.mobile-patterns.com/*)에서 공통 디자인 패턴 예시 확인해보기
- **경쟁자의 실수에서 배워라!**: 같은 실수를 피할 수 있게 경쟁 제품 사용성 테스트를 통해 부족한 부분 확인해보기
- **일관성을 확인하라!**: 제품이나 사이트의 모든 화면과 상태를 점검하여 내비게이션, 헤더 항목, 용어, 시각요소와 같은 것들이 얼마나 일관되게 적용되어 있는지 확인해보기

CHAPTER **8**

다이어그램, 스케치, 와이어프레임, 프로토타입

> **8장에서 다룰 내용**
> - 와이어프레임, 스케치, 인터랙티브 프로토타입의 차이점
> - 고수준high fidelity 디자인 산출물 대신 시간을 아낄 시기
> - 페이퍼 프로토타이핑의 단점

지금까지 '디자인'에 대해 다소 모호하게 설명했지만, UX 디자인은 픽셀 단위까지 완벽한 대용량 포토샵 파일을 만드는 걸 뜻하지 않는다. 게다가 린은 여러모로 포토샵 디자인의 반대편에 있다.

이미 살펴보았듯이 디자인을 시작한다는 의미는 가설을 세우고 그 타당성을 검증하기 위한 테스트를 설계하는 것이다. 최종 화면을 그린 포토샵 목업mockup은 전체 사용자 경험에서 보자면 경우에 따라 완전히 생략될 수도 있는 아주 작은 부분이다. UX란 제품이 어떻게 보여지는지와 함께 사용자들이 제품을 통해 무엇을 하고 어떻게 행동할지를 의미한다.

그렇다고 해도 뭔가 만들긴 해야 한다. 화이트보드에 낙서하거나 열정적으로 설명한다고 끝이 아니다.

어떤 시점에는 반드시 디자인 산출물을 만들어야 한다. 그래서 이번 장에서는 '디자인'을 표현하는 데 있어 전혀 다른 유형의 쓰임새를 가진 몇 가지 작업물에 대해 알아보려고 한다. 다음은 흔히 접하는 활용 가능한 디자인 도구이다.

- 다이어그램
- 스케치
- 와이어프레임 세트
- 인터랙티브 프로토타입
- 비주얼 디자인

이들 도구는 각자 아주 다른 수준의 완성도와 디자인적 활용목적을 가진다.

유념해야 할 것은 좋은 디자인을 하려고 이 모든 산출물을 다 만들 필요는 없다는 점이다. 대부분 실제 디자인 과정에서는 한 두 가지 정도의 산출물만 만들고 싶을 테고, 이때 주어진 시간에 따라 어떤 걸 만들어야 하는지 아는 요령이 필요하다.

이번 장에서는 각 디자인 산출물이 무엇이고, 왜 만들어야 하는지, 만들 필요가 없을 때는 언제인지 개괄적으로 살펴보려고 한다. 반복해서 얘기하지만, 매번 디자인을 변경할 때마다 이런 산출물을 다 만들 필요는 없다. 때로는 한 가지가 필요할 수도 있고, 어떤 경우에는 여러 가지가 필요할 수도 있다.

디자인은 경험을 만드는 것이고 산출물은 이런 경험을 만들고 의사소통을 돕는 도구라는 걸 기억하자. 어느 한 가지 도구만이 중요한 건 아니다. 모든 도구는 디자인을 구체화하고 동료나 사용자들에게 자신의 아이디어를 설명하는 데 도움이 된다. 디자인 프로세스의 각각 다른 단계에서 모두 유용하게 쓰인다.

무슨 얘기인지 아직 모호한가? 몇 가지 사례를 살펴보자.

왜 다이어그램인가?

다양한 종류의 다이어그램이 있지만, 여기선 복잡한 인터랙션 흐름을 쉽게 파악하는 데 도움을 주는 다이어그램을 지칭한다.

'복잡한 인터랙션'이라는 말에 "아, 그럼 우린 괜찮네. 우리 사이트는 모든 게 정말 단순하잖아!"라고 한다면 그건 잘못된 접근이다.

로그인처럼 '단순한' 인터랙션을 한번 살펴보자. 아주 간단해 보인다. 사용자 이름

혹은 이메일 주소를 입력하고 암호만 받으면 끝나지 않는가.

그림 8-1 단순해보이는 것도…

그렇다면 만약 사용자가 잘못된 암호를 입력하거나 입력한 이메일 주소를 우리 데이터베이스에서 찾을 수 없는 경우라면? 에러를 어떻게 처리하느냐에 따라 심지어 두 가지 다른 에러 메시지가 필요하다.

그림 8-2 이렇게 복잡해질 수 있다

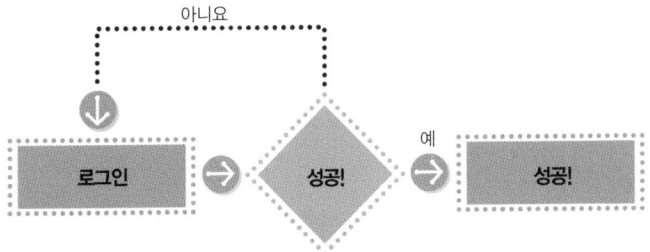

혹은 사용자가 암호를 잊어버렸다면? 암호를 찾을 방법이 필요하다. 몇 가지 다른 방식이 있을 텐데 그중에서 적합한 방법을 찾아야 한다.

그림 8-3 완전히 새로운 플로우일 수도 있다

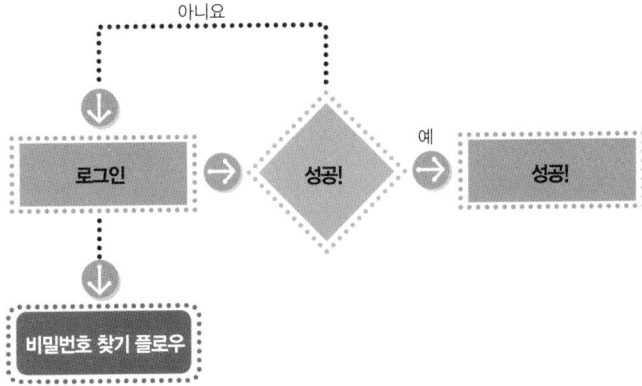

로그인하려던 사용자가 아직 계정을 만들지 않았을 때는? 사용자가 계정을 만들도록 해야 할 것이다.

그림 8-4 계속할 수도 있지만, 이쯤 해도 요점을 알 거다

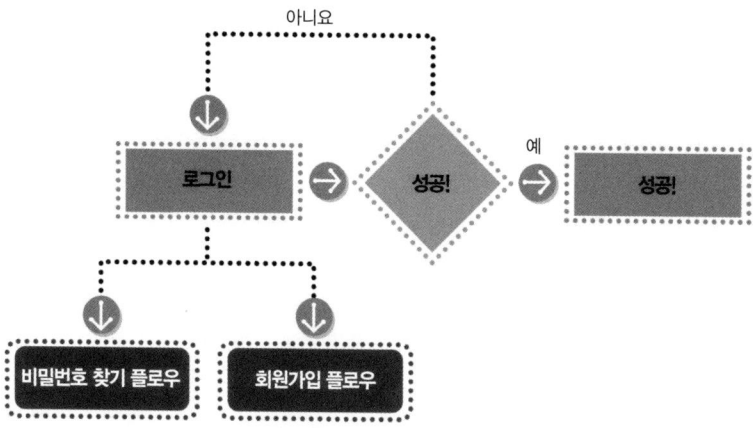

페이스북, 트위터 계정으로 로그인하는 방식이나 여러 계정으로 로그인이 허용되는 경우는 아직 다루지도 않았는데, 점점 머리가 복잡해진다.

내가 말하려는 요지는 여러 가지 경우의 수가 존재하거나 에러 발생 가능성이 있거나 아니면 단계가 많은 인터랙션에서는 단순한 플로우 다이어그램이 분명 도움이 되리라는 거다.

다이어그램이 그저 문서작업에만 활용되는 게 아니다. 구조를 시각화하면 정의가 필요한 화면 상태를 파악하는 데도 도움이 된다. 예를 들어, "이 플로우에서 에러 처리가 필요한가?", "이메일에 답장하는 것처럼 즉각적인 인터랙션이 필요한가?", "사용자의 입력에 따라 다르게 반응할 필요가 있나?"와 같은 질문에 답할 수 있다.

발생할 수 있는 다양한 플로우에 대해 하나하나 생각하다 보면 전체 디자인과 개발 범위가 훨씬 더 명확해지고 구현 기능에 필요한 작업량을 예측하기 더 쉬워진다.

웹 앱이나 모바일 앱과 같이 일련의 화면이 필요한 제품을 만들고 있다면 사이트

맵이나 내비게이션 다이어그램 같은 걸 만들고 싶을 것이다.

모든 것이 애플리케이션이 된 지금 사이트맵의 유용성이 줄어든 듯 보이지만, 대다수 제품의 내비게이션 흐름은 여전히 사이트맵으로 표현할 수 있다.

자, 쇼핑 앱을 한번 떠올려보자. 쇼핑 앱은 상품 목록에서 사용자가 원하는 걸 빠르게 찾을 수 있도록 하기 위해 많은 정보 구조가 필요하다.

사용자가 제품을 사용하면서 절대 길을 잃지 않게 하려면 모든 흐름이 어떻게 흘러가야 하는지 확실히 이해하는 것부터 시작해야 한다.

다이어그램의 장점은?

플로우 다이어그램이나 사이트맵을 이용해 사용자가 어디에서 어디로 이동하고 공통 태스크를 어떻게 완료하는지 확인해보자. 이렇게 하면 개발에 걸리는 시간을 예측하거나 개발자에게 디자인을 설명할 때 정말 많은 도움이 된다.

이런 문서는 사용자에게 보여주기 위한 산출물이 아니기 때문에 가설 검증이나 사용성 평가에 쓸모가 있는 건 아니다. 그런 방법은 이후에 다루겠다.

어떻게 만들 수 있나?

방금 언급했듯이 사용자에게 보여주는 문서가 아니다. 따라서 멋지게 꾸미거나 재미있게 만드는 건 완전 시간낭비다. 순수하게 내부 문서이기에 아주 명쾌하고 이해하기 쉽게 만들어야지 쓸데없는 치장이나 그러데이션 같은 건 방해가 될 뿐이다.

다이어그램을 만드는 도구 중에서 나는 비지오Visio나 옴니그라플OmniGraffle을 제일 좋아한다. 물론 발사믹Balsamiq이나 화이트보드 그리고 포스트잇으로 만들 수도 있다. 정말이지, 자기가 편하게 쓸 수 있는 도구면 뭐든 상관없다.

재미있게 할 수 있는 방법으로 필요한 화면을 스케치하고 출력한 다음 직접 손으로 조합해보며 만드는 것도 있다.

다이어그램의 핵심은 다이어그램이 변경될 수도 있다는 거다. 아주 많이 바뀌는 경우도 있다. 플로우 다이어그램을 만들었다고 모든 걸 파악했다 생각해서는 안 된다. 쇼핑몰 결제 과정처럼 특정한 태스크를 위한 멋진 플로우를 그려냈음에도 프로토타이핑을 시작하자마자 추가해야 할 새로운 플로우를 발견하는 일이 허다하다.

이처럼 플로우는 변경이 잦기에 다이어그램을 쉽게 업데이트할 수 있는 도구를 사용할 것을 강력히 추천한다. 업데이트되지 않은 이전 다이어그램은 골치 아픈 혼란을 불러오기 때문이다.

스케치는 언제 할까?

지금껏 우리가 사용하는 모든 인터페이스에 절대적인 영향을 미치고 있는 디자인의 비밀이 있다. 아마 대부분 눈치채지 못했을 것 같은데 관련 정보는 서로 가까이 있어야 한다는 거다.

이를 칭하는 전문 용어가 있지만, 그리 중요하진 않기 때문에 그 얘기는 하지 않겠다. 용어보다 더 중요한 건 개념이다.

그림 8-5 이런 것이 더 잦은 구매를 유도한다

내 친구 제니 이야기를 좀 하겠다. 인터랙션 디자이너인 그녀는 남편에게 아이를 재우는 동안 초인종이 울리지 않게 표지판을 걸어달라고 부탁했다. 하지만 부탁이 무색하게 곧 초인종이 울렸다.

제니는 문을 열자마자 원인을 알았다. 표지판의 위치가 문제였다. 남편은 표지판을 문 앞에 걸어뒀던 거다.

물론 상식적으로 적당한 위치이긴 하다. 누군가 문 앞에 와서 대문에 붙은 표지판을 본 다음 초인종을 누르지 않을 수도 있다.

하지만 생각해보면 훨씬 좋은 위치가 있다. 바로 초인종 위다. 제니는 표지판을 초인종 바로 위로 옮겼고 더 이상 초인종을 누르는 사람은 없었다.

물론 우리가 초인종 디자인을 할 건 아니다. 그럼에도 이 얘기를 꺼낸 이유는 정보의 위치가 얼마나 중요한지 말하고 싶어서다. 핵심 정보는 관련 있는 실행 버튼과 아주 가까운 곳에 위치해야 한다. 달리 말하면 초인종을 누르려면 어쩔 수 없이 읽어야 할 위치에 안내문구가 있어야 한다는 의미다.

같은 논리로 구매 버튼과 상품 가격은 아주 근접하게 배치해야 한다. 가격은 구매를 결정하는 가장 중요한 정보이기 때문이다. 에러 메시지 역시 발생한 지점에 위치해야 한다.

그림 8-6 제대로 배치하면 지나칠 리 없다

어떤 입력 폼이 잘못된 건지 찾아보자.

그림 8-7 에러 메시지를 여기서 읽어야 한다

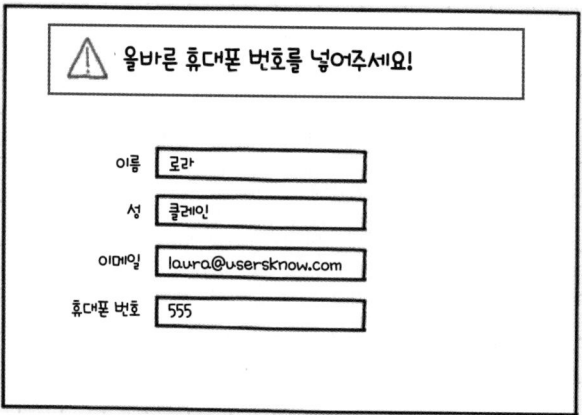

에러 메시지는 종종 입력 폼 상단에서 나타난다. 경험해봤을 텐데 이렇게 하면 상단의 메시지를 보지 못하고 뭐가 잘못됐는지 찾느라 시간을 허비한다.

그럼, 이건 어떤가?

그림 8-8 즉각적인 에러 표시로 문제를 쉽게 발견한다

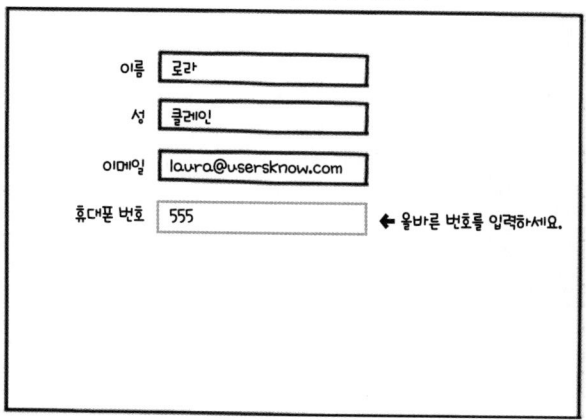

눈에 확 들어오는가?

핵심이 되는 정보와 실행 버튼을 다룰 때는 이렇게 가까이 둬야 한다. 이런 방식으로 디자인을 생각하다 보면 제대로 만든 애플리케이션 찾기가 얼마나 힘든 일인지 알고 깜짝 놀라게 될 거다.

이 시점에서 필요한 게 바로 스케치다.

스케치의 장점은?

다이어그램처럼 스케치는 처음부터 끝까지 전체적으로 문제를 조망하기에 엄청 유용한 방법이다.

스케치는 제품이나 기능을 시각화할 때 가장 먼저 하는 일이다. 이제 기능을 "사용자 로그인이 필요하다"와 같은 스토리가 아닌 로그인에 필요한 요소의 묶음으로 접근해야 한다. 동시에 요소 간의 연관성에 따라 각각 어디에 배치할지 생각하기 시작해야 한다.

이 과정은 빨리 그려보고 버릴 수 있는 스케치로 해보는 게 적절하다. 종이 위에 요소 여러 개를 그린 다음, 이리저리 옮기고 버리고 새로 추가하는 일을 몇 분이면 해볼 수 있다. 스케치 대여섯 장에 다른 요소를 각각 배치해보거나 정보를 다르게 묶어볼 수도 있다. 쉽게 실험하고 확인해볼 수 있는 것이다.

기능이 생각보다 간단하지 않다면 스케치 여러 개를 플로우 다이어그램과 합친 다음 서로 얼마나 잘 맞아 떨어지는지 확인하는 것도 좋은 방법이다.

어떻게 만들 수 있을까?

나는 발사믹을 제일 좋아하지만, 목킹버드Mockingbird, 목플로우MockFlow, 옴니그라플 아니면 다양한 형태의 종이 템플릿과 같이 사용하기 편하고 좋은 다른 도구도 많이 있다. 찾아보면 간단한 제품부터 복잡한 기능의 제품까지 종류도 많고 가격대도 다양하다. 그중에서 각자에게 맞는 제품을 골라 쓰면 된다.

많은 디자이너가 종이와 연필로 스케치를 한다. 물론 괜찮은 방법이지만 몇 가지 단점이 있다. 최신 버전을 유지하거나 대폭 변경하는 일은 어렵다. 한두 개만 수정해도 낙서뭉치처럼 보이는 탓이다.

또, 참고용으로 보관하기도 어렵다. 나는 여러 프로젝트에서 나온 수천 장의 스케치를 컴퓨터에 저장해놓고 필요할 때마다 쉽게 찾을 수 있도록 한다. 하지만 종이 스케치라면 보관부터 찾기까지 모든 게 쉽지 않다.

일단 도구를 정했으면 요소를 대충 그룹으로 묶는 것부터 시작하자. 그리고 화면의 위계를 고민하거나 화면 디자인을 하는 게 아니라면 보여주려는 것의 맥락을 고민해보자.

요소를 가볍게 배치해보고 함께 있어야 할 것을 파악해보자. 사용자 정보를 보여준다면 사진도 있어야 할까? 이름은? 또 다른 사용자 정보가 있나? 여러 개의 정보를 리스트로 보여줄 때 사용자가 선택할 수 있는 리스트 항목은 어떤 것이 있나? 리스트 하나가 나을까, 작은 리스트 두 개로 빨리 훑어보는 게 나을까? 한 번에 필요한 걸 다 보여줄까, 아니면 정보가 너무 많으니 나눠서 제공할까? 단계별로 진행하게 해야 하나?

스케치를 잘하기 위해선 많이 하는 수밖에 없다. 일단 한 장 스케치해보자. 그리고 반복해서 그려보자.

와이어프레임은 무엇이고 왜 중요한가?

와이어프레임이 무엇인지에 대한 명확한 정의는 없다. 참 답답한 일이다.

나는 그저 네모박스로 이루어진 개략적인 와이어프레임도 봤고, 동시에 꽤 세밀하게 표현되어 인터랙티브 프로토타입처럼 쓸 수 있는 것도 봤다. 와이어프레임에 대한 정의는 디자인을 누구에게 배웠느냐에 따라 완전히 달라질 수 있다.

그러나 와이어프레임의 중요성은 바로 쓰임새다. 내게 와이어프레임은 가벼운 스케치와 인터랙티브 프로토타입 사이 어디쯤이다. 나는 화면상에서 기능을 상세히 고려하기 시작할 때쯤 와이어프레임을 만든다.

유용한 와이어프레임은 실제 제품에 들어가는 모든 문구와 버튼, 실행 버튼, 내비게이션 요소 모두를 포함해야 한다. 비주얼 디자인은 아직 하나도 없고 나중 일이기도 하다. 그렇지만 스케치로 그렸던 모든 요소가 들어가야 하고 화면 위에서 잘 어우러져야 할 뿐 아니라 전체 기능이나 서비스 측면에서도 짜임새가 있어야 한다.

예를 들이, 아이들의 사진을 올릴 수 있는 기능을 만든다면 와이어프레임에서는 모든 개인정보 설정과 업로드 설정, 필터링과 정렬 등을 모두 알 수 있어야 한다. 전부 다 있어야 한단 얘기다. 스케치를 할 때처럼 '필터링 가능' 정도로 적어둔 채 드롭다운 메뉴를 그려선 안 된다. 사람들이 자기네 아이 사진만 보고 싶어 하는 건지, 다른 아이들의 사진을 보고 싶을 땐 어떻게 해야 하는지, 구체적으로 명시해야 한다.

와이어프레임은 기능을 표현하기 위해 필요한 콘텐츠의 양이 어느 정도인지, 맥락상 화면 어디에 위치해야 하는지 결정하는 데 필요하다. 언젠가 더미 텍스트 말고는 아무것도 그려져 있지 않은 문서를 와이어프레임이라며 보여준 사람이 있었다. 난 네모박스 모음으로 밖에 안 보인다고 웃으며 얘기해주었다.

그림 8-9 와이어프레임이라 부를 수 없다. 게다가 이런 스케치는 도움도 되지 않는다

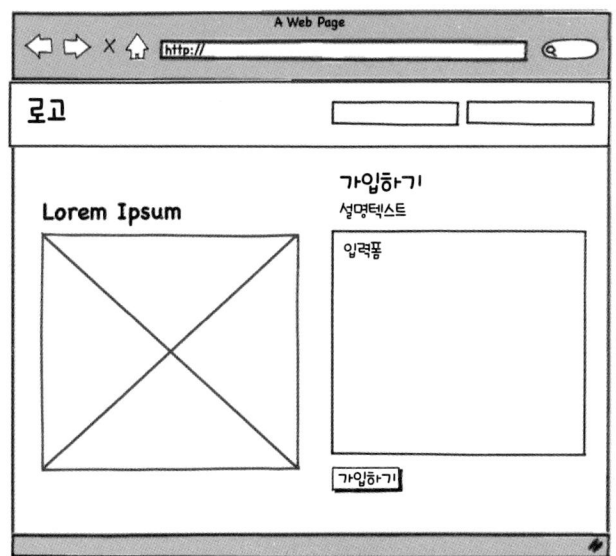

와이어프레임에서 콘텐츠는 아주 중요하다. 콘텐츠 없이는 실제 얼마나 많은 공간이 필요한지 감을 잡을 수가 없다. 와이어프레임으로 모든 게 화면에 잘 맞게 들어가는지 알 수 있어야 한다. 필요한 게 한 줄짜리인지 혹은 긴 문장인지를 알아야 가능한 일이다.

그림 8-10 앞의 그림과 모양은 비슷하지만 이제 알아볼 수도 있고 더 유용해졌다

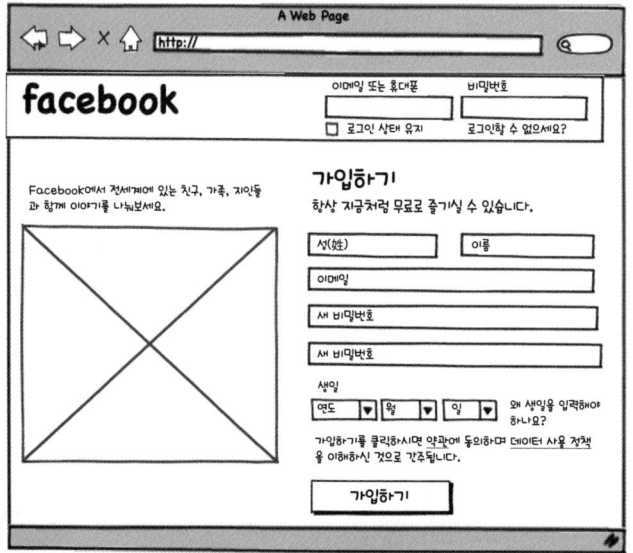

각기 다른 완성도별로 와이어프레임을 만들 수 있지만, 잊지 말아야 할 핵심은 와이어프레임으로 각각의 화면이나 상태에 필요한 모든 것을 파악할 수 있다는 점이다.

여러 장의 와이어프레임을 묶을 수 있다면 아주 간단한 형태의 인터랙티브 프로토타입을 만들 수도 있다. 이 방법은 훨씬 적은 노력으로 제대로 된 인터랙티브 프로토타입의 80% 효용을 얻을 수 있을 만큼 유용하다.

와이어프레임의 장점은?

와이어프레임은 많은 부분에서 그 가치를 발휘한다. 나는 주로 디자인을 좀 더 세밀하게 파악할 때 와이어프레임을 활용한다. 힘들더라도 문구를 억지로 쓰다 보면 화면을 더 잘 이해할 수 있다. 드롭다운 메뉴에 필터를 써넣다 보면 수많은 유저스토리를 고려하게 되고 사람들이 어떻게 생각할지 혹은 화면을 조작하며 무엇을 느낄지에 대해 공감하게 된다.

와이어프레임이 디자이너에게만 좋은 건 아니다. 와이어프레임을 몇 장 묶으면

사용성에 대한 피드백을 얻을 정도의 충분한 완성도가 나온다. 와이어프레임은 조작할 수 있는 실제 제품처럼 보이기에 충분하므로, 사용자에게 보여줘서 화면에 대해 어떻게 생각하는지, 어떻게 태스크를 완수할 지 들어볼 수 있다.

또한 와이어프레임은 디자인 명세 문서를 상당 부분 대체할 수 있다. 예전에는 제품이 작동하는 모든 방식과 사용자가 마주하는 모든 오류 상황을 규정하는 수십 장의 문서를 작성해야 했다. 이 문서는 복잡한 보고서를 쓰는 것 마냥 괴로운 일이어서 작성하는 사람 뿐만 아니라 읽는 사람에게도 아주 고역이었다. 암담한 시간이었다.

이제 나는 거대한 문서더미를 건네는 대신 화면에 정확히 무엇이 표시되어야 하는지만 보여주면 된다는 걸 깨달았다. 거기엔 모든 상태에 대한 화면도 포함된다. 드롭다운 리스트에 무엇이 들어가냐고? 눌러보면 된다! 에러 메시지가 언제 어떻게 보여지냐고? 에러 상황 안에 딱 들어 있다.

하나의 와이어프레임은 피봇탈 트래커[1]에 있는 백 개 넘는 이슈 리스트와 아무도 읽지 않는 수십 장의 디자인 명세 문서 만큼의 가치가 있다. 결코 과장이 아니다. 만약 디자인 방법 중 단 한 가지 방법만 배워야 한다면 아주 상세한 와이어프레임 제작방법을 배우길 권한다.

어떻게 만들어야 할까?

와이어프레임에 대한 수많은 정의가 있는 만큼 와이어프레임 제작에 도움을 주는 제품 또한 아주 다양하다. 모두 훌륭한 제품들임을 의심할 바 없다. 물론 내가 사용하는 제품은 정해져 있어 나머지 제품은 대부분 사용해보지 못했지만 말이다.

스케치보다 한 단계 나은 수준의 와이어프레임 정도라면 나는 발사믹Balsamiq을 사용한다. 인터랙션을 가미한 더 높은 수준의 와이어프레임이라면 HTML과 CSS를 활용한다. 이 경우 인터랙티브 프로토타입으로 바꿔 사용하기도 쉽다.

---

[1] 역자주_ Pivotal Tracker. 피봇탈랩스Pivotal Lab에서 만든 애자일 협업 관리 툴로 이슈 관리, 이터레이션 계획, 진행상황 차트 등의 기능을 제공한다. http://www.pivotaltracker.com/

뭐든 각자 원하는 방식으로 와이어프레임을 만들면 된다. 와이어프레임을 만들기 좋은 프로그램으로 액슈어, 옴니그라플, 모킹버드Mockingbird, 저스트인마인드 JustInMind 등 수많은 제품이 있다. 한번 검색해봐라. 지금까지 이 책에서도 6개 이상의 와이어프레임 제작 도구를 소개했다.

인터랙티브 프로토타입이 필요할까?

인터랙티브 프로토타입을 만들면서 완벽하게 작동되길 바랄 필요는 전혀 없다. 엄청난 양의 재작업을 피하기 위해서 어쩔 수 없는 경우를 빼고 말이다.

사실 인터랙티브 프로토타입을 만들어야 할 이유도 그리 많지 않다. 게다가 그중 한 가지는 좀 바보 같은 이유다.

그건 바로 투자자나 조직의 상급자에게 아이디어를 설명하고 설득하기 위한 경우이다. 혹시 지금 그런 일을 하고 있다면 관둘 생각을 해볼 필요가 있다. 진심으로 완전한 인터랙티브 프로토타입 제작을 주 업무라 생각하는 사람이라면 일을 끌고 나가는 법을 배워야 한다.

인터랙티브 프로토타입은 실제 제품 구현에 많은 시간과 비용을 쏟아 붓기 전에 디자인이 가진 문제를 모두 알아낼 목적으로 만들어야 한다. 알다시피 실제 제품을 사용하는 것보다 더 나은 사용성 테스트 방법은 실제 제품의 복제품 같은 걸 사용하는 거다.

구현 시간이 많이 걸리는 기능이나 복잡한 제품, 또는 어떤 이유에서든 쉽고 빠르게 수정하기 어려운 제품이라면 인터랙티브 프로토타입이 효과적인 방법이 될 수 있다. 어떤 인터랙션에 대한 두 가지 접근방법 중 어떤 것이 나은지 의문인 경우, 두 안 모두를 프로토타입으로 만들고 비교하며 테스트해볼 수 있다.

기본적으로 제품 전체를 어렵게 구현하는 대신 실제와 아주 가까운 제품을 테스트함으로써 시간과 비용을 절약할 수 있다면 인터랙티브 프로토타입을 활용하는 것이 좋다.

예전에 소상공인용 제품을 만드는 팀과 함께 일한 적이 있었다. 이 제품을 효과적으로 사용하려면 재정 관리 서비스인 민트Mint처럼 사용자가 자신의 계좌를 모두 등록해야 했다.

우리는 더 간편하게 계좌를 등록하는 방법을 찾길 원했다. 당시 문제는 외부 서비스와의 연동 등으로 인해, 변경사항을 적용하는 일은 복잡하고 어려우면서 큰 일이었다.

사실 그 자체로는 큰 문제가 아니었다. 개발자는 덩치가 크고 복잡하고 어려운 문제에 대해 걸고 넘어지기 마련이다. 문제는 사용자 조사를 토대로 찾은 몇 가지 접근방법 중 어떤 것이 최선인지 완전히 확신할 수 없다는 거였다.

물론 흔히 벌어지는 일이다. 보통 사용자의 문제를 완벽히 이해했다 하더라도 문제를 해결하는 아이디어는 여러 가지가 있을 수 있기 때문이다.

자원이 무한정하다면 세 가지 접근방법을 모두 구현하고 사용자가 어떻게 사용하는지 관찰하면 그만이다. 만약 문구를 변경하거나 버튼 위치를 수정하는 것처럼 소소한 변경이라면 당연히 모두 적용해보았을 것이다.

하지만 이런 자잘한 차이가 아니었다. 그래서 우리는 인터랙티브 프로토타입을 만들었다.

일단, 실제 기능 구현에 쓰일 시간을 쪼개서 세 가지 아이디어를 인터랙티브 프로토타입으로 만들고 그것을 통해 기본 사용성 테스트를 해볼 수 있었다.

다섯 명의 참가자에게 세 가지 프로토타입을 모두 보여준 다음 주요 태스크인 계좌 정보 등록을 부탁했다. 아직 백엔드 시스템이 마련되진 않았기 때문에 인터랙션은 모두 가짜였지만, 실제 제품처럼 작동하고 반응했다.

테스트할 때는 기본 원칙을 엄격히 지켰다. 사용자를 유도하지 않았고 테스트하는 프로토타입의 순서도 매번 바꿨으며 참가자 유형도 적절히 섞었다.

테스트를 한 결과 참가자 다섯 명 모두가 태스크를 쉽게 완료한 프로토타입이 있었다. 다른 프로토타입에서는 태스크 완료 시간이 더 길었으며 태스크를 수행하며 더 자주 질문 했다. 기존 제품에 이미 구현된 기능을 모방했던 마지막 프로토타입에서는 아예 태스크를 완료하지 못한 참가자도 나왔다.

더불어 프로토타입 테스트 중 몇 가지 문제점과 의문점을 찾은 덕에 실제 기능을 구현하기 전에 좀 더 보완할 수 있었다. 다시 말해, 기능 배포 후에 해야 할 작업이 훨씬 줄었다는 의미였다.

인터랙티브 프로토타입의 장점은?

인터랙티브 프로토타입은 개발에 시간이 너무 오래 걸리거나 나중에 고치기 힘든 기능을 다양한 유형으로 만들어 실제 사용자를 대상으로 제품을 테스트할 때 아주 좋다.

물리적인 디바이스나 패키지 소프트웨어처럼 한번 출시하면 쉽게 고치기 힘든 제품을 만든다면 인터랙티브 프로토타입은 사용자가 사용하기 전 가능한 많은 문제를 찾아낼 수 있는 필수적인 도구라 할 수 있다.

마찬가지로 처음부터 완벽하게 출시되어야 하거나 딱 한 번 사용되는 제품이라면 제품이나 기능을 실제 출시 버전과 거의 같은 모습으로 테스트해보는 과정이 매우 중요하다.

어떻게 만들 수 있을까?

이건 무엇을 만드느냐에 따라 완전히 다르다. 웹 애플리케이션을 만드는 가장 좋은 인터랙티브 프로토타이핑 도구는 HTML, CSS, 자바스크립트다. 이 방법은 빠르게 만들고 테스트하는 과정을 반복할 수 있기 때문에 모바일 앱을 만들 때 역시 좋은 인터랙티브 프로토타입 도구로 활용할 수 있다.

하지만 굳이 힘든 길을 택하고 싶다거나 플래시나 실버라이트 혹은 다른 어마어마한 도구를 선호하는 사람이라면 무얼 사용하든 자기 마음이다. 개발자라면 개발하기 편한 언어로 프로토타입을 만들면 된다. 하지만 프로토타입은 결국 버려지니 다 버리고 처음부터 새로 만들어도 부담 없는 방법으로 만들어야 한다는 점은 염두에 두자.

어떤 걸 만들어야 하나?

기억해야 할 핵심은 실제에 가깝게 만들수록 더 많은 정보를 얻을 수 있다는 점이다. 동시에 얻고자 하는 정보에 비해 너무 과하게 만들지 말아야 한다는 것도 중요하다.

예를 들어, 문구에 대해 피드백을 얻으려고 비주얼 디자인까지 완벽하게 구현된 인터랙티브 프로토타입을 만든다면 그건 어리석은 시간낭비다. 문구 테스트는 랜딩 화면 테스트나 가벼운 A/B 테스트로도 가능하다.

반대로 대충 그린 스케치로 복잡한 인터랙션이 있는 기능을 테스트한다면 원하는 정보를 얻기 어렵다.

더불어 개발팀이 기능을 구현하는 데 필요한 요구사항도 고려할 필요가 있다. 개발팀에 어느 정도 구현 범위를 알려줘야 할까? 모든 인터랙션을 하나하나 확인할 필요가 있을까? 가끔은 그러기도 한다. 다른 기능을 개발하고 있는 개발팀에는 디자인에 대한 광범위한 얘기를 전달할 수도 있다.

인터랙션 디자인에 대해 개발팀이 내린 결정을 신뢰한다면 낮은 완성도의 목업을 전달하고 개발하면서 생기는 예외적인 이슈를 함께 작업하면 된다. 나는 팀에서 종종 이런 방식으로 일해왔고 덕분에 시간을 많이 아낄 수 있었다. 정말 뛰어난 시니어 개발자들과 함께 작업하는 것은 확실히 좋은 실천 방법이라 추천한다.

모든 기능이나 제품을 만들 때마다 매번 모든 단계를 거쳐야 하는 건 아니다. 경험상 기존 제품에 기능을 추가할 때 고작해야 한두 가지 정도의 도구만 사용한다.

자세히 들여다보면 기존 제품에 기능을 추가하는 건 그리 방대한 일이 아니다. 디자이너가 담당하는 일 중 많은 부분이 작은 단위로 반복하며 확인하는 것이다. 상품 상세 페이지에 댓글 기능을 추가하기 위해 다이어그램, 스케치, 와이어프레임, 프로토타입까지 만드는 건 어마어마한 시간낭비가 될 수 있다.

하지만 매번 어떤 단계를 거칠지 의식적인 판단을 내리는 건 매우 중요하다. 시간이 없다는 이유로 프로토타입을 건너뛰어서는 안 된다. 특정 기능을 추가하는 데 정말 프로토타입이 필요하지 않거나 필요한 정보를 얻는 더 빠른 방법이 있을 때는 프로토타입 단계를 넘어간다. 마찬가지로 기능이 그리 복잡하지 않다면 다이어그램을 그리지 않고 생략해도 되지만 어떻게 그려야 할지 몰라서 넘어가는 건 안 된다.

각 단계가 가지는 장단점을 완전히 이해하고 매번 어떤 단계를 이용해야 할지 결정해야 한다. 하다 보면 금방 익숙해지겠지만, 그 전까지는 늘 이런 과정을 거쳐야 한다.

보기 좋아야 하나?

이미 말했지만, 너무 일찍부터 예쁘게 만들기 시작하면 마이스페이스보다 더한 UX 실패를 부르게 된다.

다이어그램이나 스케치, 와이어프레임 혹은 프로토타입 단계 어디에 있든 결과물을 멋지게 만드느라 노력을 쏟는 건 피해야 한다.

물론 깔끔하게 만들어야 한다. 명료하고 분명하게 만들어야 한다. 하지만 폰트나 그러데이션, 색상에 얽매여선 안 된다. 물론 이미지 첨부도 괜찮다. 하지만 이미지를 완벽하게 넣으려 하거나 밝기를 조정하고 멋지게 잘라내는 데 시간을 써서는 안 된다.

이 단계에서 예쁘게 만드는 데 시간을 들인다면 엄청난 시간 낭비일 뿐이다. 사용자 테스트를 통해 잘못된 것을 모두 알아내고 나면 공들인 것 중 일부는 분명 바꿔야 하기 때문이다. 픽셀 하나까지 맞추느라 일정을 허비했는데 그걸 전부 버리거나 어렵사리 만든 내비게이션 구조가 완전 잘못되었다는 걸 알고 다시 시작해야 한다면 얼마나 끔찍한 기분이 들겠는가.

게다가 픽셀 단위까지 완벽하게 맞추고 나면 디자인을 바꾸기는 쉽지 않다. 꼭 필요한 경우라도 말이다. 예를 들어, 사람들을 혼란스럽게 만드는 메인 화면 전부를 버려야 하는데도 많은 시간과 돈을 들여 멋지게 디자인했다는 사소한 이유 하나 때문에 버리지 못할 수도 있다.

확실한 이유라 볼 순 없지만 또 다른 이유는, 보기에 정말 멋진 프로토타입을 제작함으로써 사용자 테스트에서 사용성과 관련된 중요 피드백을 얻기 힘들 수도 있다. 비주얼 디자인 요소가 너무 강하면 사용자의 주의를 끌게 되고 참가자들은 비주얼적인 면에 더 집중하게 된다. 그러지 말아 달라고 여러 번 주의를 주더라도 말이다.

또한, 디자인이 완전히 입혀진 프로토타입은 '완료'된 느낌을 준다. 이럴 경우 테스트 참가자는 예의를 차리려는 경향이 있어서 완료된 느낌이 들면 들수록 나쁜 피드백을 꺼리게 된다.

물론 유용한 피드백을 전혀 얻을 수 없다는 건 아니다. 테스트 단계에서 비주얼 디자인 요소를 배제할수록, 더 나은 그리고 더 사용성에 집중된 피드백을 얻을 수 있다는 말이다.

예쁘게 만들어서 안 되는 마지막 이유는 전체 사용자 경험을 생각해보기 전에, 비주얼 디자인에 맞게 무의식적으로 타협하게 된다는 것이다. 버튼이 어떻게 보일지 고민하는 데 시간을 쓰기 시작하면 시야가 좁아져 그 버튼이 필요한지와 같은 정작 더 큰 문제를 놓치고 만다.

이건 심각한 문제다. 디자인 프로세스의 초기 단계에서는 내비게이션과 기능 분류, 사용자에게 중요한 태스크와 플로우가 무엇인지 파악해야 한다. 이런 작업을 하는 동시에 완벽한 블루계열 색상까지 찾아낸다는 건 아주 어렵다.

완벽한 느낌의 파란색을 찾는 게 중요하지 않다는 말이 아니다. 오히려 엄청나게 중요한 일일 수도 있다. 다만 디자인 프로세스의 후반부에 중요하다는 말이다. 예상과 달리 파란색이 사용자를 말도 안 되게 혼란스럽게만 한다고 깨닫게 될 수 있고, 그러면 파란색으로 만들려던 모든 인터페이스 요소는 없애야 할 수 있기 때문이다.

그래서 이번 단계에서는 비주얼 디자인에 대한 어떠한 시간 낭비도 해선 안 될 뿐 아니라 비주얼 디자인에 대해 아예 생각조차 하지 말라고 당부하고자 한다. 너무 하고 싶더라도 말이다.

마지막으로, 한 마디 더 경고하자면 혹시 지금 에이전시나 그와 유사한 회사와 일하고 있다면 그들은 산출물을 매력적으로 만드는 데 대부분의 시간을 들이고 있을 것이다. 일반적으로 에이전시는 하다만 것처럼 보이거나 아름답지 않은 작업물을 보여주는 걸 탐탁지 않게 생각한다. 하지만 에이전시가 작업물을 보기 좋게 만드는 시간만큼 그만한 비용을 지불해야 하기 때문에 이건 상당히 중요한 문제다.

제안하고 싶은 방법은 에이전시가 디자인을 완료하거나 완벽한 목업을 만들 때까지 기다리기보다는 가능한 한 작업물을 많이 공유해 달라고 계속 요청하는 것이다. 디자인을 빨리 볼수록 테스트 결과가 나빴던 부분을 더 쉽게 고칠 수 있고 작업물이 예뻐지는 데 낭비되는 비용을 조금이라도 절약할 수 있다.

알아두면 좋은 것: 페이퍼 프로토타입이 싫은 이유

내가 만났던 모든 인터랙션 디자이너는 모두 페이퍼 프로토타입의 장점으로 사용자에게 빠르게 피드백을 얻을 수 있는 점이라 꼽는다.

"진짜 빠르죠! 재빨리 획획 스케치한 다음 사용자에게 보여주기만 해도 엄청난 피드백을 얻을 수 있죠!"라고 환호한다.

내 기준으로 대다수 사람들의 생각에 좀 과격하게 반대한다는 점은 인정하겠지만 사람들이 실질적인 사용자 피드백을 얻을 수 있는 방법으로 페이퍼 프로토타이핑을 거론할 때마다, 그들을 한 대 때려주고 싶다.

한번 보자. 인터랙션 디자인에서 페이퍼 프로토타입과 스케치는 각자 하는 역할이 있다. 둘 다 디자인 프로세스 초반에 여러 가지 다양한 아이디어를 빠르게 브레인스토밍하는 데 상당한 도움을 준다. 이 점은 이미 수없이 언급했다.

그럼에도 내 생각에 둘 다 몇 가지 심각한 결함이 있다.

그림 8-11 이게 뭔지 아무도 모른다

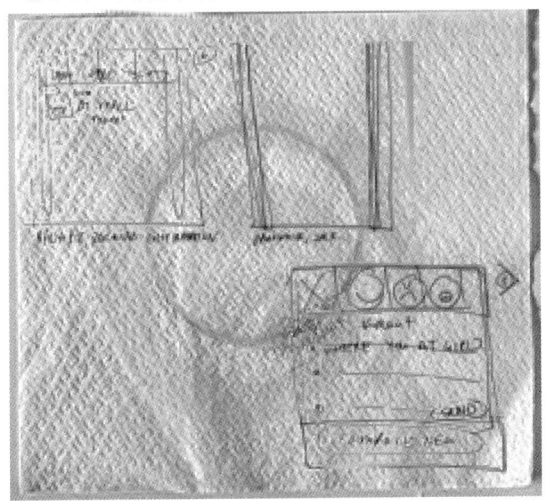

나도 남들처럼 바에 앉아 스케치하는 걸 좋아하지만, 그걸 갖고 제대로 된 사용성 테스트를 하긴 어렵다는 걸 인정해야 한다.

더 얘기하기에 앞서 페이퍼 프로토타입이 뭔지 정의해보자. 사람들은 실제 종이 위에, 때로는 냅킨 위에 스케치한 것부터 색상을 완벽히 입힌 비주얼 디자인 목업까지 모두를 페이퍼 프로토타입이라 부른다.

여기서는 아이디어에 대한 피드백을 받기 위해 고객이나 테스트 참가자에게 공유하는 인터랙션이 전혀 없는 화면이나, 목업 혹은 스케치를 모두 페이퍼 프로토타입이라고 해보자. 실제 종이에 출력한 것이든 컴퓨터 화면에서 보여지는 것이든 인터랙션이 없다면 페이퍼 프로토타입이라 할 수 있다.

그럼 왜 나는 페이퍼 프로토타입을 좋아하지 않을까?

화면 대 종이

첫 번째 불만은 실제로 출력하거나 종이에 직접 그린 화면 때문이다. 곧 나열할 몇 가지 예외에서 이 접근법이 제품이나 아이디어에 친숙하지 않은 사람들에게 피드백을 얻을 때 아주 역효과를 낼 수 있다는 걸 알 수 있다.

손으로 한 스케치든 출력한 것이든 종이로 조작하는 건 컴퓨터 화면을 조작할 때와 다르다. 참가자들은 각자 다른 시각에서 프로토타입을 본다. 레이아웃의 다른 부분에 집중하며 마우스와 키보드 대신 손으로 조작한다. 다양한 상태를 표현하기 위해서 종이를 여러 장 섞기도 한다.

누군가에게 종이 한 장을 보여준다면 그 사람이 컴퓨터 앞에 앉아 있을 때와 손으로 태블릿을 잡고 있을 때의 마음자세는 다르다. 즉, 지금 보고 있는 것이 뭔지 이해할 수 있는 맥락이 없다는 뜻이다. 종이로 피드백을 받으려 했을 때 사용자는 종이에 그려진 게 뭔지 이해하는 데 너무 많은 시간이 걸렸다. 예를 들어, 모니터에 표시된 라디오 버튼은 곧바로 알 수 있지만, 종이 위에 표시된 경우 그저 작고 둥근 원으로 보기 쉽다. 참가자가 그림이 뭘 뜻하는지 알아내는 데 허비하는 시간은 모두 실제 아이디어에 대한 피드백에 엄청난 영향을 줄 수밖에 없다.

출력한 디자인을 통해 얻는 피드백은 참가자가 컴퓨터 화면으로 하는 것과는 기본적으로 다른 방식으로 인터랙션해서 얻어지는 것이라 중립성을 잃게 된다.

물론 이 '페이퍼' 프로토타입을 컴퓨터 화면에 보여줌으로써 이런 문제를 어느 정도 피할 수는 있다. 이 경우 또 다른 문제가 발생하지만 말이다.

애니메이션과 인터랙션

나는 인터랙션 디자이너다. 내가 하는 일의 많은 부분이 사용자가 제품과 상호작용할 때 어떤 일이 일어날지를 판단하는 것이다. 예를 들어, '문의하기'라 적힌 텍스트를 클릭했을 때 제품을 만든 사람에게 연락할 수 있을 거라 예상한다.

하지만 그렇게 분명 할까? 링크가 또 다른 정적인 페이지로 데려다 주기만 하던 예전을 생각하면 물론 그렇다. 하지만 지금은 어떤 일도 일어날 수 있다. 마우스 오버나 클릭하는 경우 다른 결과가 나올 수도 있다. 아니면 대표자와 실시간 채팅을 할 수 있는 옵션이 있을 수도 있고 화면을 벗어나지 않고 즉시 내용을 입력할 수 있는 폼이 나올 수도 있다. 문의 양식에는 현재 위치나 계정 종류에 따라 내 정보가 이미 입력되어 있을 수 있다. 문의처 정보가 표시될 때는 애니메이션으로 나타나거나 사용자가 먼저 선택한 항목에 따라 화면이 바로 바로 변경될 수도 있다.

이 모든 인터랙션은 인터랙티브 와이어프레임과 달리 페이퍼 프로토타입으로 진행하기가 훨씬 어렵다. 물론 각 인터랙션 단계를 모두 다른 화면으로 만들어 보여줄 수도 있지만, 단계가 많으면 복잡할 뿐만 아니라 종이를 빠르게 뒤섞다 보면 참가자는 길을 잃어버릴 수 있다.

만약 페이퍼 프로토타입으로 다양한 인터랙션에 따른 상태변화를 보여줄 수 없다면 실제로 프로토타입으로 얻을 수 있는 건 거의 없다. 일반적으로 이런 사용자 조사는 사용자가 인터페이스를 이해하거나 태스크를 완수하는지 확인하는 데 유용하다. 종이 위에다 인터페이스를 축소해서 얹어놓아서는 이런 걸 확인하기는 거의 힘들다.

나는 사용자 테스트를 정말 많이 진행해보았다. 작동하는 제품이나 인터랙티브 프로토타입, 컴퓨터에 띄어놓은 화면 이미지, 순수한 페이퍼 프로토타입 그리고 실제 제품 목업 등으로 사용자 테스트를 진행했다. HTML로 만든 것부터 비지오Visio 혹은 카드보드지로 만든 프로토타입까지 사용해봤다.

여기서 일관되게 발견했던 점 하나는 최종 제품의 인터랙션에 가까운 프로토타입일수록 제품화되었을 때 발생하는 문제를 줄일 수 있다는 것이다. 100% 제품을 완성할 때까지 테스트를 미루기보다는 개발 단계에서 반복적으로 테스트할 것을 추천한다. (알다시피 첫 번째 단계에서 디자인이 완벽하지 않다는 가정 하에 말이다.) 인터랙티브 와이어프레임은 완전하게 작동하는 제품이 없이도 테스트 목적에 필요한 부분을 자연스럽게 탐색하고 발견할 수 있기 때문에 속도를 희생하고 시도해볼 수 있는 최선의 선택이라 할 수 있다.

탐색 테스트

인터랙션이 빠진 페이퍼 프로토타입은 사용자가 제품을 탐색하기에 적절치 못하다. 실제로 단 한 장의 화면만 그리거나 독립적인 화면 몇 장만 디자인하는 경우는 거의 없기 때문이다.

우리는 제품을 디자인한다. 사용자는 제품을 탐색하고 여러 가지 태스크를 수행한다. 가령 이메일 앱에서 할 수 있는 모든 다양한 활동을 생각해보자. 최소한

메일 읽기, 보내기, 저장하기, 검색하기, 삭제하기가 필요하다. 이러한 태스크는 각기 개별적인 플로우가 있고, 각 단계마다 맞고 틀린 방법이 있을 수 있다.

물론 예외도 있다

사용자에게 한 페이지만 보여줘서는 이런 프로세스의 첫 번째 단계만 테스트해볼 수 있다. 자연스럽게 탐색하면서 모든 종류의 이슈를 찾는 건 어렵다는 이야기다. 만약 사용자가 메시지를 작성하고 싶다면 잠깐 멈추고 다른 화면을 보여주며 넘어갈 것인가? 갑자기 어떤 걸 삭제하고 싶다면? 말 그대로 자연스럽게 이런 인터랙션을 테스트해보려면 종이 몇 장을 보여주는 것으로는 어렵다.

이런 단점에도 출력한 디자인으로 사용자에게 피드백을 받거나 팀원과 커뮤니케이션하는 데 효과적일 때도 가끔 있다.

1 **아주 아주 아주 아주 초기 디자인 단계에 있고 팀원들과 다양한 아이디어를 브레인스토밍하면서 모두 같은 방법으로 제품에 대해 생각해보려는 경우**: 이런 경우 종이는 아주 빠르고 효과적인 방법이 될 수 있다. 하지만 얼른 더 나은 매체로 옮기지 않으면 디테일을 신경쓰기 어렵다. 또 잠재 사용자들에게 보여줄 수도 없으며 팀원들과의 작업만 가능하다.

2 **브로셔나 사용설명서, 책과 같은 인쇄물을 만들고 있는 경우**: 사람들이 인쇄된 매체를 어떻게 다루는지 알고 싶을 것이다.

3 **모바일 인터페이스를 디자인하는 경우**: 페이퍼 프로토타이핑은 다른 터치가 불가능한 인터페이스 형태에 비해 모바일은 좀 더 유용하다. 하지만 제스처를 통해 피드백을 얻긴 힘들고, 인터페이스를 터치한 다음 일어나는 반응을 참가자가 이해하기에는 좀 어색할 것이다. 하지만 적어도 사람들에게 마우스나 키보드를 사용한다고 상상해달라 요청할 필요는 없다. 모바일 환경에서는 좀 더 사용해볼 수 있지만, 그렇다 해도 얼른 실제 프로토타입으로 넘어가야 한다.

4 **제품이 임베디드 형태나 작은 화면의 디바이스 등에 들어가는 인터페이스여서 인터랙티브 프로토타입을 빠르게 만들기 어려운 경우**: 예를 들면, 자동차 대시보드에 있는 헤드업 디스플레이는 적절한 맥락에서 인터랙션을 보여주기가 어려울 것이다. 더 높은 완성도로 넘어가 아이패드와 같은 걸로 프로토타이핑하는 걸 고려해도 말이다.

5 **여러 가지 다른 비주얼 디자인이 있고, 어떤 것이 가장 주의를 끄는지 알아보기 위해 모든 사용자에게 동시에 보여주려는 경우**: 이 경우에도 화면을 통해 디자인을 보여줄 필요가 있다. 화면과 인쇄물은 색상의 차이가 있기 때문이다. 하지만 다양한 옵션을 쉽게 비교해보려면 출력물을 여러 장 펼쳐놓고 보는 게 도움이 될 수 있다.

6 컴퓨터를 이용하기 정말 어려운 환경에서 디자인 테스트를 해야 하는 경우: 사용자가 암만 파[2] 신도라거나 컴퓨터가 인류를 파괴하려 하는 세계 종말 이후 폐허 속에서 디자인하는 경우라면 말이다.

지금 나열한 상황이 아니면서 일반 컴퓨터에서 사용하는 웹 애플리케이션이나 데스크톱 애플리케이션을 만들고 있다면 프로토타입을 익혀라. 프로세스 초기부터, 더할 바 없이 유용하고 훨씬 상세한 피드백을 사용자와 팀원들로부터 얻을 수 있다.

당장 시작하기!

- **스케치 도구를 골라라!**: 종이 뭉치는 버리고 손쉽게 테스트할 수 있는 도구 고르기
- **적절한 완성도 수준을 파악하라!**: 현재 디자인하는 기능을 살펴보고 어떤 산출물이 정말 필요한지 결정하기
- **익숙함에서 벗어나라!**: 포토샵으로 모든 목업을 만드는 데 익숙하다면 몇 가지 버전은 발사믹으로 그려보기. 술집에 있는 냅킨에 모든 걸 스케치하고 있다면 술부터 줄여보기. 그리고 동작하는 프로토타입 만들기

---

2 역자주_ 스위스의 한 종교 종파. 전기, 자동차를 이용하지 않음

CHAPTER 9

MVP는 M&V이다

> **9장에서 다룰 내용**
> - 최소 존속 제품MVP의 개념과 MVP가 UX 의사결정에 미치는 영향
> - 최소한의 제품과 부실한 제품 간의 차이 이해

다들 MVP에 대해선 이미 알고 있을 것이다. 그리고 진정한 MVP가 얼마나 최소한이어야 하고, 얼마나 실행 가능해야 하는지에 대해 논쟁하는 사람들도 보았을 것이다. 이번 장에서는 MVP에 대한 수수께끼를 풀어보고 언제 MVP가 정말 좋은 아이디어가 될 수 있는지를 알아보겠다.

MVP의 개념은 훌륭하면서도 끔찍하다. MVP는 절대적으로 중요한 것만 남긴 정제된 제품을 만들면서 불필요한 곳에 쓰이는 시간낭비를 막아주는 정말 아름다운 아이디어다.

순서대로 얘기해보자. MVP는 뭘까? MVP는 세상에 내놔봤자 아무도 사용하지 않는 수십 개의 기능과 필요 없는 군더더기로 채워진 거대한 제품을 만드는 데 수개월씩 허비하는 대신, 아주 작은 제품을 만들어 배포한 다음 빨리 학습하는 게 더 나은 방법이란 아이디어를 바탕으로 한다.

그렇다고 정말 작고 쓸모없는 제품을 만드는 걸 의미하지는 않는다. 부실한 제품을 만드는 건 더더욱 아니다. 작고 좋은 제품을 만들어 반복적으로 개선하면서 사람들이 사용할 만한 기능을 붙이는 것이다.

MVP로써 반드시 필요한 기능의 조합이 무엇인지 누군가 합의할 수 있다면 정말 훌륭하겠지만, 예상과 달리 필수적이라 생각했던 것이 사실 유용하지 않은 것으로 판명 나는 경우가 종종 있다. 문제는 사람들이 제품의 어떤 것을 사용하는지 출시하기 전엔 알 수 없다는 거다.

그림 9-1 최소 실행 가능 케이크

그림 9-2 최소한이 아니다

당연한 말이지만, 제품을 다듬어 핵심만 남겨둔다는 건 정말 정말 어려운 일이다. 우리가 해야 하는 일 중 가장 어려운 일일 수도 있다.

그림 9-3 실행 가능하지 않다

결국 '불필요'로 분류했던 기능이 사실은 사람들을 완전히 홀리는 기능이었을지 누가 알겠는가? 출시 전에는 필수적이라 '생각하는' 기능만 계속 파고들 수밖에 없었을 거다. 최소 존속 제품을 출시해야 한다는 사실을 알고 있음에도 불구하고 말이다.

서글픈 사실은 대부분의 회사가 아무도 원하지 않는 기능을 만드는 데 쓸데없는 시간을 보내느라 막상 사용자 문제를 발견할 시간이 부족하다는 거다.

MVP는 문제 해결에 별 도움 안 되는 엄청난 양의 부가적인 기능을 손보느라 어마어마한 시간을 투입하기 전에 한시라도 빨리 각각의 가설을 검증하고 문제를 해결하는 데 도움이 된다.

그림 점진적인 MVP 구현 전략을 살펴보자. 아주 작게 시작해서 반복하면 더 빨리 학습할 수 있고 과도한 구현도 피할 수 있다.

랜딩페이지

랜딩페이지로 아이디어를 검증하는 방법을 기억하는가? 그게 가능했던 이유는 바로 랜딩페이지가 최소 존속 제품이기 때문이다.

혹자는 랜딩페이지가 분명 최소한일 수는 있지만, 실행할 수도 없고 제품도 아니기 때문에 진정한 MVP는 될 수 없다고 반론을 펼치기도 한다. 둘 다 일리 있다고 생각한다.

우선 랜딩페이지는 질문에 답할 수 있기 때문에 실행 가능하다고 분류할 수 있다. 린에서는 검증을 하든 말든 모든 게 가설일 수밖에 없다는 걸 기억해야 한다. 이때 랜딩페이지의 가설은 "사람들이 더 많은 정보를 원할 만큼 우리가 제공하는 것에 충분히 관심을 보인다" 혹은 "심지어 돈을 지불할 정도로 관심을 보인다" 정도로 볼 수 있다.

랜딩페이지를 제품으로 생각하는 대신 제품의 가능성이라고 생각해보자. 사람들이 원할 것이라 여기는 제품을 설명하고 잠재 고객을 이끌어 낸 다음, 제품이 제공하는 것을 기반으로 누가 관심을 보이는지 관찰한다.

그림 9-4 이것이 바로 MVP다

결국 사람들이 아이디어에 대해 추가 정보를 요구할 만큼 충분히 관심을 보이지 않는다는 말은 돈을 지불할 정도의 관심도 얻기 어렵다는 얘기다.

랜딩페이지를 최고의 MVP라고 부를 수 있는 건 많은 자원이나 기술 지식 없이도 수없이 많이 만들어 낼 수 있기 때문이다. 런치락LaunchRock이나 구글 애드워즈Google AdWords를 사용할 수만 있다면 원하는 만큼 많은 MVP를 생산해낼 수 있다.

이를 통해 제품의 문구나 가격뿐 아니라 아주 많은 것을 배울 수도 있다.

이미 출시된 제품이 있고 한 가지 기능 정도만 추가하려 한다면 랜딩페이지를 기능 모듈 정도로 생각할 수 있다. 제품 페이지에 가짜 구매 버튼을 추가하는 일은 실제 존재하지 않는 제품의 랜딩페이지를 만드는 것과 유사하다. 아이디어를 구현하기에 앞서 우선 광고를 통해 수요가 있는지 확인하는 것이다.

첫 번째 이터레이션

이미 랜딩페이지를 만들어서 어떤 아이디어가 가장 높은 전환율을 보이는지 확인했다면 이제 제품을 좀 더 크게 만들어야 할 때가 되었다.

이때 마지막 MVP에서 학습한 내용에 집중하는 것이 중요하다. 랜딩페이지에서 단순한 콘셉트를 광고하고는 막상 첫 번째 제품으로 거대한 괴물을 내놓는 경우가 빈번히 있다.

사람들이 랜딩페이지를 흥미롭게 생각했다고 해서 완전히 새로운 형태의 아이디어로 변신한 제품을 18개월씩이나 기다린다는 걸 의미하지는 않는다. 게다가 그 어마어마한 시간 동안 수많은 경쟁 제품이 출시되고 시장 판도가 완전히 뒤바뀌었을 수도 있다.

MVP의 첫 번째 이터레이션에서는 오로지 랜딩페이지 테스트를 통해 가장 높은 반응을 얻은 기능에 집중해야 한다.

예를 들어, 클라우드 저장 기능을 제공하는 제품을 위한 몇 가지 랜딩페이지 테스트를 만들었다고 해보자. 그중 기밀 문서를 안전하게 공유할 수 있는 기능을 제공하는 랜딩페이지가 가장 반응이 좋았다 치자.

그렇다면 이 제품의 첫 번째 이터레이션 버전에서 문서를 페이스북에 공유하는 기능이 들어가야 할까? 아마 아닐 거다. 페이스북에 공유하는 건 안전하게 공유하는 것과는 전혀 관련 없다. 기밀 문서를 안전하게 공유하는 데 관심을 보인 사람을 발견했다면 그들에게는 기밀 문서를 안전하게 공유할 수 있도록 해야 한다. 그 정도면 된다.

물론, 잠재 고객들에게 문서를 안전하게 공유한다는 게 어떤 의미인지 알아내야 한다. 어떤 종류의 문서가 그들에게 가장 중요한지 알고 싶을 수도 있다. 그들이

'안전하게'라고 이야기할 때 특별히 원하는 조건이 있을까? 어떤 규정 같은 것을 따르길 원할까? 특수한 형태의 보안이 필요할까?

다행히도 스스로 제품에 관심이 있다고 밝힌 사람들의 이메일 주소를 수집했다. 그럼 그들에게 연락해 관심을 보인 이유를 알아보는 건 어떨까? 아주 단순하게 만들어진 랜딩페이지에 이메일 주소를 남길 때 정확히 어떤 제품을 기대했는지 확인해보는 건 어떨까?

단순한 광고에 관심을 보인 사람들이 원하는 가장 중요한 기능 한 가지를 알아냈다면, 최소한이면서 실행 가능한 제품 아이디어를 얻었다 할 수 있다.

여기서 끝이 아니다

해야 할 일이 최소 존속 제품을 만드는 것뿐이라면 참 좋겠지만, 사실 MVP를 만든 다음 반복하는 것이 바로 MVP의 전체 콘셉트다. 그럼 이제 어떻게 반복해야 하는지 알아보자.

구현된 MVP를 테스트할 사용자가 있다면 이제 여러 가지 반응을 얻을 수 있다. 이상적인 모습은 자기 문제가 제대로 해결되었다고 느끼는 사람들이 제품에 극찬을 보내는 것이겠지만, 실제로는 그냥 작은 거 하나 더 추가해주었으면 하는 정도다.

최상의 환경에 있는 우리는, 곧바로 고객들이 요청하는 작은 기능 하나부터 추가하려 들 것이다. 하지만 멈춰라. 아직 아니다.

이 시점에는 실제로 그 기능을 원하는 사람이 얼마나 많은지, 왜 그 기능을 원하는지부터 파악해야 한다.

안전하게 자료를 공유할 수 있는 멋진 제품을 만들었다 가정해보자. 이젠 모든 사람들이 페이스북에 직접 공유할 수 있는 기능을 원한다. 물론 MVP에 포함되지 않았던 기능이라서 만들지 않기로 결정했던 걸 기억할 것이다.

첫 번째 할 일은 그 기능을 원하는 사람을 만나 직접 이야기를 들어보는 것이다. 페이스북으로 공유하는 기능을 원하는 이유를 물어봐야 한다. 대답에 따라 그들이 말하는 그대로 기능을 구현할 수도 있기 때문에 왜 그런지 이유를 파악해야 한다. 이유를 파악한다면 그들이 정말 필요로 하는 기능을 만들어 줄 수도 있는 것이다.

사용자들은 실제로는 많은 친구에게 문서를 빨리 공유하고 싶어서 페이스북이 손쉬운 방법이라 여겼을 수도 있다. 하지만 페이스북에 있는 친구 목록을 자신의 계정으로 가져올 수 있다면 안전하게 공유할 수 있는 더 좋은 대안이 될 수 있다.

아니면 정말 페이스북에 공유하고 싶었을 수도 있고, 둘 다 아닐 수도 있다. 물어보기 전엔 누구도 알 수 없는 일이다.

사용자들이 어떤 기능을 목놓아 외치더라도 그 기능을 원하는 이유를 먼저 찾아내는 것이 가장 중요하다. 이유를 알아야 제대로 문제를 해결할 수 있다.

그러면서 사용자가 그 기능에 대해 비용을 지불할 의사가 있는지도 테스트해볼 수 있다. 그냥 한번 던져보는 거다.

사용자들이 첫 번째 MVP에 여러 가지 반응을 보일 것이라 이야기했다. 전형적인 반응 중 또 하나가 완전한 무관심이다.

다행히 아주 덩치 큰 제품을 만들지도, 시간이 그리 오래 걸리지도 않았기 때문에 사람들이 무관심하게 반응하는 이유를 알아봐야 할 시간이다. 이때에도 사람들이 제품을 좋아할 때와 똑같이 대응해야 한다. 사용자와 접촉해봐야 한다.

이 경우, 랜딩페이지 테스트에서 새 제품에 대한 정보를 얻으려고 가입한 사람들을 살펴봐야 한다. 가장 좋은 테스트 시나리오는 처음에 관심을 보였다가 사용을 중지했거나 사용이 줄어든 사람을 찾아보는 것이다.

아주 깊이 파고들 필요가 있다. 분명 몇몇은 직접 사용해보니 그럭저럭 괜찮았고, 언젠가 다시 사용할 의향이 있다고 할 것이다. 그건 거짓말이다. 제품이 해결할 것이라 여겼던 문제는 무엇이고 왜 해결되지 못했는지 알아내야 한다.

몇 가지 좋은 질문 예제가 있다.

- 가입할 때 기대했던 것은 무엇인가요?
- 제품은 어떤 것 같나요?

- 제품에 대해 기대했던 것과 달랐던 건 어떤 건가요?
- 제품은 얼마 동안 사용했나요?
- 사용 후 당신의 반응은 어땠나요?
- 제품에 대한 학습은 어디에서 했나요?
- 제품에 대해 다른 사람에게 얘기한 적이 있나요? 그렇다면 누구에게 뭐라고 했나요?

마지막 질문이 조금 이상하게 보일 수 있지만, 누구에게 제품을 추천했는지 알면 이 제품이 필요할 것이라 여기는 사람에 대해 많은 걸 알아낼 수 있다. 또, 사람들이 친구나 동료들에게 도움을 요청하곤 한다면 제품이 너무 복잡해 스스로 사용법을 익히기 어렵다는 뜻일 수 있다.

제품을 사용하지 않는 모든 사람들에게 이메일을 보내 그 이유를 물어보고 싶은 마음이 들 수도 있다. 이메일은 정말 쉽다! 몇 초면 된다! 심지어 몇 명은 답장도 보내올 거다!

정말이다. 메일을 받은 몇몇은 답장을 보내 제품을 사용하지 않는 이유를 살짝 알려줄 것이다. 하지만 그 사람들과 직접 대화를 나누며 나머지 이유를 들어봐야 한다. 이메일로 모든 질문에 답할 사람은 없지만, 대화를 통해선 메일에는 쓰지 않았을 내용을 분명 털어놓을 것이기 때문이다.

솔직히 말해, MVP가 먹히지 않는 이유를 알아내는 것이야 말로 우리가 할 수 있는 가장 중요한 일이다. 말 그대로 회사를 살리는 일이 된다. 시간을 들여 제품을 좋아하지 않는 사람들을 직접 만나봐야 한다. 시간을 내줘 고맙다고 이야기하고 솔직한 대화를 시도해보자. 고작 설문 같은 거 하나로 이런 정보를 얻으려 했다면 내가 일일이 쫓아다니며 한 대씩 때려줄 참이다.

한 번 더!

한 번만 더 하는 게 아니다. 한 번 더 해보고 또 한 번 더 해보고 다시 한 번 더 해봐야 한다. 실은 계속 반복해야 한다. 완전한 제품은 이런 작은 반복으로 만들어진다.

사용자를 관찰하고 사용자와 이야기하고 사용자의 말을 귀담아 들어라. 그리고 나서 그 다음 핵심 기능을 찾고 그것의 작은 버전을 만든다. 그런 다음 문제를 해결할 때까지 개선하도록 한다.

그리고는 계속해서 반복하라.

한편으로 반복하는 동안 잘하고 있는지 수치를 보면서 판단해야 한다. 사람들이 새로운 기능을 사용하는가? 새 기능은 매출을 내고 있는가? 재방문율은 증가하는가? 수익은? 추천은? 신규 가입은? 참여도는? 이러한 수치에 반응이 없다면 그 이유는?

최소 존속 제품의 가장 중요한 개념 중 하나는 제품을 만들고 그 제품으로부터 학습해 나가는 접근 방식이다. 한번 제품을 만들어 보고 곧바로 거대한 제품을 만들어도 된다는 뜻이 아니다.

제품이 아주 오랫동안 최소한의 상태로 유지될 수는 없지만, 각 기능을 새로운 MVP처럼 접근해볼 수 있다.

내가 소개한 방법은 최소 존속 제품을 만드는 한 가지 예시일 뿐이다. 반드시 랜딩 페이지나 기능 토막으로 시작할 필요는 없다. 마법사 기능이나 아주 작은 코드 변경으로도 시작해볼 수 있다. MVP의 가장 핵심은 다음과 같다.

- 작게 시작하기
- 학습하기
- 반복하기

이제부터는 이 말들에 익숙해지길 바란다.

알아두면 좋은 것: 제한된 제품 vs. 형편없는 제품

전통적으로 디자인 작업이 말도 안 되게 오래 걸리는 이유 중 하나가 필요한 것보다 더 많은 걸 한 번에 디자인하기 때문이다. 그건 실수하는 거다. 때론 심각한 실수가 될 수도 있다.

실제로 사업에 심각한 타격을 줄 수도 있다. 형편없이, 거대하면서, 복잡하기까지 한 제품을 들고 나를 찾아오는 멍청한 짓만 하지 않는다면 과도한 디자인 때문에 목숨을 잃을 일까지는 없겠지만 말이다.

한 명 혹은 두 명의 개발자와 함께 부족한 자금으로 제품을 만드는 게 어려운 일이란 걸 나도 안다. 사업가라면 분명히 실제 만들 수 있는 인원이나 자원에 비해 아이디어가 훨씬 많을 것이다. 그리고 완전히 준비가 되지 않은 상황에서, "내보내자! 내보내자!"를 외치는 사람들이 별 도움 안 된다는 것도 안다.

솔직히 형편없는 제품을 내보내는 걸 누가 비난할 수 있냐고? 나는 할 수 있다. 집어 치워라.

흔히 말하는 최소 존속 제품은 단순해보이지만, 정작 정의하기 쉽지 않을 때가 많다. 사람들은 종종 '최소한'이라 말을 형편없는 것을 내놓아도 좋다는 의미로 받아들이곤 한다. 이는 '실행 가능한'이라는 중요한 지점을 완전히 무시하는 격이다.

형편없는 제품은 최소한이 될 수 있지만 아무리 상식적으로 생각해도 실행 가능한 건 아니다. 반면, 제한된 제품은 최소한이면서 실행 가능하다.

그럼 다시 형편없는 제품과 제한된 제품의 차이점을 알아보자.

가장 큰 차이는 내가 제한된 제품 버전을 전적으로 지지한다는 것이다. 그리고 형편없는 제품을 내놓는 건 어리석은 짓이라 생각한다. 이게 무슨 말인지 궁금한가?

제한된 제품은 많은 일을 할 수는 없지만, 해야 할 일은 잘 해내는 제품이다. 제품이 무엇을 할 수 있고 사용자가 무얼 해야 하는지 명확하다. 심각한 문제를 해결하거나, 혹은 그 일부라도 해결해준다. 어이없는 오류가 발생하지 않고 사용성에 큰 문제가 있지도 않다. 특정한 시장을 벌벌 떨게 할만큼 무시무시한 제품도 아니다.

커다란 제품의 반쪽도 아니다. 비록 작지만 완전한 제품이다.

핵심은 제한된 제품은 중요한 사실을 학습할 수 있을 만큼 충분히 크고 좋은 제품이라는 점이다.

물론 제한된 제품은 다른 기능을 하지 못할 수 있다. 쓸데없는 장식도 없고, 있으면 괜찮은 기능도 없다. 시장에 있는 아주 작은 문제만을 해결하고 있을 수 있고, 베타 사용자들에게만 배포되었을 수도 있다.

반면에 형편없는 제품은 한 번에 너무 많은 것을 하려고 한다. 그리고 그중 아느 것도 제대로 해내지 못한다.

사람들이 제품을 사용하지 않을 때는 제품 아이디어가 나쁘거나 적절치 않은 시장에 출시했을 가능성이 있다. 아니면, 제품이 복잡해서 사용자가 그냥 닫아버렸을 수도 있다. 하지만 형편없는 제품으로는 그 이유를 알아낼 수 없기 때문에 누구라도 이런 제품을 만들고 싶어 하지 않는다.

형편없는 제품을 내놓으면 아이디어에 대해 왜곡된 부정적 반응을 받기 쉽다. 사람들은 '잘 다듬어'지지 않은 제품은 사용하지만, 그저 부실한 제품은 무시해버린다.

사례를 하나 들어보자. 아마존이 서적만 판매할 때를 기억하는가? 지금은 세상에 존재하는 모든 물건을 15가지 다른 버전으로 팔고 있는 회사지만, 90년대에는 출판 서적만을 팔았다.

그리고 정말 잘 팔았다. 상당히 쉽게 책을 찾을 수 있게 만들었고, 보유한 책의 종류도 엄청 많았다. 제시간에 배송되고 도서 설명도 깔끔했다. 서점의 경험을 향상시켜 집 안에 마치 거대한 서점을 들여놓은 것처럼 만들었다.

달리 말하면, 책을 온라인으로 판매하는 일, 그 한 가지를 정말 잘했다는 뜻이다. 몇 년 지나지 않아 책과 비슷한 물건들까지 범위를 넓혔다. 그리고 수익이 충분히 날 때까지 (그리고 더 이상 스타트업이 아닐 때까지) 기다렸다가 전자책, 클라우드 스토리지 그리고 일반인 간의 판매 장터 같은 기능을 추가했다.

아마존은 모든 제품을 판매하려는 반쪽짜리 업체가 아니었다. 토스터나 보석, 구운 연어를 판매한다고 하면서 제때 배송되지 않고 같은 결제가 여러 번 되는 일도 없었다. 아마존은 학습할 수 있는 확실한 시장 한 곳에서 온라인으로 물건을 판매하는 방법을 익혔다.

잘하는 한 가지 제품으로 시작한 다른 예로는 인스타그램, 구글 검색이 있으며 페이스북 또한 그 예로 들 수 있다. 페이스북이 한 대학교에서 한 가지 문제를 해결하면서 시작했다는 걸 알고 있을 것이다.

책을 많이 팔거나 사진을 공유하고 웹 검색 하나를 위해 제품을 만드는 일이 쉽다는 얘기는 아니다. 당연히 쉬운 일이 아니다. 이런 것들 역시 생각보다 훨씬 어렵고 잘 만드는 건 더더욱 어려운 일이다.

하지만 이런 이유 때문에 첫 번째로 내놓는 제품이 포용하는 범위를 극히 제한할 필요는 있다. 보기엔 만들기 쉬워 보이는 제품도 사실 잘 만들기는 정말 어렵다. 그럼 덩치 큰 제품을 구현하는 건 얼마나 어렵겠는가!

그래서 내가 진작에 내놔야 한다고 외칠 때도 형편없는 제품을 빨리 내놓으란 얘기가 아니다. 제한된 제품을 내놓으면서 짧은 시간에 출시할 수 있을 만큼 충분히 작고 유용한 제품을 만들라는 뜻이다.

그 다음에 가능한 빨리 제품을 향상시키고 다시 내놓아야 한다는 말이다. 할 수 있는 한 최대한 많이 이걸 반복해야 한다.

그럼 결국 꿈에 그리던 제품을 만들게 될 것이다. 처음에 상상했던 제품과는 아마 많이 다를 수도 있지만, 기업가가 되려 한다면 그런 일에 익숙해져야 한다.

당장 시작하기!

- **가장 먼저 확인하고 싶은 것을 찾아라!**: 검증하려는 가설을 생각해보고 그 가설을 검증하거나 폐기할 수 있게 만들 MVP 생각해보기
- **자신의 MVP가 얼마나 형편없는지 확인하라!**: 제품을 더 이상 사용하지 않는 사람과 연락해 우리 제품이 그들의 기대에 미치지 못한 이유를 확인해보기. 랜딩페이지 밖에 만들지 않은 경우, 가입한 사용자에게 가입 이유와 기대한 바를 물어보기

CHAPTER 10

적당한 비주얼 디자인

> **10장에서 다룰 내용**
> - 꼭 필요한 만큼의 비주얼 디자인
> - 비주얼 디자인이 제품 사용성에 미치는 영향
> - 고비용의 디자이너 없이 충분히 좋은 비주얼 디자인 제작방법

지금까지 계속해서 디자인에 대해 거론했지만, 대부분의 사람이 '디자인'으로 생각하는 한 가지를 아직 제대로 꺼내지 않았다. 마침내 이번 장에서 비주얼 디자인에 대해 얘기하고 비주얼 디자인이 사용자 경험과 어떤 관련이 있는지 살펴보려 한다.

아직도 비주얼 디자인과 인터랙션 디자인을 혼동하는 사람이 있다면 정말 맥 빠지는 얘기다. 많은 사람에게 UX 전략에 대해 물었을 때 "아, 포토샵을 다루는 사람은 따로 있어요"라는 대답을 얼마나 많이 들었는지 모른다.

여전히 혼란스러워 할 사람을 위해 한 번만 더 설명하겠다. 인터랙션 디자인과 비주얼 디자인은 서로 교환할 수 없는 개념이다. 비주얼 디자인은 어떻게 보이는지에 관한 것이고, 인터랙션 디자인은 어떻게 작동하는지에 관한 것이다.

비주얼 디자인은 일반적인 UX 디자인의 한 부분이긴 하지만, UX 디자인이 반드시 비주얼 디자인과 관련될 필요는 없다.

몇 가지 예를 보겠다.

- **버튼에 적힌 정확한 문구**: UX 이슈
- **버튼의 색상과 그러데이션**: 비주얼 디자인 이슈
- **결제 플로우가 몇 단계로 구성되고 어떤 화면에 어느 플로우가 있어야 하는지**: UX 이슈
- **입력창의 폰트 크기와 색상**: 비주얼 디자인 이슈

버튼 색상이 사용자의 행동에 큰 영향을 줄 수 있지만, UX 디자인을 버튼 색상에서부터 시작해서는 안 된다. 버튼이 반드시 필요한지를 결정하는 것과 같이 사용성과 관련된 중요한 항목은 정작 그대로 지나쳐 버리기 때문이다.

다시 말해, 비주얼 디자인은 분명 사용자 경험에서 무시할 수 없는 매우 중요한 부분이 될 수 있다. 하지만 우선이 되어선 안 된다는 것이다. 형태는 기능을 따르기 마련이기 때문이다. 그렇다면 린 방법에서 멋진 비주얼 디자인을 취할 수 있는 방법은 뭘까?

UX에서 비주얼 디자인이 중요한 이유는 무엇인가?

최근 한 컨퍼런스에 참석했을 때 사용자 경험에서 비주얼 디자인이 얼마나 중요한지 질문한 사람이 있었다. 또 다른 사람은 초기 디자인 프로세스에서 비주얼 디자인에 얼마나 많은 시간을 들여야 하는지 묻기도 했다. 첫 번째 질문에는 "엄청나게 중요합니다"라고, 두 번째 질문에는 "너무 많이는 말고요"라 대답했다.

많은 사람이 심지어 디자이너조차 비주얼 디자인을 '보기 좋게 만드는 것'이라 저평가한다. 솔직히 이런 생각에 죄책감이 들 정도다. 한편으론 구글과 페이스북과 같은 회사는 없는 거나 다름없는 남루한 비주얼 디자인으로 큰 돈을 벌어 왔다.

그럼 당연히 궁금증이 생긴다. 스타트업이나 새로운 제품에 있어 비주얼 디자인이 중요한 이유는 무엇이고, 힘들게 시간과 자원을 투자해야 하는 이유는 무엇인가?

여기서 비주얼 디자인이 단지 멋지게 만드는 것만을 의미하지 않는다. 비주얼 디자인은 다음과 같은 부분에 도움이 된다.

- 정보 디자인 향상

- 원하는 사용자 액션 강화
- 제품 분위기를 결정

비주얼을 통한 정보 디자인 향상

페이스북은 아주 단순한 파란색, 회색, 흰색으로 만들어져 있다. 이는 페이스북이 많은 양의 콘텐츠와 정보를 신속히 전달해야 하기 때문이다. 인터페이스가 밝고, 산만하거나, 어수선하면 많은 뉴스를 읽는 데 불편할 뿐 아니라 사용자가 올린 사진들과 부딪힐 수 있다.

그림 10-1 보기에 더 좋은 것은?

구글도 마찬가지다. 최소 검색 제품으로써 구글은 검색어를 입력하면 인터넷의 모든 정보에 접근하도록 해준다. 당연히 처리할 정보량이 클 수밖에 없다. 많은 양의 정보를 전달해야 하는 사이트에서는 비주얼 디자인을 단순히 유지할 필요가 있다. 하지만 단순한 디자인이라고 비주얼 디자인이 전혀 없는 건 아니다.

원하는 사용자 액션 강화

사용자가 제품을 사용하면서 했으면 하는 뭔가가 있다. 사용자가 책을 구매하거나 새 친구를 맺고 정보를 검색해주길 원할 수도 있다. 어떤 것이든, 좋은 비주얼 디자인은 화면의 적당한 곳으로 주의를 끌어 원하는 액션을 강화시킨다.

실행 버튼을 생각해보자. 클릭할 수 있게 보이면서 쉽게 눈에 띄는 단순한 버튼을 만들면 원하는 실행을 하는 데 큰 영향을 줄 수 있다. 이 부분이 비주얼 디자인과 인터랙션 디자인이 겹쳐지는 지점이다. 나쁜 비주얼 디자인은 화면의 중요한 요소를 숨기고 완벽하게 다듬은 인터랙션을 발견하고 사용하기 훨씬 어렵게 만든다. 반대로 좋은 비주얼 디자인은 중요한 요소를 더 중요하게 보이게 해 인터랙션에 도움을 준다.

그림 10-2 어떤 것이 더 클릭할 수 있어 보이나?

각자 제일 좋아하는 패션이나 음식 관련 사이트를 한번 살펴보자. 멋진 상품이나 먹음직스런 음식을 커다란 이미지로 보여주고 대신 나머지 디자인은 상대적으로 단순하게 유지하는 경향이 있다는 걸 눈치챘는가? 제품에서 가장 핵심적인 부분에 주의를 집중하게 만드는 의도적인 비주얼 디자인 방향이다.

분위기를 좌우하는 비주얼

함께 작업했던 한 회사의 비주얼 디자인은 아주 독특했다. 사이트에는 커다란 머리와 일본 만화에서나 나올 법한 과장되게 큰 눈을 가진 만화 캐릭터가 등장했다. 색은 밝고 활기찼다. 사용성 테스트를 했더니 처음 사이트를 본 사용자가 "누구를 위한 사이트인 것 같아요?"라는 질문에 "초등학생이요"라고 대답했다. 그리고 많은 사람이 "12살 조카가 좋아할 것 같네요"라고 대답했다. 참가자들 자신을 위한 사이트라고 생각하지 않는 이유는 명확했다.

안타깝게도 그 사이트는 성인을 위한 사이트였다. 실제로 사이트에서는 성인들이 아이들에 비해 훨씬 더 돈을 많이 썼지만, 대상 고객인 성인 대부분이 첫인상에서 아이들용 사이트라 여겨서 사용하기도 전에 바로 나가 버렸다. 다행히 해결책은 간단했다. 비주얼 디자인을 정교하게 개편하면서 특히 랜딩페이지와 가입 화면, 처음 몇 분 동안 사용하게 되는 부분을 집중해서 변경했더니, 성인들의 응답율이 크게 개선되고 제품을 사용하는 비율도 크게 증가했다.

타깃 시장과 산업에 따라 기업은 신뢰, 차별점, 재미, 따뜻함 혹은 다른 수많은 감성을 사용자에게 전달하려고 한다. 서핑샵이나 패스트푸드 음식점처럼 생긴 은행에 돈을 맡기고 싶은가? 아마 들어가고 싶지도 않을 거다. 사용자가 처음 우리 사이트에 방문하거나 제품을 실행했을 때 그들은 자신이 찾는 제품이 맞는지 거의 즉각적으로 판단한다. 그리고 비주얼 디자인은 그 판단을 내리는 데 큰 역할을 한다.

비주얼 디자인 순서를 뒤로 미루는 이유

그저 매우 중요하다는 이유로 디자인 프로세스 초반부터 비주얼 디자인에 엄청난 시간을 쏟아야 하는 건 아니다. 나는 좋은 비주얼 디자인을 적용하기에 앞서 먼저 인터랙션 디자인을 대부분 확정짓는 편이다. 그건 다음과 같은 이유 때문이다.

- 완벽하게 디자인을 해야 할 걱정이 없을 때 훨씬 빨리 반복하면서 작업할 수 있다. 사용자 테스트나 베타 테스터에게 피드백을 받았을 때 단순한 흑백 와이어프레임은 여백이나 폰트 크기를 깊이 고려하지 않고도 신속히 바꿀 수 있다. 반면 완전히 디자인된 비주얼 목업은 고치는 데 훨씬 오래 걸린다.
- 사용자들이 비주얼 디자인을 통해 거의 즉각적으로 분위기를 결정한다고 한 걸 기억하는가? 이런 이유로 비주얼 디자인은 인터랙션 테스트를 망칠 수도 있다. 테스터가 비주얼 디자인에 긍정적인 혹은 부정적인 반응을 바로 보인다면 비주얼 디자인을 효과적으로 배제하였을 때에 비해 다른 피드백을 받을 수밖에 없다. 흑백의 와이어프레임이나 발사믹 스타일의 스케치는 겉모습을 쉽게 배제시키면서 인터랙션에 집중할 수 있게 한다.
- 여러 벌의 비주얼 디자인을 개별적으로 테스트해보려 할 때. 디자이너는 어느 정도 잘 정리되고 확정된 와이어프레임이 있어야 작업이 수월하다. 우리는 다양한 인터랙션 디자인에 따른 여러 버전의 비주얼 디자인을 가장 마지막에 테스트해보고 싶을 것이다. 어떤 요소가 테스트 결과에 영향을 미치는지 알아내기가 훨씬 어렵기 때문이다.
- 기본적인 인터랙션의 범위가 한번 정해지고 나면, 개발자는 작업에 돌입할 수 있고 비주얼 디자인은 나중에 적용할 수 있다. 이 말은 인터랙션 디자인과 비주얼 디자인이 완료되기까지 개발자가 대기하고 있을 필요가 없다는 말이다. 제품 구현과 인터랙션 디자인, 비주얼 디자인은 병렬로 진행될 수 있다. (물론 적어도 3명의 사람이 각자 다른 범위의 작업을 할 수 있는 환경일 때 가능하다.)
- 완전히 새로운 제품의 경우 나중에 더 크고 대중적인 시장에 어필하려 할 때보다 베타 제품을 이용하는 의욕 넘치는 얼리어댑터에게 비주얼 디자인은 그 중요성이 훨씬 덜할 수 있다. 얼리어댑터들은 많은 걸 눈감아 주지만, 보기 싫은 건 몰라도 사용하기 어려운 건 용서하지 않는다. 그렇기에 우선 쉽고 유용하게 만들고 예쁘게 만드는 건 차차 해가도록 한다.

비주얼 디자인은 얼마나 필요할까?

린 UX는 좋아 보이는 것보다 높은 전환율에 초점을 맞추는 걸로 의미 있는 평가를 받고 있다. 말하자면, 모두가 열광할 만한 눈이 번쩍 뜨이는 디자인 리뉴얼을 새로 선보였음에도 판매가 20% 감소했다면 린 UX에서는 디자인이 아무리 멋지더라도 손해를 일으키지 않는 형태로 변경하라고 할 것이다.

당연한 얘기다. 우리는 사업을 운영하는 것이지 미술관을 운영하는 게 아니다. 세상에서 가장 멋진 비주얼 디자인이라 해도 전환율을 높이는 데 기여하지 않으면 디자이너에게 주는 월급마저 아까워해야 한다는 얘기다.

그렇다고 린 UX가 보기 싫은 제품을 권장하는 건 아니다. 실제로 어떤 유형의 제품은 다른 제품에 비해 높은 수준의 비주얼 디자인이 있어야 전환율을 높일 수 있다. 이런 조건을 염두에 두고 비주얼에 얼마만큼의 노력을 투자해야 할지 판단해야 한다.

일반 구매자의 심각한 문제를 해결해줄 제품을 만든다고 가정해보자. 특별히 심한 경쟁이 있는 시장도 아니고 상품은 전용 판매처에서 주문자들에게 직접 판매한다. 또 다른 가정으로 아주 값비싼 명품백을 위한 반짝 세일 사이트를 만든다 해보자. 고객을 모으는 데는 SNS에 의지해야 하는 상황이다.

어떤 제품에 더 높은 수준의 비주얼 디자인이 필요할 것 같은가?

알다시피 좋은 비주얼 디자인은 신뢰를 높이고 인터랙션을 유도할 수도 있다. 지나다 우연히 사이트를 이용한 사람 입장에서는 멋져 보이는 사이트가 더 안전하고 편안하게 느껴진다. 고가의 제품을 판매하는 사이트의 비주얼 디자인이 싸구려처럼 보인다면 명품백을 많이 팔 수 있을 리 없다. 사이트를 방문한 고객들에겐 여기 말고도 쇼핑할 데가 널려 있고, 일정 수준의 매력적인 비주얼을 기대하고 있기 때문이다.

반면, 중대한 비즈니스 문제를 처리하는 복잡한 기업용 제품의 경우 비주얼 디자인이 구매 결정에 그리 큰 영향을 미치지 않는다. 보통 이런 경우 사용자들은 제품이 자신의 사업에 얼마나 이익을 주는가에 따라 제품을 구매하고자 한다. 대부분의 기업이 비용 절약을 우선으로 제품을 구매하지 예쁜 외관으로 제품을 고르지는 않는 것이다.

그렇다고 기업용 소프트웨어를 우중충하게 만들어야 할까? 물론 그렇지 않다. 기업용 제품과 일반 사용자용 제품의 경계가 갈수록 모호해지고 있다는 걸 이해할 필요가 있다. 심상은 우중충한(중요한) 제품을 업무에 적용한 기업 고객이라도 집에 가서는 아이패드로 게임을 즐긴다.

사람들은 깔끔하게 정리되어 있고 사용하기도 쉬운 제품에 점점 익숙해지고 있다. 기업 고객마저도 이제는 사용설명서를 잘 읽지 않는다. 하지만 우리 제품이 다른 어디서도 쉽게 해결해주지 못하는 어려운 문제를 해결해주고 있다면 비주얼 디자인의 중요성은 훨씬 덜해진다.

어떻게 제품을 수정하든 비주얼 디자인에 시간과 돈을 투자할 때는 같은 기간 동안 구현할 수 있는 다른 것과 대체하겠다는 의미이다. 이런 결정으로 얼마만 한 ROI를 얻게 되는지 파악하고 있어야 한다.

고급 상품의 반짝 세일 사이트에서 세련된 비주얼 디자인으로 신뢰를 주고 구매를 독려한다면 그로 인한 반사이익은 꽤 높을 수 있다. 기업용 제품이나 혹은 정말 중대한 문제를 해결해주는 제품이라면 비주얼 디자인으로 얻는 이익이 그리 크지 않을 것이다.

디자인에 대한 모든 결정에 있어 비주얼 디자인에 들인 비용이 어떤 이득으로 돌아오는지 제대로 이해할 수 있어야 할 뿐더러 평가도 확실히 해야 한다.

비주얼 디자인을 활용한 사용성 향상

UX 디자인에서 큰 비중을 차지하는 게 어디에 어떤 것을 배치할지 판단하는 일이다. 당연한 소리 같지만, 사람들이 가장 손쉽게 사용할 수 있는 곳에 배치해 두는 게 제일 좋다. 즉 실행 버튼은 그 실행의 기반이 되는 요소와 함께 있어야 한다는 의미다.

구매 버튼을 어디에 두는 게 좋을까? 구매를 결정한 사용자는 어떤 종류의 정보를 가장 필요로 할까? 한 번쯤 고민해 봤을 만한 사례일 거다. 사용자는 당연히 구매하려는 제품의 가격을 알아야 하고 제품 사진 또한 필요할 것이다. 제품의 이름과 간단한 설명도 물론 필요하다.

이러한 니즈를 고려해볼 때 위에 나열한 정보들은 분명 구매 버튼과 가까운 곳에 있어야 한다. 정해진 비주얼 영역에 딱 필요한 정보만 있어야 할 수도 있다. 생각보다 어려운 문제인데 *다른 위치에 구매 버튼을 두는 게 아무리 멋져 보이더라도* 구매 버튼은 상품 구매에 필요한 정보 가까이에 있어야만 한다.

나 역시 멋진 비주얼 디자인에 전적으로 찬성이다. 화면은 균형이 잘 맞고 예뻐야 하는 동시에 적절한 여백도 필요하다 믿는다. 하지만 완벽한 비주얼 디자인 요소 하나 때문에 사용자가 구매를 결정하는 데 필요한 정보와 구매 버튼을 분리시킨다면 생각보다 더 많은 대가를 치러야 할 수도 있다.

이는 비단 구매 버튼에만 해당되는 얘기가 아니다. 사용자의 결정이 필요한 모든 상황에 해당된다. 사용자가 결정을 내리는 실행 버튼과 그 결정에 필요한 정보는 시각적으로 연계되어야 한다. 덧붙이자면 결정을 내리는 데 *관련 없는* 정보는 시각적으로 분리되어 보여야 한다.

이 역시 실행 버튼에만 국한되는 얘기가 아니다. 관련 정보는 모두 함께 모아져야 하고, 상관없는 정보는 분리되어 있어야 한다. 아주 단순한 원리다. 여기에 사용자가 언제든 쉽게 찾을 수 있게 유사한 요소를 모든 화면에서 동일한 위치에 배치한다면 금상첨화라 할 만하다.

가장 스마트한 비주얼 디자인

언젠가 한 창업가와 비슷한 이야기를 나눈 적이 있다. 들어보니 그녀는 로그인 화면의 비주얼을 세세하게 다듬는 데 시간을 들였다고 한다. 구현하는 데 시간이 걸릴 건 두어 개 정도였지만, 덕분에 화면은 훨씬 더 멋져 보였다.

안타깝게도, 바로 그 다음 주에 기능 변경으로 인해 로그인 화면을 완전히 뒤엎어야 했고, 당연히 공들여 다듬은 시간마저 허비한 격이 되었다.

한편 많은 사람들이 패쓰[Path]나 민트[Mint] 같이 멋지고 보기 좋은 인터페이스에 대해 말하는 걸 듣는다. 과연 그들이 비주얼 디테일에 시간을 쏟지 않았다면 이렇게 사람들의 관심을 받았겠는가? 아마 거의 그렇지 못했을 것이다.

그럼 이 이야기가 뭘 말하는 걸까? 디테일 하나까지 완벽하고 멋진 비주얼 디자인을 만들기 위해 시간을 쏟아야 할까? 아니다. 그리고 동시에 맞다.

이렇게 해보자. 깔끔하고 유연하면서도 쉽게 구현할 수 있는 비주얼 디자인 문법을 만드는 데 시간을 투자해보자.

새로운 화면을 디자인할 때마다 초조해하며 신경을 곤두세우는 건 시간을 쓸모없이 보내는 일일지 모른다. 언제든 반복에 대비해야 하기 때문이다. 더군다나 스타트업에 몸담고 있다면 새로운 기능은 일주일마다 사라지거나 바뀔 수 있다.

제품 상세화면의 모든 요소가 예술적으로 딱 맞아 떨어지도록 며칠씩 애를 썼다 해도 관련 상품이나 댓글을 추가하는 순간 모든 게 어긋나버릴 수 있다.

화면에 들어갈 모든 요소가 포함된 야심 찬 계획을 세우는 게 정답이라 생각하는 사람이 많지만, 그러기에는 모든 것이 너무 빨리 변화한다. 딱 탭 네 개가 들어가는 탭 인터페이스를 심혈을 기울여 디자인했다고 생각해보자.

곧 다섯 번째 탭이 필요한 상황이 된다면? 탭 간격을 정확히 맞추느라 너무 많은 시간을 허비하지 않길 바랄 뿐이다.

대신 어떻게 해야 할까?

기능을 추가할 때마다 변경되지 않는 기본적인 것에 시간을 들이는 건 어떨까?

가령 이런 디자인 표준을 세워볼 수 있다.

- 매력적인 색상표
- 헤더와 서브헤더, 본문 텍스트의 폰트 크기와 색상 표준
- 그리드 레이아웃 크기
- 단순하면서 시선을 끄는 아이콘 세트
- 박스와 그러데이션, 배경와 구분선 등에 대한 표준
- 변경 가능한 헤더와 풋터 디자인

Part III
제품

CHAPTER 11

측정하라!

> **11장에서 다룰 내용**
> - UX 개선이 사업성과에 얼마나 도움되는지 측정하는 방법
> - 지엽적 최적화 local maxima를 피하고 최선의 디자인 성과를 내기 위한 A/B 테스트 활용법
> - 정성조사와 정량조사를 효과적으로 결합하는 방법
> - 데이터 기반의 제품 의사결정에서 흔히 발생하는 오류 방지법
> - 사용자 만족도 측정에 활용할 수 있는 지표

지금까지는 정성조사에 대해 많이 얘기했다. 이젠 한발 물러나 정량적인 디자인 측정 방법에 대해 잠깐 보자.

아마 디자이너라면 대부분 이 얘기에 흥분할 것이다. 혹시 여러분이 그중 한 명이라면 조금만 인내심을 갖길 바란다. 디자인 결과를 측정하는 건 중요한 일이다. 디자이너인 우리 자신에게도 놀랄 만큼 유용할뿐더러 회사에게도 더없이 큰 도움이 된다.

물론, 모두가 나와 같은 의견일 수 없을 것이다. 하지만 자세히 함께 살펴보자. 혹시 11장을 다 읽은 다음에도 여전히 내 생각에 동의할 수 없다면 어떤 생각을 갖고 있는지 책으로 한번 써보길 바란다. 뭐가 아닌지 증명할 겸 말이다.

디자인 측정에 따른 효과는 무엇인가?

디자인 결과를 측정하는 걸 얘기할 때 나는 보통 A/B 테스트를 말한다. 조금 설명을

덧붙이면 A/B 테스트[1]는 구현 과정에서 화면이나 기능을 여러 버전으로 만들어 서로 다른 사용자 그룹에 각기 다른 걸 보여주고 어떤 버전이 최선의 지표를 이끌어내는지 찾아내는 기법이다.

그림 11-1 사소한 문구로도 차이를 만든다

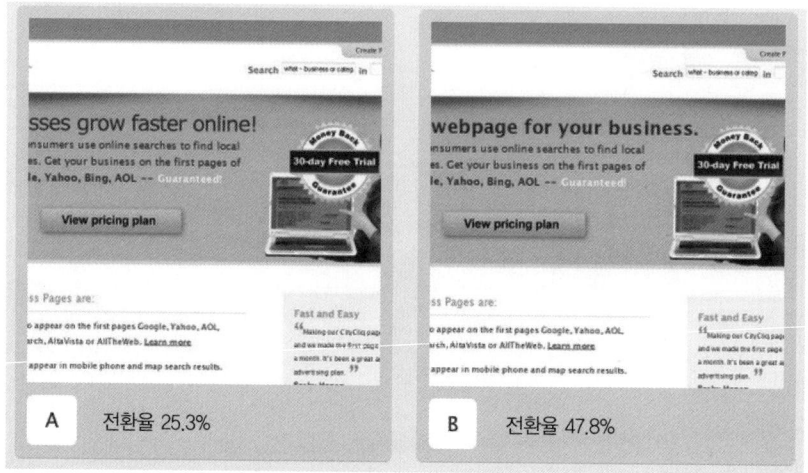

이때 확인하는 지표는 "어떤 버전의 새 기능이 수익으로 더 많이 연결되나?" 혹은 "어떤 시작 화면이 긍정적인 전환율을 보이나?"와 같은 게 될 수 있다. 전반적으로 A/B 테스트는 통계적으로 의미 있는 데이터를 활용해서 사업적 중요성을 기준으로 제품에 관련된 더 나은 의사결정을 하려는 게 목적이다.

다른 유형의 분석 방법을 들어본 적도 있겠지만, 이번 장에서는 오로지 비교 테스트에 대해서만 다룰 것이다. 통제된 A/B 테스트는 행동 변화에 미치는 영향을 제대로 알 수 있는 유일한 방법이기도 하다.

A/B 테스트는 과학 실험처럼 생각하는 게 좋다. 항상 비교해서 측정할 대조군이 필요하다. 그렇지 않으면 변경하지 않았을 때 어떤 상황이 일어날지 알 수 있는 방법이 없다.

---

1 주석_ 버킷 테스트나 다변량 테스트라 부르기도 한다.

상황이 다르기에 한계가 있다. 어떤 경우엔 고객 프로필 사진 확인이 중요할 수도 있고, 어떤 경우는 항목 구성에 대한 더 많은 학습이 훨씬 중요할 수도 있다. 또 어떨 땐 지인들이 좋아하는 제품처럼 소셜 검증으로 차이를 만들어낼 수도 있다.

이게 바로 테스트를 하는 이유다. 전환율 개선을 위해 기능을 추가하거나 제거할지 추측할 필요가 없다. 그래서 아마존 제품 상세화면과 같은 모습으로 화면이 정리된다면 뭐랄까, 전환율이 나타나는 한, 그게 그리 나쁜 건 아닐 거다.

디자인은 지표로 말할 수 없다

이건 정말이지 가장 말도 안 되는 논쟁거리다. 나는 디자인을 측정해서는 안 된다고 말하는 사람들의 얘기를 들어왔다. 디자인은 정해진 결과란 게 존재하지 않기 때문이고 고객 경험에 대한 것이란 게 그 이유이다.

정말 말도 안 된다.

자, 다시 아마존 얘기를 해보자. 모든 상품이 무료인 거보다 더 나은 경험이 있을까? 솔직해보자! 사실 그렇지 않은가? 아쉽게도 아마존 관련자들에게는 대단히 충격적인 경험이 되겠지만 말이다.

항상 절대적으로 최고인 사용자 경험을 목표로 최적화하는 게 아니란 걸 다들 안다. 계속된 트레이드오프가 일어나고 기막힌 사용자 경험을 목표로 하는 동시에 기막힌 이익창출도 선사해야 한다.

그렇다고 사용자 경험 디자인을 단기 수익 지표에 맡기자는 건 아니다. 어떤 변경과 기능이 사용자와 회사 모두에게 가장 득이 될지 확인하는 과정을 통해 사용자 경험이 폭넓게 개선될 수 있다고 믿는다.

디자인은 예술이 아니다. 혹시나 회사의 이익에 영향을 미치는 것과 완전히 분리되어 뭔가 이상적인 디자인이 존재한다고 생각하는 사람이 있다면 그 사람은 아티스트이지, 디자이너가 아니다. 디자인은 목적과 목표를 가지고 있고 그 목적과 목표는 측정이 가능하다.

사실 인터랙션 디자이너로서 내가 가진 가장 뛰어난 도구 중 하나는 실제 지표를 볼 수 있는 능력이다. 어쩌면 뜻밖이라 생각하는 사람도 있을 거다. 어쨌든 많은 사람이 여전히 디자인은 사용자 손에 닿기 전에 모두 완료된다고 생각하기 때문에 사용자가 실제로 제품을 어떻게 사용하는지에 대해 알아봤자 무슨 도움이 되겠냐고 할 수도 있다.

한 가지만 말하자면 나는 고객들이 제품을 구매해서 사용하는 한, 디자인은 계속되어야 한다고 믿는다. 이 책에서 이미 수백 번 이야기 했 듯, 디자인은 반복된 과정이며, 새로운 제품 버전이나 기능이 어떠한 성과를 내는지 알 수 있는 가장 빠르고 정확한 방법으로 사용자 지표를 보는 일 만한 게 없다.

하지만 사용자를 대변하는 입장에서 내가 상당히 신경 쓰는 게 있다. 바로 정확한 측정이 아주 힘들다는 것과 사용자가 만족한지에 대해서다.

의리라던가 뭔가 모호한 이유로 고객 만족에 신경 쓸 필요는 없다. 만족스러운 사용자는 지속적으로 사용하는 고객이고, 종종 유료 사용자이기에 신경 쓰는 거다. 만족해 하는 사용자는 자신이 쓰는 제품을 주변 친구들에게 퍼뜨려서 신규 유입 비용도 줄여준다고 믿고 있다. 만족한 사용자가 장기적으로 더 큰 이윤을 준다고 확신한다.

모든 사용자와 이야기하지 않고도 사용자가 만족해 하는지 어떻게 알 수 있을까?

사용자 만족도를 더 많은 가입자나 수익, 사용자 유지와 동일시 해서 생각할 수 있지만, 그 반대도 불가능한 건 아니다.

사실 고객을 잡아두거나 그들을 불편하게 하면서 더 많은 돈을 벌 수 있는 방법은 아주 많다. 다음의 사례는 단기간에 고객 만족을 높이기 위해 사용하고 싶은 유혹에 빠지기 쉬운 중요한 비즈니스 지표이다.

사용자 유지

사용자 유지 수치가 증가하면 고객들이 만족하고 있다는 좋은 신호라 볼 수 있다. 결국 만족도가 높은 고객은 더 오래 머물지 않겠는가? 그렇게 생각하기로 하자.

그런데 혹시 억지로 만든 사용자 유지는 아닐까? 신규 사용자를 장기 계약으로 유도해서 인위적으로 사용자 유지 비율을 높이는 방법으로 제품을 오래 사용하게 만드는 것처럼 말이다. 하지만 계약기간이 만료되면 당연히 사용자는 어디든 갈 수 있고, 그렇게 떠난 사용자의 빈자리를 채워줄 다른 고객을 찾아야 한다.

사용자 유지 지표는 전환장벽에 쉽게 영향을 받기 때문에 사용자를 만족시키지 못하면서도 고객을 잡아둘 수는 있다. 물론 통신사의 번호이동처럼, 어떤 이유로 전환장벽이 사라지게 되면 붙잡고 있던 고객을 잃게 된다.

사용자 유지가 고객 만족도를 나타내는 지표가 될 수는 있지만, 사용자 유지 비율 증가가 반드시 고객이 만족하고 있다는 의미는 아니다.

수익

수익은 고객 만족을 나타내는 또 다른 지표가 될 수 있다. 수익의 증가는 사람들이 돈을 더 많이 쓴다는 거고 서비스를 좋아한다는 뜻이다.

물론 고객들이 만족하지 않아도 수익을 증가시킬 방법은 아주 많다. 예를 들어, 고객을 꾀어 원하지도 않는 구매를 요구하거나 사기에 가까운 전략으로 비싼 구독상품에 등록하게 할 수도 있다. 이런 방법은 단기 효과로야 좋지만, 고객의 불만을 증가시키고 장기적으로는 고객을 떠나게 하거나 소송까지 당하게 될 수도 있다.

또한 무료 제품이나 광고가 붙는 제품에 대해 수익을 판단하기란 까다로운 일이다. 화면에 광고를 더 많이 배치하여 광고 수익을 끌어 올릴 수는 있지만, 사용자 경험이나 만족도가 그만큼 증가하란 법은 없기 때문이다.

수익이 증가하면 사람들이 제품에 매력을 느끼고 돈을 더 많이 쓰고 있다고 판단할 수 있지만, 단기 수익을 얻자고 장기 수익을 희생하고 있을 수도 있다.

순 추천고객 지수

순 추천고객 지수 NPS:Net Promoter Score 는 사용자가 친구에게 제품을 추천한 수를 측정한 지표다. 실제로 고객 만족도를 측정하는 좋은 방법이지만, 정확히 측정하기 어렵다는 문제가 있다. 보통 이 수치를 얻기 위해선 단순한 통계 툴이 아닌 설문조사나 고객의 인터뷰를 활용해야 하기 때문에, 자기보고$^{self-reported}$ 자료와 적은 모수에 의지해야 하는 어려움이 있다. 게다가 설문이나 투표에 참가하는 걸 좋아하는 성향의 사람들이 선호하는 쪽으로 왜곡되는 경향이 있어 실제 고객의 의견을 대표할 수도 있지만 그렇지 않을 수도 있다. NPS가 고객 만족도를 나타내는 최상의 지표일 수 있는 반면, 정확한 수치를 수집하기가 힘들다. 충분한 규모의 모수가 되지 않으면, 매주마다 수치가 크게 변동되어 막 꿈틀대기 시작하는 트렌드를 나타내는 변화의 조짐을 알아차리기 힘들다.

유료 결제 전환

프리미엄^{Freemium} 전략이나 브라우징 모델을 사용하는 제품이라면 유료 결제 전환은 유용한 지표가 된다. 사람들이 비용을 더 지불할 만큼 무료로 제공했던 제품을 좋아한다는 뜻이기 때문이다. 하지만 제품을 변경한 다음 충분한 수의 신규 사용자가 결제하기까지 기다려야 해서 데이터 수집에 시간이 좀 걸린다.

또, 광고가 붙은 제품이나 시작부터 결제가 필요한 제품에는 잘 맞지 않는다.

가장 중요한 건 결제한 고객은 이미 전환이 이루어진 고객이기 때문에 실제로 얼마나 만족하는지 알 수가 없다. 유료 결제 전환 지표는 유용할 수 있지만 프리미엄 전략이나 브라우징 모델의 제품에 국한되며, 유료 상품보다는 무료 상품의 만족도 측정에 집중되어 있다.

참여

참여는 사용자의 제품 사용 빈도와 주기를 알려주고 얼마나 많은 시간을 투자하는지도 말해주기 때문에 흥미로운 연구 지표가 된다.

이 때문에 사용자의 접속시간을 극대화하려는 온라인 쇼핑몰, 소셜 네트워크 서비스, 아니면 게임 서비스에 있어선 확실한 고객 만족 지표가 될 수 있다. 하지만,

급여관리나 인력관리 제품처럼 업무용 제품에서 참여도가 증가한다면, 실은 사용자가 의도한 것보다 더 많은 시간을 소비하고 있다는 의미가 될 수도 있다.

또한 참여는 비교적 단기간에 조작할 수 있는 쉬운 지표이다. 마케팅 캠페인이나 특별 혜택, 혹은 선물처럼 한 번만 노력해도 참여도를 쉽게 올릴 수 있다. 하지만 지속적이지 않거나 비용대비 효율이 높지 않다면 장기적인 고객 만족에 기여하지는 못한다.

함께 일했던 한 회사는 사용자가 처음 며칠간 반복해서 재방문하면 상품을 주는 걸로 참여지수를 크게 올리려고 했었다. 이 방법은 사람들이 첫 방문 후 다시 돌아오게 만들었지만 장기적으로 사용자 만족도나 사용 비율에 영향을 주지는 못했다. 참여는 고객 만족도를 확인하는 한 가지 인자가 될 수 있으나, 재미요소나 판매 상품이 없다면 적절하지 않을 수도 있다. 또한 제품을 즐기는 고객으로 참여지수를 높여야지 인위적인 방법으로 올려서는 의미없는 일이다.

가입

가입은 변화 확인을 위한 가장 빠른 지표지만, 사용자가 얼마나 만족하는지 판단하는 데는 별 쓸모가 없다. 가입 단계에서 누가 제품을 써 봤겠는가. 단, 제품이 가입 단계를 지연시켜 두었다면 확실히 예외가 될 수 있다. 유료 결제 전환으로의 낮은 진입장벽으로 작동되는 경우일 수 있기 때문이다.

가입 전에 제품을 사용할 수 있게 해두었다면 가입자 증가는 사용자가 가입 단계로 진입할 만큼 충분히 어필하고 있다는 뜻이 된다.

가입은 가입 단계가 사용 후에 배치된 경우 고객 만족도를 알려주는 지표가 될 수 있지만, 아무리 중요하더라도 가입 또한 많은 퍼즐 조각 중 하나에 불과하다.

고객지원 접촉

고객으로부터 걸려오는 전화나 수신되는 이메일 수가 줄어들 때 고객 만족도도 높아진다는 행복한 생각을 할지도 모르겠다. 안타깝게도 그건 담당자를 찾기 어렵게 하거나 전화번호를 숨겨두는 것처럼 야비한 수법으로 조작된 수치일 수 있다. 문의전화가 갑자기 줄어들면 사람들이 겪는 문제가 훨씬 줄었다는 의미일 수도 있지만, 혹여 문의 따위 포기하고 어디론가 떠나버렸을 가능성도 있다.

고객의 연락이 줄어드는 게 만족한 고객이 늘어나서일 수 있지만 항상 그런 것은 아니다.

그래서 어떤 지표로 알 수 있는가?

이 모든 지표가 각자의 사업에서 엄청나게 중요하지만 어떤 한 지표가 고객 만족도를 증명한다고 할 수는 없다. 하지만 이 모든 지표의 경향성을 관찰하면 최근 변경한 제품의 특정 부분이 고객을 더 즐겁게 했는지 판단하는 데 확실히 도움이 된다.

예를 들어, 소셜 네트워크 서비스(SNS)에 친구의 생일을 알려주고 꼭 맞는 선물을 고르고 구매할 수 있는 기능을 넣었다고 해보자. 이 기능을 출시하기 전, 다음 중 어떤 지표에 긍정적인 영향을 줄지 먼저 판단해야 한다.

참여
생일을 알려줄 때마다, 사용자가 제품에 다시 들어와 참여하도록 한다.

수익
선물 판매 수수료를 받는다 가정하고, 선물을 찾고 구매할 때 수익이 느는지 확인해야 한다.

유료 결제 전환
사용자가 돈을 더 많이 쓰게 할 이유를 제공하고 있다.

(사용 후) 가입
신규 기능이 가입자만 사용할 수 있는 거라면 가입할 이유가 되는 거다.

사용자 유지

계속 생일을 챙기고 있다면 계속해서 우리 서비스에 머물며, 매년 돌아오는 생일을 맞이할 이유를 제공하고 있는 것이다.

기능이 출시되고 나면 이러한 수치를 관찰하고 모든 지표 혹은 대부분의 지표에서 통계적으로 의미 있는 긍정적 변화가 있는지 확인해야 한다.

수치가 얕은 속임수나 일시적인 방법으로 부풀려져 있지만 않다면 (예를 들어, 많은 손해를 보면서 선물을 판매하거나, 생일기간을 길게 잡거나 하는 등의 수법) 사용자가 새로운 기능으로 인해 만족해 하고 그 기능이 비즈니스에도 긍정적인 영향을 미친다는 걸 확인할 수 있다.

물론 이 모든 수치와 지표를 보고 분석하는 동안에도 전통적인 방식으로 직접 사용자를 만나 얘기해보는 게 사용자들이 느끼는 바에 대한 이유를 파악하는 데 엄청난 효과가 있다.

알아두면 좋은 것: 데이터 분석에서 발생하는 실수

데이터를 분석하는 방법을 알지 못하면 중요한 데이터를 모으는 방법을 아무리 강조해봐야 소용없다.

이 모든 일이 당연해보이지만, 수많은 기업과 함께 일하며 얻은 경험에 비춰보면 그렇지도 않다. 수집한 데이터를 분석하는 건 누가 봐도 정말 어려운 일이고, 모든 사람이 정확히 똑같은 실수를 반복하는 것처럼 보인다.

여기 나오는 사례는 모두 똑똑하고 합리적인 직원들이 저지른 실수이다. 오해를 피하기 위해 몇 가지 특징적인 묘사는 변경했지만, 일반적으로 등장하는 사람은 프로덕트 오너, 관리자나 디렉터 레벨의 사람들이다.

참고로 여기서 언급하는 정량 데이터는 보통 다음과 같은 방법으로 수집했다.

- 다변량 혹은 A/B 테스트
- 사이트 분석

- 비즈니스 지표 보고(매출, 수익, 가입 등)
- 대규모 설문

통계적 유의성

다음과 같이 말하는 사람을 항상 볼 수 있다. "우리는 두 가지 버전으로 랜딩페이지를 테스트했습니다. 600뷰가 넘는 숫자 중 한 가지 버전은 3번의 전환이 있었고 다른 버전은 6번의 전환이 이루어졌습니다. 이는 두 번째 버전이 두 *배 더 좋다*는 의미이죠. 그 버전으로 당장 바꿔야 합니다!"

내가 숫자를 좀 과장했을 수도 있지만, 함께 일했던 정말 많은 사람이 데이터의 통계적 유의성을 간과했다.

통계적으로 유의성 낮은 지표의 문제는 그게 완전히 뒤집힐 수 있기 때문에 이성적으로 결과가 예측가능하고 반복적이라는 판단이 설 때까지 결론을 도출해서는 안 된다.

바로잡기

통계적 유의성과 그 계산법에 대해 좀 긴 설명을 하려고 했으나, 생각해보니 이게 뭔지 모르는 사람이라면 정량 데이터에 기반한 의사결정을 내리려 해선 안 된다.

어떤 테스트 결과가 통계상 유효한지 판단하는 걸 도와주는 온라인 계산기도 있다. 하지만 데이터를 보는 사람이라면 계산기를 두드리기에 앞서 기본 통계 개념을 이해해야 한다는 걸 명심하자.

또, 주의를 주자면 여러 버전의 수정사항을 테스트하려면 단순한 A/B 테스트보다 *훨씬* 많은 표본이 필요하다. 만약 A/B/C/D/E 테스트를 한다면 수학적으로 내포된 의미를 확실히 이해해야 한다.

장단기 효과 비교

마찬가지로 이 역시 너무 당연해서 얘기하기 좀 민망하지만, 어쨌든 사람들은 단기 변화에 너무 흥분해서는 앞으로 일주일, 한달 아니면 일년 동안 미칠 영향을 완전히 무시해버리는 모습을 많이 봤다. 한 가지 가장 좋은 예로 프로모션으로 증가한 수익을 판단하려 할 때다.

예를 들어, "50% 세일을 했더니 매출이 어마어마하게 올랐어!"와 같은 얘기를 종종 듣는다. 물론 그럴 거다. 그럼 세일기간이 끝났을 때 매출은 어떤가? 아마 곤두박질 쳤을 것이다. 사람들은 이미 50% 할인된 가격으로 구매 했을 테니 말이다.

바로잡기

그렇다면 앞으로 이런 류의 단기 프로모션은 절대 해서는 안 되는 걸까? 당연히 아니다. 어떤 종류의 실험 또는 변경에 따른 결과를 확인할 때 장기적인 안목으로 지표에 끼치는 영향을 보아야 한다는 뜻이다.

달성할 지표 망각

가끔은 어떤 지표에 너무 집중한 나머지, 사실은 전체 사업성과의 목표에서 보면 그저 단편적인 지표인 걸 잊곤 한다. 결국 그들은 진짜 목표를 희생하면서 그 지표를 끌어올리기 위해 엄청나게 노력한다.

실제 사례를 한번 볼까? 한 클라이언트는 첫 번째 방문 이후 재방문율과 수익이 직접적으로 연관되기 때문에 사용자의 두 번째 방문을 '촉진'하려 했다. 여기까지는 좋았다. 하지만 여러 테스트를 거치면서 사람들을 되돌아 오게끔 하는 가장 성공적인 방법으로 방문 시마다 선물을 제공하겠다는 거였다.

고객들이 그저 재방문해서 선물만 챙겼을 뿐 구매로 전환되지 않은 건 눈치챘을 거다. 그 회사는 실제로 가장 중요한 목표였던 '수익' 지표는 그대로 둔 채 '재방문' 지표만 올릴 수 있었다. 게다가 구매는 하지도 않는 재방문자에게 지급되는 선물 때문에 비용 증가만 초래했다.

바로잡기

지표 뒤의 비즈니스 목표를 잊어서는 안 된다. 에릭 리스가 말하는 '허무 지표[vanity]

metrics'에 빠져서도 안 된다. 지표가 가지는 2차 효과를 고려해야 한다. 비용을 들여 트래픽을 증가시킨다면 트래픽 말고 다른 뭔가를 꼭 얻어내야 한다!

복수의 테스트 데이터 조합

가끔 여러 개의 수정사항을 각각 테스트하고 싶을 때가 있다. 어떤 변경사항이 어느 지표에 영향을 미치는지를 알 수 있는 방법이기 때문에 종종 좋은 선택이다. 하지만 제대로 사용되지 못하는 경우 위험한 방식도 된다.

다소 말도 안 되는 실험을 한번 생각해보자. 만약 회색 배경에 밝은 회색의 실행 버튼이 있는 랜딩페이지가 있다고 해보자. 이제 두 가지의 개별 실험을 할 것이다. 첫 번째 테스트로 배경색을 빨강으로 바꿔 빨간 바탕에 밝은 회색 버튼으로 만든다. 그리고 다른 테스트에선 실행 버튼을 빨강색으로 바꿔 회색 바탕에 빨간 버튼으로 적용한다. 두 테스트 모두 원래 페이지보다 전환율이 높았다고 하자. 이 경우, 각각의 요소를 분리해서 테스트했고 둘 다 각각 나은 결과가 나왔으니, 반응이 좋았던 걸 뽑아서 빨간 배경에 빨간 버튼이 들어간 랜딩페이지를 만들기로 한다면 어떻겠는가? 당연히 잘될 리 없다.

그림 11-5 A안과 B안을 더한다고 반드시 C가 되진 않는다

개별적으로 진행한 A/B 테스트에서 빨간 글씨와 빨간 버튼에서 더 나은 결과가 나왔다고 그 두 안을 조합해 빨간 버튼에 빨간 글씨를 적용하는 게 답은 아니라는 얘기다.

바로잡기

복수의 테스트에서 나온 결과를 조합하려는 경우에는 다시 같은 조건에서 최종 결과물을 테스트해봐야 한다. 대체로 부분의 합이 전체가 되는 건 아니기 때문에 다양한 테스트에서 데이터를 해석하는데 일정 부분 상식적으로 접근하지 않으면 끔찍한 혼란을 야기하게 된다.

유의미한 변화 피악

이건 정말 안타까운 얘기인데 나는 자신이 맡고 있는 데이터의 변화를 묘사하는 프로덕트 오너들과 많은 회의를 해봤다. '설명'이 아니라 '묘사'라고 말하는 것에 주목하길 바란다. 프로덕트 오너는 "수익이 증가했습니다"라거나 "사용자 유지 비율이 2개월에서 1.5개월로 감소했습니다" 혹은 다른 비슷한 류의 얘기를 했다. 나는 당연히 이렇게 대답했다. "흥미롭군요. 근데 왜 그런 거죠?"

정말 많은 프로덕트 오너가 지표가 변한 이유를 알지 못했을 뿐더러 알아내려는 계획조차 없었다. 놀랍지 않은가? 문제는 어마어마한 양의 증감 차트를 만들지만, 정작 그래프가 변하는 이유를 절대 이해하지 못했기 때문에 지표에 영향을 미치는 경험으로부터 추론해내는 것도 불가능하다는 거였다.

더 심각한 건, 가끔 지표 변화에 대한 가설을 세워보기도 하지만 이를 검증을 하지 않는 것이다. 예를 들어, 한 프로덕트 오너가 지난 주말 "10달러 이상을 사면 선물을 드립니다"와 같은 프로모션을 진행했다. 그 주 주말 판매량은 지난 주말에 비해 살짝 상승했고, 프로덕트 오너는 프로모션 덕이라고 생각했다. 그런데 들여다보니 10달러 이상 구매 비율은 지난 주에 비해 증가하지 않았고 대충 데이터를 봐도 알 수 있었다.

반대로 계절적 영향이나 프로모션과 관련 없는 트래픽으로 인해 지난 주보다 훨씬 많은 사람이 방문을 했다. 수치에 근거해보면 주말 프로모션이 수익을 증가시켰을 리 만무했지만, 프로덕트 오너는 프로모션이 어떤 차이를 만드는지 측정하는 법을 알지 못했다.

바로잡기

소리 내서 따라 읽어보자. "상관관계는 인과관계와 같지 않다!" 가능하면 언제든 같은 조건 하에서 변경사항을 테스트해서 특정 지표에 영향을 주는 게 무엇인지 정확히 판단할 수 있어야 한다. 그게 가능하지 않다면 변경에 앞서 어떤 *가능성 있는* 변화를 기대하는지 이해하고, 그런 반응이 일어나는지 판단해야 한다. 예를 들어, '10달러 이상 구매 시 프로모션'이 성공했다면 10달러 이상의 주문 비율이 가장 눈에 띄게 증가해야 한다.

또한, 사내에서 진행 중인 다른 변경사항에 대해서도 알고 있어야 지표에 영향을 주는 게 정말 우리가 한 변경 때문인지 판단할 수 있다. 휴교일부터 광고량 증가까지 다양한 요소가 수치에 영향을 줄 수 있으니 기대하는 게 무엇인지 확실히 알고 있어야 한다.

당장 시작하기!

- **우리가 한 테스트 사례를 살펴보라!**: 이미 A/B 테스트를 하고 있는 경우, 마지막 A/B 테스트 몇 개를 살펴보기. 지엽적 최적화가 우려되는가? 만약 그렇다면 버튼이나 텍스트보다 뭔가 더 큰 대상에 대한 테스트를 시도해보기
- **사용자를 만족시키는 게 어떤 건지 이해하라!**: 현재 사용자를 대상으로 NPS 설문을 준비해서 몇 주 동안 정보 추적해보기. 잘못하고 있는 게 뭔지 확인하기 위해 불만족한 고객들 살펴보기

CHAPTER 12

더 빨라져라!

> **12장에서 다룰 내용**
> - 다분야 융합팀으로 사용자 피드백에 잘 대응하고 더 빨리 진행하는 방법
> - 품질을 포기하지 않고 제품 개발 과정에 속도를 높이는 비결

우리에게 주어진 시간이 그리 많지 않다는 걸 받아들이자. 다소 자극적일 수 있는 죽음에 대한 실존적 사색을 논하려는 건 아니니 걱정 말라. 그렇다고 내가 죽음을 인류에 경고하며 불행한 운명을 전파하는 사람일 리도 없다.

기업의 자원은 늘 제한적인데 스타트업은 대부분 그보다 훨씬 제한적인 편이다. 그래서 우리는 지속적인 트레이드오프가 필요하다. 기능 하나를 구현하는 건 똑같이 가능성 있는 다른 기회를 몇 개씩 포기하는 걸 의미한다.

오해는 말자. 이런 의사결정은 정말이지, 진짜 진짜 어렵다. 어떤 기법으로 의사결정을 쉽게 할 수 있는 것도 쉽지 않을뿐더러 심지어 올바른 결정을 하게 한다는 보장도 없다. 하지만 더 빠르게 결정할 수는 있다. 그리고 그걸로 충분히 괜찮다.

가설 여부를 더 빨리 검증할수록 자금이 바닥나기 전에 더 많은 시도를 해볼 수 있다. 바로 지금 시장에서 통하는 제품을 찾을지, 새로운 직장을 찾을지의 기로에 있다는 얘기다.

더 빠른 UX를 위해 해야 할 일을 얘기해볼 것이다. UX와 크게 연관되어 보이지 않는 몇 가지는 제외했다. 전체 프로세스의 속도를 높이는 것은 제대로 구현될

때까지 더 반복적으로 수정하는 것을 의미하고, 더 많은 반복이 더 나은 제품을 의미한다.

다분야 융합팀으로 일하기

린 UX의 특성 중 하나는 각 그룹이 다른 그룹과 독립적으로 일하는 폭포수 방식으로 일하지 않는다는 것이다. 디자인으로 업무를 넘기기 전 제품 관리자가 필요한 스펙을 모두 작성하는 것으로 일이 시작되고, 디자인 작업이 모두 완료되면 마침내 개발이 일을 시작하는 전통적인 제품생산 방식이 폭포수 방식이다.

폭포수 방식이 느리게 진행되고 혁신적인 제품생산에 적합하지 않은 이유를 길게 설명하진 않겠다. 나는 폭포수 방식과 린 환경에서 모두 일해봤지만, 폭포수 방식의 스타트업을 위한 UX라는 책을 쓰지 않았다. 눈치 챘는가? 농담이 아니라 더 많은 정보는 에릭 리스의『린 스타트업』(인사이트, 2012)을 읽어보길 권한다.

어쨌든 진짜 궁금한 건 대안이 무엇인가이다. 가장 좋은 대안은 다분야 융합팀이다.

다분야 융합팀은 자신만의 작은 울타리 안에서만 일해 온 사람들에게는 받아들이기 힘든 변화겠지만, 사람들을 하나의 프로덕트팀으로 모음으로써 훨씬 더 빠른 진행이 가능하다. 이 방식은 사용자 피드백과 지표에 대해 빨리 반응하고, 목표를 변경할 수 있게 우리를 더 유연하게 만든다는 점에 있어 더욱 중요하다.

사용자 리서치User-Research 부서, UX 부서, 기획 부서, 개발 부서를 조직에 세팅하는 대신, 최초 사용자 경험First-Time UX과 같은 것에 초점을 둔 팀을 생각해보라.

이 팀에는 개발자와 제품 관리자, 디자이너가 최소한의 인원으로 구성된 팀이다. 고객지원, QA, 영업 담당자 등도 그룹에 포함될 수 있다.

어떤 프로젝트를 할지 결정하면, 시작 단계부터 모든 인원이 팀에 포함된다. 이 환경에서는 개발자가 사용자 리서치에 자주 참관할 수도 있고 초기 기능에 관한 논의과정에도 참석한다. 제품 관리자와 디자이너는 모두 우리가 해결할 문제가 무엇인지 정확히 알 수 있도록 함께 사용자 리서치를 진행할 수 있다. 디자이너는 개발자와 긴밀히 협업하면서 변경하려는 사항이 전체 사용자 경험에 부정적인 영향을 미치는 건 아닌지 확인하며 디자인을 구현해간다. 또한 필요에 따라 소소한 조정을 해볼 수 있게 변경에 따른 지표 변화를 파악할 책임도 있다.

이제 각자 다른 조직의 사람들이 하나로 일하는 것과 다분야 융합팀으로 모두 함께 일하는 사례에 대해 살펴보자.

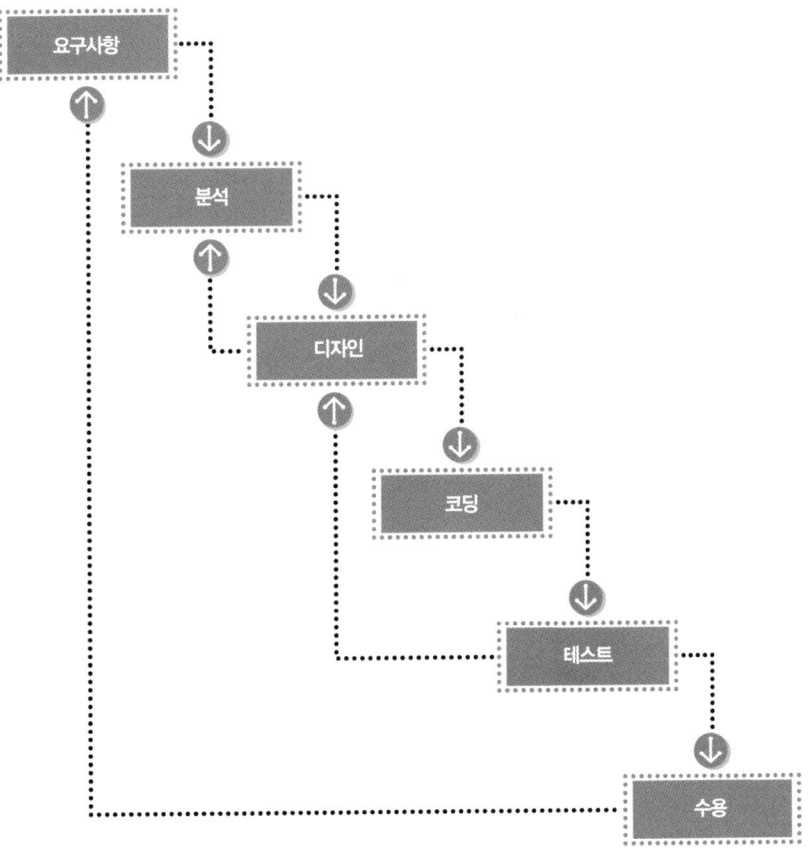

그림 12-1 폭포수 방식

폭포수 방식

예전 방식으로 새로운 결제 시스템을 만든다고 가정해보자.

그렇다. 지금 우리의 모토는 폭포수 방식이다.

자, 가보자. 제품 관리자와 같은 부류의 사람들이 정확히 무엇을 만들지에 대해 결정하는 일이 대개 첫 번째 일이다. 현명한 사람이라면 제품 관리자를 몇 명의 잠재 고객들과 얘기해보도록 할 것이다. 하지만 제품 관리자는 창문 없는 회의실의 화이트보드 앞에 앉아 결제 시스템이 무엇인가에 대해 머리를 싸매고 있을 가능성이 높다. 그리고는 상세 기능 명세서 같은 문서를 써내려 갈 것이다.

이걸 정리하는 데 대략 몇 주일 정도가 걸릴 거다. 아마도 미팅이 잦아지고 높은 분들과 필요한 모든 기능을 두고 논쟁을 벌일 것이다. 기능 명세서는 안 봐도 뻔할 만큼 꽤 엄청난 문서로 불어날 거다.

운이 좋으면 기능 명세서를 이해하고 어떻게든 그림으로 담아내는 디자이너가 한 명쯤 있을 거다. 디자이너가 비즈니스 정의 단계에 참여하는 경우는 드문 일이라 문서에 있는 어떤 내용이든 매력적인 인터페이스로 해석해내는 정도가 대부분 디자이너의 몫이다. 분명 디자이너는 자신이 만드는 인터페이스가 좋든 안 좋든 상관없이 상세기능을 모두 포함시킬 것이다.

새로운 제품이나 기능의 규모에 따라 몇 주 혹은 몇 달씩 걸리는 과정이다. 만약 에이전시를 구한다면 보기 좋은 산출물을 확보할 수 있는 기회가 되는 동시에 사용자들은 절대 구경도 못할 멋진 문서 제작에 수천 달러를 지불하는 격이다.

일단 기능 명세서를 다 만들면 지금껏 뒷짐 지고 있던 개발 부서를 만나야 한다. 이건 누가 봐도 모두 산으로 가는 형상이다. 명세 과정에 관여하지 않았던 개발자는 부서원의 절반을 투입해서 한 천 년은 걸려야 다 구현할 수 있다며 지적질을 시작할 것이다.

게다가 개발자들은 제품 관리자가 필요하다고 요구하는 기능을 구현하느라 백엔드 전체를 재작성해야 할 수도 있다. 과장된 상황 같은가? 그렇게 느꼈다면 이 바닥 일을 시작한지 얼마 안 됐거나 정말 정말 지금까지 운이 좋았던 거다.

이제는 쳐낼 시점이다. 합리적인 시간 내에 시도해볼 수 있는 뭔가 새로운 결제 시스템을 출시하려면 과도한 기능은 제거해야 한다.

사실 디자이너는 이미 이 프로젝트 작업은 모두 완료하고 다음 작업으로 넘어갔다. 이제 제품 관리자와 개발사가 기능 제거 등 인터페이스를 변경하는 역할까지 도맡게 된다.

기능을 제거함에 따라 그간 디자이너가 계속해서 작업한 플로우나 레이아웃, 에러, 사용자 스토리 등 다른 모든 사항까지 바꿔야 하는 문제가 생긴다. 기능이 충분히 정리되면 화면과 플로우를 재작업하기 위해 디자이너를 다시 불러야 한다. 이렇듯 개발팀이 프로젝트 시작을 기다리는 방식의 순차적 진행이 지체의 원인이 된다.

실제로 제품을 구현하고 시장에 내놓을 때 즈음엔 몇 달이 지나게 된다. 디자이너는 이미 작업했던 결과물의 절반 정도가 빠졌다는 사실에 기분이 상한다. 제품 관리자는 중요한 기능이 누락됐다는 걸 깨닫고 짜증이 나고 개발자는 뭔가 나오길 대기하다가 마침내 상세 기능을 받았을 때는 시간에 쫓겨 야근까지 해야 하는 상황에 화가 난다. 하지만 진짜 최악은 사용자는 이 제품에 전혀 관심이 없다는 점이다. 결제 방법은 단연코 수익발생에 아무런 영향을 미치지도 못한다.

특정 기능을 작업하는 데 몇 달의 시간을 보냈는데, 아무도 그 결과에 대해 신경 쓰지 않는다는 건 관련자들의 사기에 엄청난 치명타를 가하는 것이다. 지금까지 이 일에 시간을 투자한 많은 사람에게 굉장히 가혹한 일이다. 게다가 뭔가 이 끔찍한 결과가 나오기까지 거쳤던 것과 똑같은 과정을 지나야 할 것이기에 반복적인 개선작업이 일어날 것 같지도 않다. 결국 수천 시간을 낭비했는데 아무도 원하지 않는 결과로 남게 된 것이다.

다분야 융합팀

반면 다분야 융합팀이 린 방식으로 어떻게 일하는지 살펴보자.

제품 관리자 혼자서 기능을 어떻게 적용할지 고민하지 않는다. 제품 관리자는 개선하고 싶은 지표에 대해 팀 모두에게 설명한다. 만약 제품 관리자가 지표(수익이라 하자)가 낮은 원인을 파악하고 있다면, 문제가 있거나 개선에 필요한 기회를 찾기 위해 신속한 사용자 리서치를 진행할 것이다. 디자이너는 사용자 리서치에 직접 참여해야 하고, 개발자 역시 고객에 대한 관심을 놓지 않기 위해 최소한 두세 건의 리서치 세션에 참석해야 한다.

일단 문제를 파악하고 나면 팀이 함께 충분한 ROI를 얻을 만한 프로젝트인지 확인한다. 이 단계에 제품, 디자인, 개발이 함께 참여해야 다양한 프로젝트 비용을 더욱 빠르게 추정할 수 있다. 팀이 제일 먼저 할 일은 새로운 결제 플로우를 만들 건지 혹은 시간은 적게 들지만 문제를 개선할 수 있는 다른 대안을 찾을 건지 결정하는 거다.

결정을 내리고 나면 팀은 실험 진행에 필요한 최소한의 기능 세트를 선정한다. MVP를 다룬 장을 살펴보면 이해에 도움이 될 거다. 여기서 핵심은 제품 관리자와 디자이너가 따로 떨어져 나와 필요한 기능 전부를 디자인하지 않는 점이다. 팀은 자신들의 가설을 검증할 수 있는 가장 작은 것이 무엇인지 파악하는 데 시간을 쏟는다.

다음 단계에서는 모든 사람들이 프로젝트 각 부분에서 역할을 다한다. 전형적으로는 개발팀이 구현에 들어가는 동안 디자이너 제품 관리자가 스케치나 프로토타입과 같은 걸 만들기 시작한다(이 책의 대부분에서 관련된 팁을 다루고 있으니 참조하라). 그럼 어떻게 하면 전체를 정확히 파악하기에 앞서 개발자들이 구현을 시작하게 할 수 있나? 경험에 의하면 개발자들이 최종 화면을 받기 전에 구현을 시작할 수 있는 방법은 많다. 새로운 결제 플로우의 경우 새 결제 대행사와의 시스템 통합이나 보안 이슈 처리 등이 가능하다.

그 사이 디자이너는 여유로운 상태에서 스케치나 프로토타입을 만들고 (며칠 정도이지 몇 주씩 걸리면 안 된다), 그걸로 개발자는 일을 시작한다.

대부분 프로토타입 테스트가 꼭 포함된다. 이제 막 구현하는 기능에 반응하는 사용자 모습을 직접 볼 수 있도록 개발자가 프로토타입 테스트 과정에 참여하길 권한다. 이를 통해 개발자는 기능이 어떻게 동작해야 할지 훨씬 잘 이해할 수 있고, 팀 전체는 눈에 띄지 않는 사례와 발생 가능한 오류를 파악할 수 있다.

여기서 핵심은 팀 전체가 사용자 행동을 모니터링하고 대응하는 데 관여한다는 점이다. 즉 기능이 공개되는 순간, 팀은 피드백을 받기 시작하고 팀 전체가 이에 대응하면서 반복적으로 개선한다.

버그 리포트를 받을 수 있다면 팀은 신속히 우선순위를 매기고 이에 대해 고민할 수 있다. 목표로 하는 지표에 가시적인 진전이 없으면 잘못된 점을 찾기 위해 팀은 사용자와 접촉할 수 있다. 무슨 일이 생기든 관계없이 초기 작업에서 손대지 못한 부분을 구현하기 위해 기능을 반복적으로 개선하는 작업도 쉽게 시작할 수 있다.

지표에 책임을 지는 다분야 융합팀을 구성함으로써 순식간에 회사는 훨씬 유연하고 피드백에 빠르게 대응할 수 있으며 전략 기반으로 변화를 시도할 수 있다. 특히 이것은 항상 피벗(전환)할 준비가 필요한 스타트업에 중요하다.

이러한 활동이 가능한 것은 모든 사람이 동시에 같은 일을 하고 있기 때문이고 정보가 왜곡되거나 유실되는 상황이 생겼을 때 누구도 손을 놓고 있지 않다는 의미이다. 기술이나 디자인과 관련된 문제는 일찌감치 발견된다. 왜냐하면 모든 사람이 같은 걸 보고 같은 사용자로부터 학습하기 때문이다. 또한 그룹 간의 신뢰도 형성되어 소규모 팀이지만, 가끔 적대적인 팀이 순차적으로 참여하는 것보다 하나의 팀으로 빠르게 학습할 수 있다.

제품과 UX 역할 결합하기

이번 팁은 소규모의 회사에 더 적합하므로 큰 조직에 린 스타트업을 적용할 때는 넘어가도 좋다.

대부분 큰 기업에서 제품 관리자나 프로덕트 오너의 역할은 제품이나 인터랙션 디자인 업무와 상당히 분리되어 있다. 이 업무는 프로덕트 오너가 사용자에 대한 정보수집과 같은 활동을 하고, 상세 기능을 제작하고, 개발자들이 작성한 코드로 개발팀을 관리할 수 있게 특별히 만든 역할이다.

스타트업의 개발팀은 7~8명이 안 되는 개발자로 이루어져 있기 때문에 실제 필요한 것보다 제품에 대한 간접비가 훨씬 많이 들어간다. 저 업무를 두 사람이 한다고 매끄럽게 돌아가는 것도 아니다.

두 가지 업무를 한 사람에게 묶어서 사용자에 대한 정보를 수집하고, 정보를 잘 디자인된 기능으로 해석하고, 개발 업무를 따라가면서 기능이 올바르게 구현되는지 확인하는 역할을 맡는다.

이렇게 일하는 게 아주 작은 팀에서 인력낭비를 줄이고, 비용을 절약하고, 일을 빠르게 진척시키는 아주 좋은 방법이다.

가능하면 개발 안 하기

린 UX에서 배워야 하는 가장 중요한 핵심은 가능하면 언제든 개발을 안 하는 거다. 개발자가 마음에 안 들어 어떻게든 견뎌 보겠다고 이러는 게 아니다. (실은 완전히 아니라곤 못하겠지만) 어쨌든, 진짜 이유는 개발자는 인건비가 비싸고 바쁘기 때문이다.

린 방법론 이면의 원동력은 항상 모든 것을 검증해야 할 가설로 다루는 것이고 여기에서 목표는 코드 한 줄 쓰기 전, 또는 어떤 제품을 제작도 하기 전에 할 수 있는 검증이 얼마나 많은지 확인하려는 것이다.

인터랙티브 프로토타입은 가설을 검증하는 방법도 되지만 개발자를 투입하지 않는 유일한 방법이기도 하다.

예를 하나 들어보겠다. 아동 의류 회사와 작업했을 때 일이다. 그 회사는 발주 전에 각 제품을 얼마나 주문해야 할지 파악할 수 있도록 사용자들이 상품을 선주문하는 기능을 테스트해보고자 했다.

기능 구현에는 개발자들의 작업이 꽤 많이 필요했다. 기능 구현에 착수하기 전, 우리는 두 가지 가장 위험한 가설을 테스트해보기로 했다. 사람들이 과연 아동복을 선주문할지와 사람들이 충분히 구매할 수 있게 하려면 우리가 제공해야 할 것은 뭔지, 이 두 가지를 확인하려 했다.

웹사이트에 기능을 붙여보는 대신 아직 매장에서 살 수 없는 재킷 한 점을 블로그와 이메일 뉴스레터로 선주문이 가능하다고 홍보했다. 재킷을 구매하려는 사람들이 입력할 수 있는 양식을 만들었고 페이팔^{PayPal}로 결제를 유도했다. 전체 개발시간은 어림잡아 5분 정도였다. 전부 페이팔 버튼을 연결하는 데 소요된 시간이다.

그리고는 선주문을 받기 시작했고 유사한 방식으로 홍보했던 실제 제품의 전환율과 비교해보았다.

이런 시도가 웹사이트에서 선주문을 받을 때 정확히 얼마나 많은 사람이 선주문을 할지를 완벽히 보여주는 것이었을까? 그렇지는 않다. 사실은 대략적으로 평가해본 것이다. 그럼에도 확인된 사실은 블로그와 페이팔 버튼만으로도 사람들이 재킷을 선주문했고, 이는 선주문 기능의 가능성을 충분히 보여준 것이었다.

반복해서 개선하는 일이 놀라울 정도로 쉽다는 게 이런 테스트의 대단한 점이다. 개발팀이 선주문에 필요한 기본 기능을 웹사이트에서 구현하는 동안, 우리는 사람들이 상품을 얼마나 미리 선주문하는지, 선주문하는 사람들에게 주는 혜택으로 어느 정도의 할인이 적절한지 그리고 어떤 종류의 제품이 가장 전환율이 높은지와 같은 걸 계속해서 테스트했다.

여기서 또 하나 중요한 건 이렇게 테스트해보는 과정에서 비용이 들지 않았다는 점이다.

알아두면 좋은 것: 한 번에 다 하려고 들지 말고 빨리 출시하라!

어느 정도 사람들이 지니는 보편적인 불안함이 있다. 준비가 덜 된 것을 내놓아 뭇매를 맞고 모든 고객을 잃어버리지 않을까 염려한다. 특히나 충성도 높은 소규모 고객 그룹을 확보하느라 엄청나게 고통스런 시간을 보낸 스타트업은 뭔가 어설픈 걸 내놓았다 고객을 잃진 않을까 주저하게 된다. 그게 몇 달이 걸렸다면 더 그럴 거다.

이해한다. 분명 두려운 일이다. 그럼에도 도전하라.

우선 얼리어답터는 일반 소비자에 비해 한두 번 헛발질하는 것에 훨씬 더 관대한 경향이 있다. 왜냐하면, 그들은 얼리어답터이기 때문이다. 얼리어답터에게는 우리 제품이 남들보다 일찍 써보는 유일한 제품이거나 첫 번째 제품은 아닐 거다. 만약 그게 정 마음에 걸리면 웹 기록 보관소(http://web.archive.org/)에 방문해서 지금 우리가 매일 사용하는 제품의 첫 번째 버전을 몇 개 살펴보길 바란다. 걱정이 좀 가시는 것 같으면 다시 와서 마저 읽어도 된다. 잠깐 쉬었다 가는 거다.

여전히 불안한가? 괜찮다. 다행히 처음 만든 어설픈 기능을 모든 사람에게 한 번에 내보내진 않아도 된다. 리스크를 줄이는 데 활용할 수 있는 몇 가지 전략을 알려주겠다.

인터랙티브 프로토타입

프로토타입은 새로운 기능이라는 큰 변화를 수용하는 데 있어 가장 위험을 낮추는 방법 혹은 기존 제품을 망치지 않으면서 실제 사용자를 대상으로 전략을 조정해볼 수 있는 방법이다. 프로토타입을 출시라고 생각할 수도 있다. 사용자들이 볼 수 있게 뭔가를 만들고 그로부터 학습할 수 있는 게 가장 중요하다. 그리고 사용해보면 프로토타입이 '진짜 코드' 작성을 시작하기도 전에 얼마나 자주 쉽게 개선할 수 있는 문제를 발견하게 하는지 놀랄 정도다.

제품 전체를 인터랙티브 프로토타입으로 만들고 싶지 않다면 목업, 스케치 혹은 우리가 생각하고 있는 와이어프레임 등을 보여줄 수 있다. 실제로 현재 사용자들에게 새로운 것을 보여주는 게 요령이다.

어떤 종류의 프로토타입이 우리에게 맞는지는 8장에서 자세히 설명했었다. 리서치에 대한 설명은 이 책의 전반부를 읽어보면 된다.

어떤 종류든 사용자 생성 콘텐츠를 포함하는 제품인 경우 테스터들이 직접 만든 콘텐츠를 약간 확보하기 위해 시간이 걸리는데 이건 아주 도움이 될 수도 있다.

예를 들어, 직접 만든 물건을 사고 파는 거래장터라면 자신의 아이템이 있어야 목업을 만들 수 있다는 게 사용자에게 더 친근해 보이고 더 빨리 그들을 끌어들일 수 있다.

물론 예민한 금융정보나 뭐든 개인적인 정보가 관련된 경우 인터랙티브 프로토타입에서 그런 종류의 정보를 요구하기 전에 사용자 승인을 확실히 받아야 한다. 그렇지 않았다가는 심각한 문제가 생길 수 있다.

참여 동의

써먹기 좋은 다른 방법으로 참여 동의를 받는 게 있다. 전에도 말했지만 얼리어답터는 변경이나 새로운 기능에 대해 다소 관대한 편인데, 이런 변화된 환경에 참여할 것을 동의하는 사람들은 훨씬 더 그렇다.

사람들이 새로운 기능에 대해 동의하도록 하는 건 변화에 대한 수용일뿐만 아니라 적극적으로 새로운 걸 찾는 사용자 집단을 보유하게 되는 걸 의미한다. "예전이 더 좋았어!"라고 비명을 지르는 게 습관인 일부 사용자들의 일시적인 거부 반응을 피하는 동시에 아주 일찍부터 피드백을 받을 수 있다는 면에서 대단히 유용하다.

여기에 동의한 그룹으로부터 배울 수 있는 재미있는 것이 하나 있다. 새 기능을 보여달라고 명시적으로 요청한 사람들이 새 기능을 싫어하면 그 기능은 정말 형편없다는 의미이다.

참여 거부

당연히 변화에 열광하는 사람만을 대상으로 새 기능이나 변경사항을 테스트하고 싶어 하진 않을 거다. 변화를 싫어하는 사람들도 테스트해야 하는데 그들이야말로 가장 큰 소리로 비명을 지를 사람들이기도 하다.

일단 새 기능이 엉망진창은 아니라는 확신이 섰다면 더 많은 사람을 대상으로 공유한다. 대신 이전 방식으로 돌아갈 수 있는 길을 만들어놓고 실제로 되돌아가는 사람 수를 측정해본다.

참여 거부 의사를 표현한 매우 강경한 1%가 되돌아 갔는가? 그 정도면 나쁘지 않다. 사용자의 반이 짜증을 내면서 예전 방식으로 되돌리는가? 전체를 '엉망으로 만들지 않기'에는 성공하지 못한 것일 수 있다.

일부 내보내기

참여 거부를 했더라도 충분한 사용자 층을 보유하고 있다면 변화를 확인할 사용자 비율을 여전히 제한할 수 있다. 사실, 50:50으로 분리하여 테스트를 해야겠지만, 어떤 중대한 충격이 있진 않은지 확인하기 위해서 10%만으로 시작해보고 싶을 수도 있다. 충분히 그럴 수 있다.

새 기능을 적은 비율의 사용자에게 선보였을 때는 우리가 확인하려는 것이 어떤 것인지 분명히 알아야 한다. 서버가 멈추는지 확인하기 위한 전략과 같은 예처럼 말이다.

또한 소규모, 무작위로 선정된 집단이 새 기능이 제공되지 않는 그룹과 어떤 다른 행태를 보이는지 확인도 가능하다. 해당 집단이 더 구매하는 경향이 있는가? 자신들의 컴퓨터에 분노를 표출하면서 이 끔찍한 제품을 두 번 다시 사용하지 않겠다고 맹세하는 쪽인가? 양쪽 모두 반응을 알 수 있다는 점에서 좋은 일이다.

하지만 인터넷 상에서 그런 얘기를 하는 사람들을 기억하라. 꽤 많은 편이다. 어찌 되었든 조금이라도 사용자들이 서로 접촉할 수 있는 상황에 있다면 자신들이 지인과 다른 화면을 제공 받고 있다는 사실을 발견하게 될 것이다. 우리 제품을 지지할 수도 있고 반대할 수도 있다.

다른 그룹을 시샘하면서 가장 큰 소리로 투덜대는 사람이 누구인지만 확인해라. 그러면 계속 출시를 해야 할지 알 수 있을 것이다. 우리가 듣고 싶은 소리는 "왜 나한테는 새로운 기능이 안보이나요?"이다. "끔찍하고 짜증스러운 걸 강제로 제공하지 않아 그저 고맙습니다. 그러면 컴퓨터를 폭파시켰을 거에요"라는 소리는 분명 아니다.

신규 사용자 출시

현재 사용자층에 완전 벌벌 떠는 상황이라면(놀랍게도 대부분의 스타트업이 다 그렇다) 항상 신규 사용자에게만 새로운 것을 출시할 수도 있다.

두 개의 완벽히 새로운 집단을 가지게 되므로 그것도 괜찮다. 두 집단의 유일한 차이는 변화를 본 적이 있는지 여부이다. 이것은 A/B 테스트를 할 수 있는 좋은 환경이다.

한편, 사용자 확보나 많은 데이터를 보유한 사용자를 위한 개선으로 간주되는 변경의 경우 이에 대한 충분한 정보를 얻는 데 정말 긴 시간이 소요될 수 있다. 결국 어떤 실질적인 결과 확인에 앞서 진짜 사용자로 돌아설 새로운 집단이 필요하고, 그러는 데 몇 달이 걸릴 수 있다.

또한 신규 사용자들의 변화에 대한 선호 여부로 이전 사용자들이 불만을 가질지 여부를 늘 예측할 수 있지는 않다. 숙련도 높은 사용자들은 자신이 원하는 대로 제품을 설정하는 데 많은 시간과 에너지를 쏟을 수도 있고, 새로운 사용자들에게 더 좋은 주요한 변경사항을 적용한다고 항상 그들이 만족하는 건 아니다.

결국 신규 사용자들이 충분히 만족할 만한 것이 기존 사용자들의 분노 가능성을 상쇄할 수 있는지 결정을 내려야 한다. 하지만 스타트업으로 살아가려면 백만 번도 넘게 결정을 내려야 한다. 그러니 익숙해져라.

그래서 이제 출시 준비가 되었는가? 좋다. 딱 좋다. 모든 걸 한 번에, 모든 사람에게 출시하지만 말자.

당장 시작하기!

- **폭포수 방식을 버려라!**: 단일 지표에 각각 책임지는 작은 다분야 융합팀 만들어보기
- **1%만 출시하라!**: 몇 명이나 기능을 확인하는지 쉽게 관리할 수 있도록 기능 리스트에서 부분적으로 출시할 수 있는 기능만 구현해보기
- **짝을 만들라!**: 제품 관리자와 디자이너 모두가 한 팀에 있는 경우 서로 배우고 사용자에 대한 핵심지식을 공유할 수 있도록 짝을 이루어 일해보기

CHAPTER **13**

대단원

축하한다! 책 한 권을 모두 끝냈다!

다 읽은 게 아니라면 일목요연한 몇 개의 문장으로 모든 내용을 요약되어 있지 않을까 하고 앞부분은 생략하고 바로 마지막 페이지를 펼쳤을 수도 있겠다. 게으르긴 해도 성과가 아주 없진 않다.

이 책에 대해 아직 아무것도 모른다면 아래 세 가지 핵심을 기억하길 바란다.

> *사용자 조사*
> 사용자의 얘기를 경청하라. 언제나. 진심이다.
>
> *검증*
> 가정이나 가설이 만들어지면 제품을 제작하느라 많은 시간을 들이기 전에 테스트해봐라.
>
> *디자인*
> 반복해서 개선하고, 다시 반복하고, 또 반복해라.

이게 내가 알고 있고, 말하고자 하는 전부이다. 행운을 빈다. 이제 뭔가 멋진 것을 내놓아라.

> 거북아 거북아 머리를 내어라 내어놓지 않으면 구워서 먹으리.
>
> _구지가, 가야 고대 가요[1]

관련된 질문이 있거나 린 UX에 대해서 수다를 떨고 싶다면 부담없이 내게 이메일을 보내길 바란다(laura@usersknow.com).

---

[1] 역자주_ 저자가 이 가요를 알았다면 넣지 않았을까. 이 노래는 끝까지 유쾌하게 읽은 우리가 저자와 독자에게 주는 선물이다.

INDEX

A

A/B 테스트 22, 62
activation 114
AdWords 51

B

Badgeville 160
Balsamiq 123
behavior 72
Bootstrap 159

C

call-to-action 66
CDD 55
clickable prototype 69
Contextual inquiry 97
CTA 66
Customer-Driven Development 55

D

Data-Driven Design 32
DDD 32

E

ethnographic 45
ethnography 90

F

FaceTime 47
Feature Stub 139

Food on the Table 141
Foundation 159
Freemium 238

G

GOOB 21
Google AdWords 198
Google Analytics 51
GoToMeeting 47, 72, 84

H

High-fidelity prototype 71
HTML 71
HTML/CSS 126

I

I'm Feeling Lucky 93
IMVU 114

J

Join.me 84

L

LaunchRock 198
Loop11 87

M

Magento 160
Mike Kuniavsky 71
Mint 183

INDEX

MVP 22

N

Net Promoter Score 237
NPS 237, 238

O

Observing the User Experience 71
OmniGraffle 123
OpenHallway 87
Optimizely 160

P

Pain-Driven Design 56
PayPal 255
PDD 56
pivot 40
PRD 29
Product Stubs 62

Q

QA 248

R

retention 146
ROI 30, 252

S

self-reported 238
Shopify 160

Skype 47
Spree Commerce 160

T

TryMyUI 87

U

UCD 27, 55
ui design pattern 153
UI 디자인 패턴 153
Unmoderated testing 62, 85
UsabilityHub 68
User-Centered Design 55
UserTesting.com 86

V

Vanity 160
Visio 191

ㄱ

가설 24
가설 검증 24
가정 39
개발자 분노 증후군 140
검증 25
게릴라식 사용자 테스트 62, 73
경쟁제품 테스트 64
고객 기반 개발 55
고객 발굴 인터뷰 60, 62
고수준 프로토타입 71
고충 기반 디자인 55, 56

고투미팅 47
관찰기반 사용성 검증 02
관찰 기반의 사용성 검증 60
구글 92
구글 애드워즈 198
구글 웹로그 분석 51
기능 토막 139

ㄴ
나스카 47
내비게이션 구조 30
뇌 영상법 62

ㄷ
다변수 99
다분야 융합팀 28, 248
다이어그램 170
단변수 변경 98
댓글 155
데이터 기반 디자인 32
디자인 스토리 116
디자인 표준 216
디자인 프로세스 117

ㄹ
랜딩페이지 테스트 49
런치락 51, 198
로그인 155
린 UX 23
린 UX팀 29
린 분석: 성공을 예측하는 31가지 사례와 13가지 패턴 98

린 사용자 경험 디자이너 28
린 순환 25
린 스타트업 21
린 팀 28

ㅁ
마이크 쿠니아브스키 71
마젠토 160
메시지 66
메커니컬 터크 142
모바일 패턴 153
목업 82
문구 테스트 185
문제 40
문제 검증 42
민트 183

ㅂ
반복개선 129
반복적인 개선 35
발사믹 123
배니티 160
배포 30
뱃지빌 160
벤자민 요스코비츠 98
부트스트랩 159
브레인스토밍 118
비주얼 디자이너 67
비주얼 디자인 146
비지오 191

INDEX

사무실 밖으로 나가기 21
사용성 평가 31
사용자 경험 디자인 22
사용자 리서처 22
사용자 스토리 29
사용자 유지 146
사용자 중심 디자인 24, 27, 55
사용자 피드백 26
사용자 활성화 114
상세 기능 명세서 250
샵파이 160
설문조사 62
세일즈 피치 52
순고객추천지수(NPS) 62
순 추천고객 지수 237
스매싱 매거진 153
스카이프 47, 84
스케치 29
스크리닝 질문 90
스타트업 35, 42
스토리 작성 116
스티브 블랭크 21
스프리 커머스 160
시장 40
시장 검증 43
실행 버튼 66
실험 25

아마존 137
애니메이션 147

애드워즈 51
애자일 디자인 24
애자일 방법론 22
애자일팀 29
애플 92
액슈어 71
앨리스테어 크롤 98
에릭 리스 21
에스노그라피 90
에스노그래픽 44, 45
에이전시 188
열린 질문 77
오즈의 마법사 62, 142
옴니그라플 123
옵티마이즐리 160
와이어프레임 69, 178
워드 29
워드프레스 161
원격 조사 96
웹 기록 보관소 256
웹밴 33
웹 세미 117
유료 결제 전환 240
유저빌리티허브 67
의사결정 119
이터레이션 29
인터랙티브 프로토타입 70
일관성 157
일부 내보내기 258

자기보고 238
자바스크립트 71

자율진행 테스트 62, 85
잠재 시장 47
적당한 수준 135
적당한 수준의 디자인 135
전환율 26
점진적인 MVP 구현 전략 197
정량적 접근방법 102
정량조사 98
정성적 접근방법 102
정성조사 27
제인 구달 45
제품 40
제품 검증 44
제품 관리자 28
제품 요구사항 정의서 29
조사 가이드 82
조작가능 프로토타입 69
지속적인 배포 22
지엽적 최적화 226
지표 25

참여 거부 257
참여 동의 257
창업가 52
첫 번째 이터레이션 199
초기 검증 39
최소 존속 제품 22
최소한의 디자인 143
최종 스펙 29
측정 29
측정 기반의 디자인 29

카고 컬트 주의 92
카피라이터 67
컨셉 검증(POC) 95
컨시어지 서비스 33, 142
컨텍스추얼 인쿼리 97
컨텍스트 조사 60, 91
컵받침 147
코드 142
코호트 분석 98
크라우드소싱 142
키노트 71

타깃 시장 46
탐색 테스트 191
태스크 기반 사용성 검증 62
토막 제품 62
트래픽 105
트레이드오프 165
트위터 74

파베르제의 달걀 161
파운데이션 159
파워포인트 71
패턴 45
패턴탭 153
퍼널 분석 98
페이스북 74
페이스북 광고 51
페이스타임 47

INDEX

페이팔 255
페이퍼 프로토타입 188
포커스 그룹 62
포토샵 126
폭포수 방식 29
폭포수식 개발 22
푸드온더테이블 141
프레임워크 158
프로덕트 오너 24
프로토타이핑 27
프로토타입 사용성 검증 62
프로토타입 테스트 51
프리미엄 전략 238
플랫폼 155
플로우 다이어그램 29
피드백 순환고리 30, 235
피벗 40
피벗팅 40
피봇탈 트래커 181

핵심 지표 29, 136
행태 72
화면 공유 소프트웨어 72
후속질문하기 78

기타

5초 테스트 65
41가지 파란색 계열에 대한 테스트 31
99Designs 51